공자가 내게 인생을 물었다

공자가 내게
인생을 물었다

흔들리는 나를 위한 사서四書 명문

구위안 谷園 지음 ― 차혜정 옮김

RHK
알에이치코리아

입신양명의 원리가 담겨 있는 사서오경

'중국 고전古典을 통한 자기계발'은 내가 《증국번의 이해吃
透曾國藩》서문에서 제시한 개념이다. 시중에 나와 있는 자기계
발서들은 대부분 앤드루 카네기Andrew Carnegie 같은 외국인이
서양문화를 배경으로 쓴 책이다. 수천 년 역사의 중국문화를
두고 외국인의 문화와 정신으로 자기계발을 하고 처세와 처신
의 도리를 배우는 것은 매우 안타까운 일이다. 증국번이 성공
한 까닭은 카네기의 성공학 서적을 읽어서가 아니다. 우리가
알고 있는 무수한 성현호걸聖賢豪傑의 성공은 중국의 문화와
지혜에 기댔기에 가능한 일이었다. 이러한 문화와 지혜가 중국
고전을 통한 자기계발의 기반이다.

나는 이러한 문화와 지혜를 정리할 필요가 있다고 생각했

다. 그래야만 사람들이 성공의 논리를 한눈에 볼 수 있고, 카네기의 계발서와 그 수준을 비교해볼 수 있기 때문이다. 이를 위해 증국번이 가장 많이 읽고 그에게 가장 많은 영향을 미쳤던 책을 선정했는데, 그 책이 사서오경四書五經이다. '사서'는 그가 스물여덟 살 때 진사에 합격하기 전 날마다 옆에 두고 읽었던 《논어論語》, 《맹자孟子》, 《대학大學》, 《중용中庸》을 가리킨다.

증국번은 네 권의 내용을 통째로 외웠으며, 몇 쪽 몇 째 줄에 어떤 내용이 있는지까지 맞출 정도였다. 못 믿겠으면 당신의 아이에게 세 살부터 스물여덟 살까지 이 책들을 매일 읽게 해보라. 당신의 아이도 똑같이 할 수 있다. 증국번뿐만 아니라 왕양명王陽明도 사서를 열심히 읽었다. 그의 전집에는 사서에 대한 이해가 많은 부분을 차지한다. 그가 주장한 '지량지致良知'와 '지행합일知行合一'도 모두 사서에서 인용한 것이다. 장제스蔣介石 등 근대사의 유명인들도 대부분 사서오경을 읽고 자란 사람들이다. 많은 사람들이 사서를 비판하지만 정작 그들은 사서에서 많은 영향을 받았다. 가령 후스胡適는 말년에 자신도 유교도임을 밝혔다.

중국인의 '성경'이자 유가사상의 핵심

사서는 원나라 대 이후부터 과거시험 교재로 채택되었다. 귀족과 평민을 막론하고 관리가 되려면 과거시험을 봐야 했다. 수재秀才, 거인舉人, 진사進士의 시험문제는 사서에서 백 퍼센트 출제되었다. 과거에는 관 본위 사상이 지금보다 훨씬 강했기 때문에 공부를 하고 책을 읽는 목표가 과거에 합격하기 위해서였다. 사서를 읽고 이를 이해해야만 시험에서 높은 점수를 받아 관리가 될 수 있었다. 과연 사서만 읽어서 관리의 자격과 능력을 갖출 수 있을지 의심하는 사람들이 있을 것이다. 황제의 머리가 잘못됐던 것은 아니냐고 말이다. 하지만 그런 걱정은 하지 않아도 된다. 사서를 알면 관리가 되는 데 문제가 없었다. 다시 말해 좋은 관리, 좋은 리더, 성공한 사람이 되기 위해 필요한 사상, 지혜, 정신이 사서 안에 모두 담겨 있다는 뜻이다.

그러나 단순히 관리가 되기 위해 사서를 읽었다고 생각하면 오산이다. 《홍루몽紅樓夢》에서 대옥과 보옥의 만남을 보자. 가모가 대옥에게 무슨 책을 읽느냐고 묻자, 10대 청년 대옥은 사서를 읽고 있다고 답한다. 보옥은 그 말을 듣고는 사서 외의 다른 책은 모두 쓰레기라고 말한다. 조설근曹雪芹은 전통문화에 비판적인 인물이었으나 사서만은 좋아했다. 요컨대 사서는 수백 년 동안 중국인들의 필독서이자 '성경'이었다.

유가사상의 타도와 재탄생

사서가 그렇게 좋은 책이라면 '5·4운동'(1919년 5월 4일 베이징 학생들이 일으킨 항일운동이자 반제국주의, 반봉건주의 혁명운동 – 옮긴이) 때는 왜 그토록 비판받았을까? 무엇 때문에 공가점孔家店 (공자의 학설 또는 유교사상을 선전하는 거점 – 옮긴이) 타도를 부르짖고 공자마저 '공 씨네 둘째 아들'로 폄하되었을까? 여기에는 유가사상의 타도와 새로운 탄생이라는 문제가 얽혀 있다.

중국의 전통문화는 풍부하고 다양하다. 춘추전국시대에는 제자백가諸子百家가 있었으며, 동한 이후에는 불교가 들어왔다. 그러나 한무제漢武帝가 '제자백가의 설을 내쫓고 유가를 국가 이념으로 삼는 정책'을 쓰면서 2천여 년간 유가는 줄곧 주류의 지위를 차지했다. 중국의 고서는 경經·사史·자子·집集으로 나뉘는데 그중 '경'은 가장 존귀하여 남송시대에는 13권의 유가 저작을 확정하여 '13경'이라 일컬었다. 이 13권의 책을 간소화한 것이 사서오경이다.

유가에 '중용'이라는 관념이 있다. 모든 일에 지나치지도 모자라지도 않는 것이 중용인데, 지나치면 무엇이든 그 반대 방향으로 움직이기에 중용은 매우 중요한 관념이다. 5·4운동 직전까지 유가는 대단히 발전했다. 왕양명은 원본에 충실한 사상가로 알려져 있는데, 그래서인지 그에게서는 창조적인 사상을 찾아보기 어렵다. 그는 경전을 해설할 때 공자를 초월하지 않으며, 공자의 원래 뜻에 더욱 접근하는 것을 표방했다.

어떤 서양철학사 책은 《해리포터Harry Potter》에 대한 주해가 철학의 전부라는 관점을 보이기도 한다. 이 관점을 중국사상사에 적용하면 적당할 것 같다. 유가 또한 사상의 발전이라는 틀에 속박당하는 결과를 빚고 말았다. 특히 청말민초淸末民初에 열강에 능욕당하고 세계 각국이 빠르게 발전하면서 중국은 상대적으로 뒤처지게 되었다. 그러자 지식인들이 나서서 유가를 타도하기 시작했는데 이는 어쩌면 필연적인 일이었다. 물론 구체적인 방법론에서는 지나친 면도 있었지만 말이다.

그러나 타도당한 유가사상은 결코 소멸되지 않았다. 학자 위잉스余英時의 표현을 빌면, 일련의 구조조정에서 퇴출되어 더는 정부의 이데올로기도, 사상의 고루한 틀도 아닌 '영혼의 습관' 상태로 보통 사람들의 생활 속으로 돌아왔으며, 평이하고 자유로운 상태가 된 것이다. 나는 타도당한 뒤의 유가가 더 본질적이며 순수해졌다고 생각한다. 그 뒤의 유가가 오히려 유가사상의 새로운 시대를 연 것이다.

유가사상에서 찾은 자기계발의 가치

재탄생한 유가사상은 시대와 긴밀하게 결합하여 세계화 시대의 풍부한 문화사상의 구조 속에서 자신의 위치를 찾아냈다.

마치 기업이 제품을 포지셔닝할 때 경쟁자의 상황을 분석하여 자신의 비교우위를 발견하고, 이를 핵심 경쟁력으로 발전시켜 마침내 시장에서 한자리를 차지하는 것처럼 말이다.

오늘날 인류가 직면한 많은 문제 중 최소한 정치, 경제, 군사, 과학 등 제도 설계에 있어 유가는 더 이상 선진적이지 않으며 참조하는 정도로만 존재한다. 유가의 진정한 가치는 여기에 있지 않다. 처신과 인생, 각종 인간관계를 처리하는 데 있다. 유가의 주장에 따르면, 오늘날 유가의 가치는 개인의 '수기치인修己治人'에 있다. 유가의 자기계발을 기반으로 수기치인하는 태도가 곧 중국 고전을 통한 자기계발이다.

실천은 늘 이론의 앞에 선다. 재탄생한 유가사상은 이미 뜨거운 열기로 우리를 둘러싸고 있다. 국학國學,《삼자경三字經》과《논어》, 증국번, 왕양명에 대한 최근의 열기가 이를 증명한다. 이러한 열기는 어떤 심리에서 비롯되었을까? 과거에 대한 향수일까, 아니면 유가만을 숭배하고 따르려는 마음일까? 둘 다 아니다.

사람들은 좀 더 현실적인 태도로 유가에 접근한다. 전통문화에서 처신의 방법, 인생의 교훈을 얻어 더 성공하고 싶은 것이다. 이러한 열기의 배후에는 하나의 중요한 현상, 즉 유가의 '회류回流'가 자리 잡고 있다. 불교가 인도에서 발원했지만 중국에서 흥성하여 인도 본토의 불교가 거의 자취를 감출 무렵 인도로 되돌아갔듯이, 유가는 5·4운동에 의해 타도되었다가 그 뒤 거의 백 년 동안 소외되었다. 그러나 그 와중에도 일본과 한국에서는 유가의 정신이 계속 이어지고 있었으며, 우수한 사회문화와 많은 지식인들을 배출했다. 가령 일본 근대공업의 아버지 시부사와 에이이치澁澤榮一, 그와 일맥상통하는 마쓰시타 고노스케松下幸之助, 이나모리 가즈오稻盛和夫는 유가사상의 실천을 제창하여 사업을 경영함으로써 큰 성공을 거두었다.

중국 사람들은 유가사상이 증국번 같은 우수한 관리를 배출했을 뿐만 아니라 부와 성공을 가져오는 황금열쇠라는 사실을 알게 되었다. 재산은 부정할 수 없는 현대 가치의 핵심이며, 유가의 재건을 위한 새로운 엔진이다. 이런 이유로 중국의 기업가들은 왕양명에 열중하고 국학 강좌를 열심히 듣는다. 반면 학계에서는 이런 열기가 상대적으로 덜하다. 그 대비가 참으로 흥미롭다.

시야를 좀 더 넓혀보면 유가의 발전은 이미 중국이나 아시아 주변에서만 볼 수 있는 일이 아니다. 유가는 일찍이 유럽의 문예부흥 시기에 서양의 관심을 받았으며, 볼테르Voltaire, 레프 톨스토이Leo Tolstoy, 랠프 왈도 에머슨Ralph Waldo Emerson 등 서양 작가와 철학자들 또한 유가를 긍정적으로 평가했다.

2011년에 중국 최고 부호로 선정된 싼이중공업 회장 량원건梁穩根이 독일 유명 기업을 사들인 과정을 보자. 량 사장은 이 인수합병의 배경에 공자가 창시한 유가학파가 있었다고 말했다. 량 사장이 사들인 독일 기업 창시자가 유가사상에 열광하는 인물이었다는 것이다. 독일 기업가는 풍력사업과 유가사상이 장차 인류를 구제할 것이라 믿고 있었고, 량 사장도 유가에 일가견이 있었기에 두 사람은 만나자마자 의기투합했고, 덕분에 인수합병도 순조롭게 진행되었다고 한다. 유가를 창시한 지 2천여 년이 지났음에도 유가사상이 여전히 긍정적이며 큰 영향력을 발휘하고 있음을 알 수 있다.

유가사상의 간소화와 일상화

유가사상은 넓고 심오해서 사서오경만 해도 무척 방대하다. 게다가 문어체로 되어 있어 일반인은 공부하기 어렵지 않을까 우려하는 사람들도 많다. 이 문제에 대해 유가는 해결책을 제시한다. 증국번은 "사람 몸이 커도 침놓는 자리는 몇 개의 혈에 불과하다"면서, 사서오경이 방대하지만 그 정수만을 취할 수 있다고 했다. 《논어》에서는 "도는 사람과 멀리 있지 않고", "간절히 배우면 길이 있다"는 사상을 강조한다. 따라서 우리는 경전의 심오하고 고상한 도리를 탐구해야 하며, 일과 생활을 접목하여 접근하기 쉬운 방향으로 이해해야 한다. 《주역周易》에서는 "쉬우면 쉽게 알 수 있고, 간단해야 받아들여진다"고 했다.
'간소화'의 구상에 따른다면 모든 것이 문제되지 않는다. 전통문화를 학습하는 데 이런 식의 구상은 매우 중요하다. '간소화'의 비결은 큰 것을 작게 나누는 것이다. 길면 읽기 어려우니 이를 나눠서 훌륭한 정수 부분을 골라 공부하면 된다. 정수만을 추려 다시 합하면 읽기 쉬운 데다 전체적인 정신에도 위배되지 않는다. 이것이 바로 내가 구상한 방법이다.

사실상 남송의 주희朱熹가 사서를 추려 편찬한 것도 '간소화' 구상에서 비롯된 것이다. 사서는 오경(《시詩》,《서書》,《예禮》,《역易》,《춘추春秋》)에 비해 간단하고 이해하기가 쉽기 때문에 보급하기 훨씬 쉬웠다. 그 결과 유가는 새로운 수준으로 도약했다. 이렇듯 '간소화'는 원래 있던 것을 줄이는 것이 아니라, 일종의 발전 방식이다. 나는 이 책이 유가학파를 발전시키는 데 도움이 될 것이라 믿는다. 비록 미미할지라도 말이다.

"나이 들어서도 경서를 연구한다皓首窮經"는 옛말이 있듯이, 선조들은 평생 사서오경에 대한 해석과 주해를 진행했으며, 주희는 죽기 전까지 《대학》을 수정했다. 그런데 나처럼 젊은 사람이 과연 새로운 것을 정리할 수 있을지 주저했던 것도 사실이다. 하지만 충분히 가능하다고 생각한다. 왜냐하면 시대가 변하면서 성현들이 몰랐던 지식을 많이 알게 되었기 때문이다. 공자가 주장한 '한 면으로 남은 세 면을 유추'할 수 있게 된 것이다. 설령 나의 이해가 잘못되었더라도 공자는 이해해주리라 믿는다. 그렇다. 내가 이해한 것이 잘못되었을 수도 있다. 그러나 인생에 모범답안이 있을까? 중요한 것은 우리가 이해하고, 생각하고, 노력했다는 점이다.

이 책을 쓰는 과정에서 장쥔마이張君勱의 《신유가사상사新儒家思想史》, 쳰무錢穆의 《사서석의四書釋義》, 장보쳰蔣伯潛의 《사서신해四書新解》, 천리푸陳立夫의 《사서 속의 흔한 이치四書中的常理》, 우량카이吳量愷의 《사서사전四書辭典》, 탕이제湯一介의 《유학십론 및 외오편儒學十論及外五篇》, 위잉스의 《유가윤리와 상인정신儒家倫理與商人精神》과 《현대유학의 회고와 전망現代儒學的回顧與展望》, 두웨이밍杜維明의 《체지유학體知儒學》, 스중롄施忠連의 《사서오경십일담四書五經十日談》과 《사서오경명구사전四書五經名句辭典》 등 현대 학자들의 유학 관련 서적에서 많은 도움을 받았다. 이 자리를 빌려 그들에게 감사한다.

물론 공자에게 가장 감사한다. 많은 사람들이 증국번을 관가의 고수라고 오해하는 것처럼 공자를 실패한 교육자라고 오해하곤 한다. 심지어 어떤 학자는 그를 '상갓집 개'라고 부르기도 했다. 사실 오늘날의 세속적 기준으로 볼 때 공자는 생전에 이미 성공한 사람이다. 그는 노나라의 사구司寇(형벌이나 도난 등의 사안을 맡은 벼슬-옮긴이)를 지냈으니 최소한 오늘날 성부급省部級(장관급)에 해당하는 관리였다. 또 제자를 3천 명이나 교육하고 준걸俊傑을 배출했으니 전국 최대의 사립학교 교장에 해당한다. 요즘 같으면 주식시장에 상장해도 될 규모였다. 또한 그는 열국을 주유하며 각국의 군주와 회동했다. 비록 중용되지는 않았으나 최소한 국제적으로 높은 명망을 얻었다. 그의 사상과 학술 수준은 또 어떤가. 노벨상을 받고도 남을 정도다. 웬만한 사람이 그 정도로 성공하기란 쉬운 일이 아니다. 공자는 사후에 '소왕素王'(무관의 제왕), '만성선사萬聖先師'의 칭호를 받았으며, 2천여 년에 걸쳐 공 씨의 자손들을 남겼다. 이보다 더 성공한 사람이 있을까? 공자의 출신을 생각할 때 그의 업적은 그야말로 대단하다. 그는 어릴 때부터 홀어머니 슬하에서 고생하며 자랐다. 어린 나이에 부잣집 일손을 도우며 양을 방목했는데, 모든 것을 스스로 배워서 실천했으니 자기계발에 있어서는 누구에게도 지지 않는 인물이다.

이토록 생동감 넘치는 삶의 경험을 통해 공자가 우리에게 남긴 교훈은, 스스로를 강하게 단련하며 쉬지 않고 노력하는 '자강불식自強不息'의 정신이다. 이는 사서오경의 영혼이며, 중화문화의 핵심이기도 하다.

1장 어떻게 살 것인가

2장 인성을 어떻게 성숙시킬 것인가

3장 일의 효율을 어떻게 높일 것인가

4장 어떻게 좋은 리더가 될 것인가

5장 돈을 어떻게 인식할 것인가

6장 가정을 어떻게 지킬 것인가

7장 어떻게 수양할 것인가

8장 어떻게 공부할 것인가

1장

—

어떻게
살 것인가

왜 사는가

未知生, 焉知死?

삶이 무엇인지도 모르는데 죽음을 어찌 알겠는가?

—《논어》,〈선진先進〉

철학은 최소한 두 가지 문제에 답을 제시해야 한다. 인간은 왜 사는가? 인간은 어떻게 살아야 하는가? 이 문제에 답할 수 없다면 철학이라고 부를 수 없다.

어느 날 공자의 수제자 자로子路가 스승에게 귀신과 교감하는 방법을 물었다. 그 시절에는 무당이 보편적으로 존재했으며 귀신이라는 개념도 명확했다. 내가 어렸을 때만 해도 밤에 전기가 들어오지 않아, 농촌 지역에서는 귀신과 관련된 이야기가 무척 많았다. 유가는 이 문제에 대해 상대적으로 이성적인 태도로 일관한다. 하지만 유물론이나 무신론까지는 가지 않는다.

공자는 자로의 질문에 이렇게 대답한다. "삶이 무엇인지도 모르는데 죽음을 어찌 알겠느냐?" 당장 앞에 놓인 삶의 과제에 집중하지 못하고 주변 사람을 잘 챙기지도 못하면서 귀신을 섬길 생각을 하는 것은 현실에 맞지 않는다는 의미다.

하지만 자로의 질문에는 더 깊은 의미가 담겨 있었다. 귀신을 사유하지 않으면서 어떻게 죽음을 맞이할 것인가 하는 고민이었다. 귀신을 대하는 현대인의 논리에 비춰볼 때 우리는 자로의 고민을 쉽게 이해할 수 있다. 사람이 죽은 뒤에 영혼은 존재할까? 영혼이 없다면 몇 십 년 살다 죽으면 그만인데, 그 삶의 의미는 어디에 있을까? 의미가 없다면 사람은 무엇 때문에 살아야 할까?

자로의 질문에 대한 공자의 담담한 대답은 마치 이 문제를 회피하는 것처럼 들리지만 공자는 일단 주어진 삶에 충실하라고 충고한다. 그러지도 못하면서 죽음을 생각한들 무슨 소용이 있느냐는 것이다.

나는 인생의 근원에 대해 열일곱 살 때부터 진지하게 고민했다. 답을 얻을 수 있을까 싶어 꽤 똑똑한 친구에게 자로처럼 비슷한 질문을 던져보기도 했다. 그 친구도 공자와 비슷한 대답을 했다. 현재의 삶에 충실해야 한다고. 하지만 당시 나는 그 대답에 만족하지 못했다. 그러던 중 《독자讀者》라는 잡지에서 개미의 세계를 다룬 한 생물학자의 글을 읽었는데, 이 글을 통해 개미 한 마리의 관점으로 생명의 의미를 돌아보게 되었다.

개미는 왜 살아갈까? 답은 간단했다. 개미라는 생물이 존재하기 때문이다. 모든 개미가 죽어버리면 그 종은 멸종한다. 모든 종이 죽고 없으면 우주의 생명은 그것으로 끝난다. 모든 생명이 없어지면 차가운 우주가 존재할 가치가 있을까?

《주역》에서는 "천지자연의 가진 가장 큰 능력은 만물을 생성하는 것天地之大德曰生"이라고 했다. 생존과 발전은 우주의 큰 능력이자 우주 최고의 가치이며, 우주가 존재하는 의미이기도 하다. 작은 생명 하나하나가 살아가는 이유는 이러한 생명의 의지와 가치, 의미를 관철하고 실현하기 위해서다. 경황이 없거나 위급한 상황에도 반드시 그렇게 해야 한다. 《주역》에서는 "하늘의 운행은 씩씩하고 강건하다天行健"고 했다. 사람도 '천행건'의 정신을 실천하면서 열심히 살아야 한다. 이것이야말로 사람이 무엇 때문에 사는지에 대한 가장 정확한 답이다.

어떻게
살아야 하는가

大學之道, 在明明德, 在親民, 在止於至善.

대학의 도는 밝은 덕을 밝게 하는 데 있고, 백성을 새롭게 하며
지극한 선의 경지에 이르는 데 있다.

—《대학》

《대학》의 첫머리에 밝힌 이 말은 인생에서 두 번째로 중요
한 문제, 즉 인간은 어떻게 살아야 하는가에 답하고 있다. '대
학의 도'는 대학에 가는 목적을 의미하는 게 아니라, 인생의 도
리와 사람이 평생 살아갈 방법을 뜻한다.

그렇다면 인간은 어떻게 살아야 할까? 덕을 밝히고 사람들
을 새롭게 하며 지극한 선의 경지에 이르러야 한다. 이 세 가지
를 합쳐서 유가의 '삼강령三綱領'이라고 한다. 강령이란 유가의
가르침이며 오랜 세월을 거치며 천신만고 끝에 구축된 사상

체계의 근간이다.

유가의 주류는 인간의 본성이 선하며, 인간은 선천적으로 타고난 지혜와 재능이 있다고 믿는다. 인간의 천성에는 인仁, 의義, 예禮, 지智, 신信 등의 가치와 능력이 포함된다. 천성에는 진眞, 선善, 미美가 존재한다. 이러한 품덕이 곧 '명덕明德'이며, '명명덕明明德'은 '명덕'을 부각시켜 인간의 내적 수양과 덕행을 끊임없이 닦아 성인의 경지를 추구하는 것이다.

외적으로는 '백성을 새롭게' 해야 한다. 인자仁者는 사람을 아끼며, 이들을 인으로써 대하고, 물건을 아끼며, 부모에게 효도하고, 가족을 보살피며, 친지와 동료를 선으로 대한다. 집안 어른과 다른 집 어른, 자신의 자녀와 남의 자녀를 차별하지 않고 인애의 마음을 끊임없이 확대하며, 나아가 사회에 이바지한다. 심지어 이러한 사랑을 인류 외의 자연만물에게도 베풀어야 한다. 자기의 능력을 발휘하고 적극적으로 실천하여 이러한 사랑을 실제로 베풀어야 한다.

이렇듯 안과 밖에서 호응하는 것을 유가에서는 '내성외왕內聖外王'(안으로는 성인의 덕, 밖으로는 임금의 덕을 함께 갖추는 것 – 옮긴이)이라고 한다. '지극한 선에 도달하기'는 앞의 두 덕목을 결합한 것으로 볼 수 있다. 사람은 내적으로나 외적으로나 최선의 경지를 향해 노력해야 한다. 이 과정은 끝이 없으며 하나의 방향을 강조한다. 모든 사람이 각각 다른 소질과 기회를 갖고 앞의 두 덕목을 오랫동안 실천하다 보면 각각 다른 결과가 나오겠지만, 중요한 것은 과정과 방향이다. '지극한 선에 도달하기'는 다른 한편으로는 앞의 두 덕목을 초월하는 것으로, 물아物我를 초월하고 현실적인 삶의 추구를 초월하여 형이상학의 경지에 드는 것이다. 이는 도가, 불가에서 말하는 득도나 성불과 유사하며, 《중용》의 표현을 빌면 "천지의 화육에 참가하여參天地之化育" 자아를 천지자연의 큰 길에 녹아들게 하라는 가르침이다.

'어떻게 살아야 하는가'라는 질문에 대해 세상의 모든 종교는, 정도는 다르지만, 현실의 삶을 부정하는 답을 제시하는 경향이 있다. 유가만이 유일하게 가장 적극적으로 현실의 삶이 지닌 의미를 긍정하고, 어떻게 살아야 하는지, 어떻게 하면 평범한 삶에서 가장 큰 의미를 발견하는지 그 방법을 제시한다.

인생의 여덟 가지
기본 문제

古之欲明明德於天下者, 先治其國; 欲治其國者, 先齊其家;
欲齊其家者, 先修其身; 欲修其身者, 先正其心; 欲正其心
者, 先誠其意; 欲誠其意者, 先致其知; 致知在格物.

옛날에 명덕을 천하에 밝히고자 한 사람은 그 나라를 먼저 다스
리고, 그 나라를 다스리고자 한 사람은 먼저 그 가정을 가지런히
하고, 그 가정을 가지런히 하고자 하는 이는 먼저 그 자신을 가다
듬고, 그 자신을 가다듬고자 하는 이는 먼저 그 마음을 바르게 한
다. 그 마음을 바르게 하고자 하는 사람은 그 뜻을 정성스럽게 하
고, 그 뜻을 정성스럽게 하고자 하는 사람은 먼저 아는 것의 극치
에 이르러야 할 것이니 아는 것의 극치에 이르면 물을 헤아림
에 있다.

―《대학》

공자가 내게 인생을 물었다

"명덕을 천하에 밝히고자 한 사람"은 자신의 천부적 재능을 천하의 창생을 위해 기여하여 전 인류의 복지 향상에 매진해야 한다. 이는 세상의 4분의 3을 깊은 물과 뜨거운 불 속에서 살아가는 격물格物, 치지致知, 성의誠意, 정심正心, 수신修身, 제가齊家, 치국治國, 평천하平天下, 즉 유가에서 말하는 '8조목'을 해방하라는 뜻이 아니다. 앞에서 언급한 '명명덕, 친민親民, 지어지선止於至善'은 '3강령'이자 방향과 목표이며, 8조목은 실천을 이야기하는 것이다.

8조목 중 뒤의 4조목은 이해하기 쉬운데 앞의 4조목의 의미에 대해서는 의견이 갈린다. 이 여덟 개의 개념에 대해 원글의 전후 순서와 개념 배경을 초월하여 유가에서 제창하는 시대에 맞는 관념, 즉 체험, 인지, 신앙, 욕망, 자아, 가정, 사회, 인류로 새롭게 접근해야 한다. 이는 누구나 직면하는 8대 기본 문제이며, 서로 연관되어 있으면서 각자 독립되어 있기도 하다.

'격물'은 사물을 감지하는 체험이다. 이는 인간의 기본적인 본능이며, 갓난아이가 세상에 태어날 때부터 가장 먼저 하는 것이기도 하다. 아이는 엄마의 얼굴을 보고 달콤한 젖을 빨아들이며 자장가를 듣는다. 이렇게 사물에 대한 감지는 인간의 삶에서 시시각각 진행된다. 창조, 향유, 노력, 쾌감, 고통, 많은 책을 읽거나 먼 곳을 가는 행동 그리고 모든 실천 활동은 생명의 관점에서 보면 모두 체험이다. 사람은 평생 명예, 이익, 권리, 사랑을 추구하지만 이런 것도 따지고 보면 일종의 체험을 위한 것이다.

어떤 의미에서 볼 때 체험은 이성보다 우월하다. 아카데미
상을 수상한 영화 《굿 윌 헌팅Good Will Hunting》에는 노인과
천재 소년이 나누는 유명한 대화가 나온다. "나와 미켈란젤로
에 관해 이야기를 나누면 너는 온갖 정보를 나열할 수 있을 거
야. 그의 걸작이나 정치적 야심, 교황과의 관계, 성적 취향에
관한 것까지 말이야. 하지만 시스티나 성당의 냄새가 어떤지는
말해줄 수 없지. 한 번도 그 성당의 아름다운 천장화를 본 적이
없을 테니까. 여자에 관해 물으면 여러 여자들에 관해 장황하
게 늘어놓을 수는 있겠지만 자신이 사랑하는 여인 곁에서 눈
을 뜰 때 마음 깊이 느끼는 희열은 말하지 못할 거야. 전쟁에
관해 묻는다면 '다시 한 번 돌진하게, 친구들이여' 하며 셰익스
피어의 명언을 인용할 수는 있겠지. 하지만 넌 사랑하는 전우
가 품에 안겨 도움을 구하는 눈빛으로 죽어가는 모습을 경험
하지는 못했지."

'치지'는 각종 체험의 기초 위에서 지식을 형성하는 과정이
며, 이것이 곧 이성이다. 예를 들어 옳고 그름의 판단, 미적분,
상대론, 사서오경, 세상사의 통찰 이런 것들은 모두 지식, 학문,
지능이며 이성이고, 진선미를 추구하고 실현하는 단계다.

'성의'는 체험과 이성의 기초 위에서 인간이 자신의 인생관
과 세계관을 형성하고 생명의 신앙을 수립하는 것이다. "간절
히 원하면 이루어진다"는 말이 있다. 성의가 강조하는 것은 흔

들림 없는 신앙이다. 그래야 비로소 강한 역량을 가질 수 있다.

'정심'은 체험, 이성, 신앙의 기초 위에서 우리의 행동에 영향을 미치고 제약을 가하는 것 중에 조급하고 불안한 마음인 욕망을 통제하는 것이다.

체험, 인지, 신앙, 욕망 등 4대 문제를 해결하고 난 뒤, 우리는 내 자신과 가정을 개선하여 사회에 기여하는 등 인류 발전을 위해 노력해야 한다. 이것이 곧 유가에서 말하는 인생이다.

나 자신을
발견하라

天命之謂性, 率性之謂道, 修道之謂教.

하늘이 명한 것을 성性이라 하고, 성을 따르는 것을 도道라 하며,
그 도를 닦는 것을 교敎라 이른다.

―《중용》

이 말은《중용》의 첫 구절로 역시 '어떻게 살아야 하는가'의
문제를 다루고 있다.

사람들은 저마다 타고난 천성이 다르다. 똑같이 생긴 나뭇
잎이 없듯이 말이다. 이런 차이는 하느님上帝의 걸작이라고 할
수 있다. 중국인들은 '하느님'이 아닌 '하늘上天'로 부른다. 하
늘이 부여한 특질이 곧 천성이다. 이러한 천성을 최대한 발휘
하여 남과 다른 선명한 개성으로 드러내는 것이 도다. 도는 길,
즉 인생 최적의 길이다.

성공한 사람들은 모두 선명한 개성을 지녔다. 이런 개성은 억지로 나오지 않는다. 개성은 상징적인 헤어스타일이나 수염, 선글라스, 담뱃대, 입버릇, 고약한 성미 등 외적인 모습이나 태도가 아니라 내부에서 밖으로 드러나는 특유한 기질, 자기만의 사유와 일 처리 방식을 가리킨다.

증국번은 서법書法에 관해 "대가나 명가의 작품에는 반드시 남과는 다른 독특한 면모와 기개가 있다"고 했다. 이 말을 분석해보면 세 단계를 거치는 서예의 경지를 알 수 있다. 첫 번째 단계에서는 쓰는 법을 알고, 두 번째 단계에서는 이에 숙련된 뒤, 세 번째 단계에서는 자신만의 독특한 풍모를 갖춘다. 무심히 쓴 글자 하나도 누가 썼는지 남들이 알아본다면 그는 이미 전문가가 된 것이다.

처신도 마찬가지다. 첫 번째 단계에서는 기본적인 처신의 원칙을 알고 그것을 견지한다. 두 번째 단계에서는 세상사를 통찰하고 사람의 감정과 세상 이치에 숙달되면서 어느 정도 성과를 올린다. 그리고 세 번째 단계에서는 신선한 색채를 더하여 당신으로 하여금 세상이 달라지게 한다.

그러나 현실은 코미디를 방불케 한다. 태어났을 때 '진품'으로 태어났으나 자라면서 '위조품'이 되어버리는 것이다. 왜 그럴까? 말과 행동이 점점 다른 사람을 닮아가면서 자기 자신을 잃어버리기 때문이다. 그렇다면 어떻게 해야 나 자신의 소질과 개성을 발견할 수 있을까?

첫째, 오바마가 말한 것처럼 학교 교육은 자기의 우수성을 발견하는 단계이니, 어떤 과목에 흥미를 느끼는지 잘 살펴봐야 한다. 수학, 국어, 영어, 물리, 화학, 체육, 예술 등 여러 과목 중에 좋아하는 과목의 성적이 잘 나올 수밖에 없다. 당신의 개성과 소질은 잘하는 그 과목 안에 숨어 있다.

둘째, 스티브 잡스Steve Jobs가 주장한 것처럼 자신의 직감을 믿어야 한다.

셋째, 업무를 보거나 생활 속에서 많은 인터넷 정보를 받아들일 때 흥미와 관심을 느끼는 분야를 발견하게 되는데, 이 분야가 당신의 적성에 가장 가깝다.

이밖에 개성을 배양할 때는 스승이나 선배들의 지도에 자신의 지식을 접목해야 한다. 제멋대로 생장한 나무는 재목으로 쓸 수 없지만 가지치기를 한 나무는 더 좋은 재목이 되는 이치와 같다. 자신의 개성 중 장점은 취하고 단점은 연마하는 방향을 취해 학습하고 실천하면 노력에 비해 성과가 클 것이다.

공자가 내게 인생을 물었다

참된
중용의 길

―――――――

君子依乎中庸, 遁世不見知而不悔.

군자는 중용에 의지하므로 숨어서 세상에 알려지지 않아도 후회
하지 않는다.

―《중용》

君子之道闇然而日彰, 小人之道的然而日亡.

군자의 도는 어두워 보이지만 갈수록 광채가 나며, 소인의 길은
밝은 것 같으나 갈수록 쇠퇴한다.

―《중용》

나는 《중용》 후반부의 '수양修養' 편에서 모든 일이 가장 적
절하게 파악되고 처리되는 극히 높은 수양의 경지를 '중용'으
로 이해했다. '중용지도中庸之道'는 살아가면서 이러한 수양을

실천하는 것이다. 즉 전통적인 가치관에 따라 규정을 지키고 정도를 가며, 사람 됨됨이를 바르게 하고, 근면한 태도로 일에 임하는 것이다. 이렇게 하다 보면 평생 드러나지 않는 삶을 산다 해도 원망도 후회도 없다. 이런 과정에서 정확한 방법으로 최선을 다하며, 매사를 마음에 물어 부끄러움이 없다면 결과는 상관없다. 사람의 힘으로 되는 일이 아니기 때문이다.

어느 시대를 막론하고, 규정을 지키면서 드러내지 않는 스타일은 쉽게 묻힌다. 잘 우는 아이가 젖을 잘 얻어먹는 것처럼 말이다. 개성이 강하고 남의 환심을 사며 자기 포장을 잘하는 사람은 주위 사람에게 관심을 받기 쉬우며 심지어 유명해진다. 하지만 드러나지 않는 사람이 일단 두각을 나타내면 제대로 자리 잡을 수 있다. 반면 개성이 강하고 화려한 사람은 쉽게 일어나지만 시드는 것도 순식간으로, 언뜻 보기에는 높이 솟아 있지만 무너지기도 쉽다.

이는 진융金庸 소설에 나오는 정파 무공과 사파 무공의 차이와 같다. 전자는 조금도 경박하지 않고 동작도 규범에 맞으며 주기가 길고 효과가 천천히 나타난다. 반면 사파 무공은 기발하고 쉽게 익히나 초인적인 무예를 연마하려다 휘두른 칼로 자신을 해치기 십상이다. 근본 없이 익히는 무공은 위험성이 높다. 조금만 방심해도 주화입마走火入魔(기의 운용을 잘못하면 몸에 이상이 생긴다-옮긴이)에 들어 목숨이 위험하다. 시각을 자극하는 영화는 한때 인기를 얻지만 시간이 지나면 잊힌다. 그러나 평범함 속에 묵직한 인생철학이 담긴 영화는 오랫동안 사랑받는다. 서예를 봐도 그렇다. 10여 년 전 중국 서예계에서는 전통을 깨고 시각을 자극하는 서예풍이 성행했다. 그러나 몇 년간 유행하는가 싶더니 슬그머니 자취를 감추고 전통으로 복귀했다.

중용은 전통적인 역량을 대표하며 비교적 평온하고 보수적이며 위험성이 낮다. 그러니 모든 혁신은 중용에 대한 반동에서 시작되고, 따라서 혁명이나 변혁을 강조하는 시대에는 중용의 도가 가장 먼저 비판받는다. "군자는 중용에 의지하므로 숨어서 세상에 알려지지 않아도 후회하지 않는다"는 말은, 내적으로 수렴되는 고집스러움과 심오한 혁명 정신의 귀중함을 알려준다.

전통 가치관에 따라 규칙과 정도를 지키며 성실하고 좋은 사람이 되어 착실하게 일하다 보면 모든 일을 제대로 파악하여 처리할 수 있다.

이상주의자가
되어라

不得中行而與之, 必也狂狷乎, 狂者進取, 狷者有所不爲也.

중용을 행하지 못하는 사람과 함께할 수 없다면 반드시 광자, 견
자와 함께하리라. 광자는 진취적이고 견자는 함부로 행하지 않는
바가 있다.

—《논어》, 〈자로 子路〉

중용의 경지를 실천하기 어려울 때는 어떻게 해야 할까? 한
발 물러서서 차선을 취하면 된다. 공자는 중용을 얻지 못할 바
에는 차라리 진취적이거나 확실한 태도를 가진 사람과 함께하
겠다고 말했다.

광자狂者와 견자狷者는 이상주의를 대표하는 인물이다. 광
자를 진취적이라고 표현한 것은 남이 하지 않는 일에 과감히
도전한다는 의미다. 평전《스티브 잡스》의 속표지에는 "세상을

바꿀 수 있다고 생각할 만큼 미친 사람들이 결국 세상을 바꾼
다People who are crazy enough to think they can change the world
are the ones who do"라는 명언이 실려 있다. IT 업계의 또 다른
거인 앤드류 그로브Andrew Grove는 "편집증을 가진 사람만이
살아남는다Only the Paranoid Survive"라는 말을 남기기도 했다.

공자도 마찬가지다. 사람들은 그를 가리켜 "불가능할 것을
알면서도 끝까지 해나가며知其不可而爲之", "호랑이가 산에 있
는 것을 알면서도 산으로 향한다"고 했다. 그런가 하면 맹자는
"스스로 돌이켜보아 바르다면 비록 수천만 사람이 반대하더라
도 나는 내 길을 가겠다自反而縮, 雖千萬人, 吾往矣"라고 했다. 진
리라고 믿으면 많은 이가 길을 막아도 돌아보지 않고 갈 길을
가겠다는 뜻이다. 그는 또 "천하를 다스릴 자, 내가 아니면 그
누구이랴治理天下, 舍我其誰"라고 호언했으니, 이는 모두 광狂에
속한다.

누구에게나 치기 어린 시절이 있다. 나는 열일곱 살 즈음에
'광파전차狂派戰車'라는 필명을 지었는데, 애니메이션 〈트랜스
포머The Transformers〉에 나오는 캐릭터 '디셉티콘Decepticon'
을 가리킨다. 당시 나는 "팔을 뻗으면 하늘에 닿을 수 있다고
믿는다"라는 노래 가사처럼 세상 무서운 것이 없었다. 그러나
직장, 특히 정부기관에 들어가 일하면서부터 경망스러운 광기
는 금세 꼬리를 감췄다. 대다수 상관들은 이런 부하직원을 좋
아하지 않기 때문이다. 그런데 한 상사가 언젠가 이렇게 말한

적이 있다. "젊은 사람들은 광기와 추진력을 가져야 해. 눈치만 보고 순종하느라 열정이 식어서는 안 돼. 그러면 아무 일도 할 수가 없어. 하지만 나이 든 사람은 진중하고 안정되어야 하지. 자칫하면 가볍다는 소리 듣기 쉬우니까."

"견자는 함부로 행하지 않는 바가 있다"고 한 것은 누구나 하는 일에 함부로 나서지 않는다는 의미다. 바이두의 회장 리옌훙李彦宏은 "하고 싶어서 하는 것은 능력이 아니다. 하기 싫은 일을 하지 않는 것이 능력이다"라고 말했다. 완커그룹의 회장 왕스王石는 어떤가. 그는 뇌물을 주지 않겠다고 선언했는데, 뇌물수수가 공공연한 비밀인 부동산 업계에서 그의 선언은 남다른 행동으로 눈길을 끌었다. 이런 것이 견자의 바르고 곧은 행동이다. 좋은 관직을 준다고 하면 다들 좋아하는데 당신만 하지 않겠다고 하면 이것이 '견'이다. 사람들은 명리를 좇아 영혼을 팔고 양심에 반하는 행동을 하는데 당신만 이를 피한다면 이것이 '견'이다. 다섯 말의 쌀을 위해 굽실거리지 않겠다던 도연명陶淵明, 이백李白도 견자에 해당한다.

'견'은 흙탕물에서 나왔지만 오염되지 않고, 맑은 물로 씻어 냈는데도 요염하지 않은 것이다. 오염되는 곳으로 합쳐지지 않고 세상의 흐름에 무조건 따르지 않으며 세상이 아무리 변하고 명리를 좇아도 휩쓸리지 않고 깨끗하고 고상함을 유지하는 태도다.

모든 사상과 신앙에는 이상주의 정신이 깃들어 있다. 그중

공자가 내게 인생을 물었다

에서도 특히 유가가 그러하다. 유가는 인, 의, 충, 신 등 모든 진선미에 이르는 미덕을 강조하며 수, 제, 치, 평 같은 위대한 책임을 강조한다. 이러한 이상주의는 곧 중국 전통문화의 영혼이다. 따라서 진정으로 당당한 사람들은 틀림없이 철저한 이상주의자다. 세속에서는 이런 사람을 별종으로 치부하며 고립시킨다. 적막한 성현들처럼 말이다. 그렇다. 성현들이 당신과 같으니 두려워하지 말라. 당신이 세상을 변화시킬 테니 말이다.

단순하게
살아라

君子居易以俟命, 小人行險以徼幸.

군자는 평이한 도리를 행하면서 천명을 기다리고, 소인은 위험한
짓을 행하면서 요행을 바란다.

—《중용》

君子行法 以俟命而已矣.

군자는 법도를 행하고 천명을 기다릴 따름이다.

—《맹자》,〈진심 하盡心 下〉

夭壽不貳, 修身以俟之, 所以立命也.

일찍 죽거나 오래 사는 것에 마음을 쓰지 않고 몸을 수양하고 기
다리는 것이 운명을 지키는 방법이다.

—《맹자》,〈진심 상盡心 上〉

공자가 내게 인생을 물었다

'사명俟命'은 하늘의 명령을 듣는다는 말로, 기독교에서는 자신을 신에게 맡기고 신의 판결을 기다리는 것으로 표현한다. 사람은 평생 이러한 종교적 신앙으로 "평이한 도리를 행하면서" "법도를 행하고" "몸을 수양"하면 된다. 이 셋은 실제로 같은 말이다. 즉 눈앞의 일과 생활에 충실하고 성숙한 본보기에 따라 여러 문제를 처리하면 된다는 의미다.

인생은 그렇게 복잡하지 않으며, 단순하게 볼 때 더할 나위 없이 단순하다. 단순한 인생관과 행동 원칙으로 보면 하나의 일과 직장, 하나의 가정, 한 명의 배우자, 한두 명의 자식 등 모든 대상을 담담한 태도로 대하면 당신의 삶은 결코 실패하지 않는다. 그러나 많은 사람들이 이와는 다른 태도로 살아간다. 뚜렷한 인생관이나 행동 원칙 없이 그때그때 판단하며, 직장이나 일, 배우자나 자식에게 불만을 갖고, 한 가지에 몰두하지 못한다. 이런 사람들은 특정한 일에서 성공할 수도 있고 어느 정도는 만족한 수준에 도달할 수 있다. 그러나 인생은 한바탕 제로섬 게임으로 하나를 얻으면 하나를 잃어버린다. 인생이란 발버둥친 만큼의 수확을 가져오지 못한다. 요컨대 사람의 계획은 하늘의 계획에 못 미치는 법이다.

단순한 인생은 쉬면서 힘을 기르며 조용함으로 상대를 제압한다. 당신이 가진 것을 소중히 여기고 그것을 열심히 갈고 닦는다. 모든 길은 로마로 통한다는 말이 있듯이, 그렇게 산다면 끝내는 당신 뜻대로 될 것이다.

행동하라

天之達道五, 所以行之者三. 曰: 君臣也, 父子也, 夫婦也,
兄弟也, 朋友之交也, 五者天下之達道也. 知, 仁, 勇, 三者
天下之達德也, 所以行之者一也. 或生而知之, 或學而知之,
或困而知之, 及其知之, 一也; 或安而行之, 或利而行之, 或
勉強而行之, 及其成功, 一也. 子曰: 好學近乎知, 力行進乎
仁, 知恥近乎勇. 知斯三者, 則知所以修身; 知所以修身, 則
知所以治人; 知所以治人 則知所以治天下國家矣.

천하의 도에 달하는 것에는 다섯 가지가 있으며, 그것을 실행하
게 하는 것은 세 가지다. 이를테면 군신과 부자, 부부와 형제, 친
구의 교제이니, 이 다섯 가지가 천하의 도에 달하는 것이며, 지
혜, 인자함, 용기 세 가지는 천하의 덕에 도달하는 덕목이니 이를
실행하는 것은 오로지 한 가지다. 어떤 이는 태어날 때부터 알고
어떤 이는 배워서 알고 어떤 이는 힘들게 알지만, 깨달아 이해하
기는 마찬가지다. 어떤 이는 스스로 좋아서 행하고 어떤 이는 이

로움이 있어서 행하기도 하며 어떤 이는 강요에 의해 행하기도 하지만, 그 성공에 이르는 것은 결국 한 가지다. 공자가 이르기를 "배우기를 좋아하면 지혜에 가까워지고, 노력하여 행하면 어짊에 가까워지며, 부끄러움을 아는 것은 용기에 가깝다. 이 세 가지를 알면 내 몸을 어떻게 닦을 것인지 알게 된다. 내 몸을 어떻게 닦을 것인지 알면 타인을 어떻게 다스릴지 알게 되며, 타인을 어떻게 다스릴지 알면 천하 국가를 어떻게 다스릴지 알게 된다"라고 했다.

—《중용》

이 말에는 인생의 몇 가지 문제와 인생의 틀이 담겨 있다. 5륜五倫, 즉 대인관계와, 지혜와 어짊과 용기, 즉 사람의 내적 품성 그리고 지知와 행行, 즉 사람의 외재적 활동이 그것이다.

행동학에서는 인간의 각종 생존 기능 중 대인관계 능력을 가장 우선순위에 놓는다. 즉 대인관계는 인생의 성공을 결정하는 가장 중요한 능력이며, 사회관계를 형성하는 규범이라는 것이다. '부자유친父子有親, 군신유의君臣有義, 부부유별夫婦有別, 장유유서長幼有序, 붕우유신朋友有信'은 사회를 화합시키고 개인을 발전시키는 데 유리하다. 그러나 지나치면 모자람만 못한법. 사소한 일에까지 관계와 인맥을 동원하려고 하면 결국 좋지 않은 결과가 초래된다. 그러나 적응할 수밖에 없다. 다른 선택지가 없기 때문이다.

지혜와 어짊과 용기는 사람의 지혜와 감성과 의지라는 세

가지 내재적 품성을 포함한다. 지혜의 측면에서는 총명하고 예지로워야 하며, 감성 측면에서는 인애의 마음이 있어야 하며, 의지에 있어서는 용감하고 강인해야 한다. 공자는 이 세 가지를 확장하여 사고했다. 머리가 별로 좋지 않고 견문도 넓지 않은 사람은 어떻게 해야 할까? 열심히 공부해서 보충해야 한다. 그러면 지혜는 계속 향상될 것이다. 그러니 배움을 즐기는 것이 가장 큰 지혜다. 인애는 마음에만 머물러 있으면 안 되며, 다른 사람에게 베풀고 사회에 이바지하며, 이렇게 되도록 실천해야만 한다. 인성에는 공포나 게으름처럼 약점이 많다. 그렇다면 어떻게 해야 진취적으로 나아갈 수 있을까? 부끄러움을 알면 용기가 생기며, 다른 사람보다 아래 있다는 사실에 부끄러움을 느낀다. 대장부의 기개가 부족함을 부끄럽게 여기며, 안일하게 머물러 있는 것 또한 부끄럽게 생각한다. 억지로라도 열정을 불러일으키며 사람의 투지와 잠재능력을 불러 일으켜야 한다. 역사에 남은 영웅호걸들 중에 문무를 막론하고 용기와 식견, 지혜와 용기를 두루 갖추지 않은 사람이 있었던가. 인은 지와 용기를 통제할 수 있다.

유가는 인간의 능동성을 주장하면서 적극적으로 세상에 뛰어들어 덕과 공을 세우고, 견해를 밝히며, '천지의 육성에 참여하여 參天地之化育' 자신의 역량을 발휘해야 한다고 주장한다. 인간의 활동은 지와 행 두 가지를 벗어나지 않는다. 이는 중국철학의 일대 과제다.

'지'에는 세 가지 방식이 있다. 첫 번째는 선천적인 지능, 두 번째는 학습, 세 번째는 실천을 통해 문제를 해결하면서 종합하는 경험이다. '행'에는 세 가지 방식이 있다. 첫 번째는 자연적인 행동, 두 번째는 이익으로 비롯되는 것, 세 번째는 피동적으로 변화하는 것이다. 명나라 왕양명은 여기에서 한 걸음 더 나아가 '지행합일'을 주장했다. "아는 것이 진실하고 절실하고 독실하면 그것이 곧 행이 되며, 행하면서 투철하게 깨닫고 정밀하게 살피면 그것이 곧 지가 된다知之眞切篤實處卽是行, 行之明覺精察處卽是知"고 했다.

지식인이 큰 열정으로 연구와 학문에 힘쓰면 그것이 지이자 행이다. 기업가가 열정을 가지고 사업을 하고 경영을 하여 돈을 벌면 그것이 곧 행이자 지이다. 요컨대 지와 행은 모두 행동이며, '지행합일'은 사람들에게 행동을 요구한다. 기독교의 이론으로 보면 이는 사람의 '천직'을 가리키며, 사람이 속죄하고 천국에 가는 방식이다.

쉼 없이
성장하라

吾十有五而志於學, 三十而立, 四十而不惑, 五十而知天命,
六十而耳順, 七十而從心所欲不踰矩.

나는 15세에 학문에 뜻을 두었고, 30세에는 설 수 있었으며, 40
세에는 미혹되지 않게 되었고, 50세에는 천명을 알았고, 60세에
는 귀가 순해졌으며, 70세에는 마음이 하고자 하는 것을 따라도
법도를 넘지 않았다.

—《논어》, 〈위정爲政〉

"15세에 학문에 뜻을 두었다"에서 '학學'은 학문을 하고 학
자가 되는 것이 아니라 '대학의 도'로서 명덕을 밝히고 백성을
새롭게 하여 지극한 선의 경지에 이르는 것이다. 자아를 개선
하고 사회에 이바지하며 탁월한 인생의 뜻을 추구하는 것이다.
다시 말해 열다섯 살에 굳센 인생관을 세운다는 의미다. 이 인

생관은 처음부터 웅대하고 뚜렷하지 않다. 성장하면서 차근차근 인식하는 과정을 거친다. 나는 열여덟 살 전후가 되어서야 장난만 치던 어린 모습에서 조금씩 각성하여 인생의 문제를 진지하게 돌아보기 시작했다. 이즈음에 모호하게나마 인생관이 형성되었다. 이것이 자각하는 인생의 기점이다.

"30세에 설 수 있었다"는 말은 요즘 젊은이들에게 큰 압박으로 다가올지도 모르겠다. 특히 서른 살이 다 되어가는 사람들은 초조해지기 십상이다. 가정과 일은 이제 시작 단계인 데다 많은 문제와 고민이 산적해 있으며, 매일 피곤하게 살고 있지만 아무것도 이뤄놓은 게 없으니 실패한 인생이 아닐까 자조하는 것이다. 그러나 서른 살에 설 수 있었다는 말의 본질적인 의미는 자신의 위치를 찾았다는 뜻이다. 여기저기 맹목적으로 기웃거리지 않고 어떻게 생계를 도모할지 분명히 알게 된 시점이 서른 살이라는 뜻이다. 서른 살은 인생관을 조정하고 분명히 하며, 인생의 계획을 굳히는 시점이기도 하다. 그렇게 견고한 기초가 있어야 전력을 다할 수 있다.

"40세에 미혹되지 않았다"는 말은 어떤 뜻일까? 맹자는 자신이 마흔 살에 동요하지 않게 되었다고 말했으며, 임어당林語堂은 소동파蘇東坡 같은 남자도 진정한 생은 마흔 살부터 시작되었다고 말했다. "남자 마흔 살은 한 떨기 꽃이다." "마흔 살에 부자가 되지 않으면 기회가 없다." "인생을 하루로 쳤을 때 마흔 살이 넘으면 정오가 지난 것이다." 같은 말은 서로 정반대의 관점에서 나온 속담이지만, 마흔 살에는 풍부한 경험을 갖고 충분히 성숙하여 자신이나 다른 사람, 어떤 문제를 대하는 데 깊은 이해와 확신이 있어야 함을 강조하고 있다.

"50세에 천명을 알았다"는 말은 어떤 의미일까? 공자는 "천명을 모르면 군자라고 할 수 없으며不知命無以爲君子", 사람은 운명과 자연 규칙을 깨닫고 순응해야 한다고 주장했다. 증국번은 그 실천 방안으로 "세월이 길다는 것을 알지만 내가 겪는 시간은 짧으니 우환에 대비하여 견디며 기다려야 한다. 대지가 광활하다는 것을 알지만 내가 거주하는 곳은 작으니 명리를 다투는 곳에서 물러나 자기 자리를 지켜야 한다. 서적이 많은 것을 알지만 내가 보는 책은 많지 않으니 보잘것없는 학문에 자만하지 말고 좋은 것을 선택하고 중히 여겨야 한다. 세상일이 많다는 것을 알지만 나의 능력에는 한계가 있으니 공명심에 들떠 나서지 말고 능력 있는 자를 추천하여 함께 일을 도모해야 한다"고 했다.

"60세에 귀가 순해졌다"는 말에서 '귀가 순하다'가 뜻하는 바가 무엇인지에 대해서는 예로부터 학자들의 의견이 분분했다. 전통 경전 연구에서는 이런 상황이 흔하다. 마치 모나리자의 미소를 놓고 많은 사람들의 의견이 갈릴수록 더 많은 사람들이 그림에 관심을 보이듯이 말이다. 나는 이 말을 이렇게 해석한다. 귀는 듣기 위한 기관이다. 사람의 말을 듣고 수많은 목소리를 들으며, 음악과 자연의 소리를 듣는다. 《논어》에 유명한 말이 나온다. "시에서 흥이 나오고 예를 통해 일어서며 음악에서 자신을 완성한다興於詩, 立於禮, 成於樂." 음악을 시나 예보다 높은 경지로 본 것이다. 왜일까? 시의 형상은 문자에서 나왔고, 예의 형상은 대인관계에서 비롯된 데 반해 음악은 대상의 형태가 없는 자연 속성을 갖추었으며, '도'에 가장 근접하기 때문이다. 음악은 국경을 초월한다. 음악을 들었을 때 느끼는 감정은 사람과 자연을 융합하고 둘 사이의 교류를 이끈다. 이것이 공자가 예순 살에 느낀 경지다.

다른 해석도 있다. '성聖' 자를 보면 그 안에 '이耳'가 들어 있다. 그러니 성인은 '듣는 미덕'을 갖추고 있음을 뜻한다. 보는 행위의 공간성과는 달리 듣는 행위에는 상대적으로 시간성이 있다. 춘추전국시대에는 음악이 발달했으나 회화繪畫는 서양에서만큼 발달하지 못했다. 민족성의 비밀코드가 숨어 있는 것이다. 물론 '귀가 순하다'를, 어떤 말에도 동요하지 않으며 자연과 사람이 완벽하게 조화된 상태라고 단순하게 이해할 수도 있다.

"70세에는 마음이 하고자 하는 것을 따라도 법도를 넘지 않았다"는 말은 어떤 의미일까? 공자는 일흔세 살에, 맹자는 여든네 살에 세상을 떠났다. 그래서 '일흔세 살과 여든네 살은 액운의 해'라는 말이 있다. 공자는 쉰 살에 학문에 뜻을 세워 평생 노력했으며, 목숨이 다하는 순간에 영혼의 자유와 해방을 실현했다. 죽어도 여한이 없는 삶이었다.

나는 사람들이 자신의 삶에 이런 식으로 금을 긋고 공자의 삶과 자신의 삶을 비교하지 않길 바란다. 그러나 정신적으로 계속 성숙해가고 인생의 경지마다 꾸준하게 상승하는 공자의 삶은 하나의 시사점을 던진다. 생명은 죽음으로 가는 과정이 아니라 완벽함을 추구하고 영원으로 가는 과정이라는 사실을.

궁극의 가치를
추구하라

朝聞道, 夕死可矣.

아침에 도를 들으면 저녁에 죽어도 좋다.

一《논어》, 〈이인裏仁〉

'도'는 무엇인가? 인자한 정치라고 말하는 사람도 있고 진리라고 말하는 사람도 있다. 무엇이든 공자와 그 무리가 평생을 추구한 가치와 꿈이었을 것이다. '도를 듣는다聞道'에서 '문聞'은 그저 듣는 것으로만 이해해서는 안 된다. 접근한 것으로 이해해야 한다. '도'는 궁극적인 가치다. 개인이 영원히 도달할 수는 없지만 계속 접근할 수는 있다. 이렇게 노력하는 삶을 산다면 죽어도 여한이 없지 않을까?

사람은 누구나 죽는다. 개똥밭에 굴러도 이승이 낫다는 말이 있듯이 누구나 장수를 꿈꾼다. 심지어 진시황秦始皇, 한무제, 당태종唐太宗 같은 사람은 장생불사를 추구하며 명약을 구하러 선산에 사람을 보내기까지 했다. 하지만 "세상에서 가장 공정한 것은 흰머리이니 귀인이나 부자거나 가리는 법이 없다公道世間唯白髮, 貴人頭上不曾饒"(두목杜牧의 시 〈송은자일절送隱者一絶〉의 한 구절 - 옮긴이)고 했듯이, 자연의 섭리는 예외가 없다.

인간이 죽지 않고 모든 생명이 다시 시작된다면 삶의 의미도 달라질 것이다. "어떤 사람은 살아 있지만 그는 이미 죽었다. 어떤 사람은 죽었지만 그는 아직 살아 있다"(장커자臧克家의 시 〈어떤 사람有的人〉의 한 구절 - 옮긴이)는 시처럼 말이다. 이런 차이는 인생의 가치 실현에서 온다. 항우項羽, 왕발王勃, 담사동譚嗣同, 퍼시 셸리Percy Shelley, 녜얼聶耳, 레이펑雷鋒 등 수많은 인재들을 보라. 수명은 짧았지만 우리들 마음속에 죽지 않고 살아 있다.

유가는 보신을 강조하며 생명을 소중히 여긴다. 그러나 신념을 위해 목숨을 내던지고 살신성인殺身成仁할 수 있어야 한다. 문천상文天祥(남송의 정치가이자 시인. 송이 원나라에 항복한 뒤 전향을 거부하다 사형에 처해졌다 - 옮긴이)이 신념을 굽히지 않고 희생된 뒤 사람들은 그의 의대衣帶에서 죽기 전에 쓴 글을 발견했다. "공자는 인을 이루라 하고 맹자는 의를 취하라 했으니, 오직 그 의를 다하는 것이 인에 이르는 방법이다. 성현의 글을 읽고 배운 바가 무엇이겠는가. 이제야 나는 부끄러움을 면하게 되었다孔曰成仁, 孟曰取義, 惟其義盡, 所以仁至. 讀聖賢書, 所學何事,

而今而後, 庶幾無愧." 뜻 있는 선비와 걸출한 인물들은 생사가 달린 순간의 결정을 통해 궁극적인 가치를 실현했다.

이제 냉정히 생각해보자. 이러한 궁극적 가치는 알고 보면 당신 가슴속 응어리이거나 마음에 늘 품고 있는 걱정거리이다. 이러한 응어리가 풀리고 걱정거리가 해결되어야 마음이 놓이고 죽음 앞에서 여한 없이 담담하게 임할 수 있다. 아이들이 자라서 어른이 되고 일과 가정을 이루었을 때 그들의 부모는 할 일을 다했다고 주변의 칭송을 받는다. 보통 사람들에게는 이것이 '도를 듣는 것'이다. 왕양명이 임종을 앞두었을 때 제자들이 남길 말씀이 있냐고 묻자 그는 "이 마음이 밝은데 무슨 말이 더 필요하겠느냐?"라고 답했다. 이것이 바로 '도를 듣는 것'이다.

"아침에 도를 들으면 저녁에 죽어도 좋다"는 말이 함축하는 의미가 또 하나 있다. 당신이 지금 무엇을 결정하든 늦지 않았다는 뜻이다. 살아 있는 동안 당신은 마음먹은 그것을 해낼 수 있다. 그렇다면 당신의 삶은 여한 없는 충분한 삶이다.

정신승리에
빠지지 말라

子曰: "君子上達. 小人下達."

공자가 말했다. "군자는 위에 달하고 소인은 아래에 달한다."

—《논어》, 〈헌문憲問〉

사서에는 군자는 어떠하고 소인은 어떠하다는 식의 내용이
자주 등장한다. 대부분 상이한 사회 계층을, 때로는 도덕 수준
을 지칭하기도 한다. 하지만 우리는 이를 가치 평가로 이해해
보자. 즉 "군자는~ 소인은~"으로 된 문구를 모두 '~을 해야 하
고 ~은 하지 말아야 한다'로 이해하는 것이다. 따라서 "군자는
위에 달하고 소인은 아래에 달한다"는 내용은 '작은 문제에 통
달하지 말고 큰 문제에 통달해야 한다'로 이해하면 된다.

여기서 말하는 '위'는 목 위의 머리를 지칭하며, 사상·정
신·문화 등 형이상학적인 것을 추구한다는 의미다. '아래'는

목 아래를 지칭하며 배꼽 아래 세 치, 즉 식욕과 색욕, 물질 등 형이하학적인 것을 추구한다는 의미다.

내가 보기에 이 말은 공자가 지식인들에게 용기를 주기 위해 한 말 같다. 특히 그의 제자들에게 열심히 공부하여 자신을 따라 진리를 추구하라고 격려한 말로 읽힌다. 잘 먹고 잘사는 삶에서 멀어지는 일에 개의치 말라는 것이 공자의 뜻이다. 형이상학을 추구하는 것은 군자의 도리다. 잘 먹고 잘살며, 이익을 따지고 온갖 수단을 써서 돈과 권력을 추구하는 사람들은 겉으로는 그럴 듯해 보이지만 결국 소인이라는 것이다.

하지만 이는 정신승리의 전형이다. 사람은 정신과 물질을 두루 추구해야 한다. 증국번은 일을 할 때 필요에 따라 적당한 전략을 동원하기도 했다. 심지어 그의 전략을 '엉덩이로 승진하는 법'(왕옌전汪衍振,《증국번발적사曾國藩發跡史》)으로 정리한 소설가도 있었으니, 이것이야말로 하달下達이다. 그러나 증국번은 평생 책을 가까이했고 시문, 고증, 문장, 서예 모든 면에서 뛰어났다. 또한 양무사상으로 새로운 시대의 풍조를 열었으니 이는 진정한 상달上達이라고 할 수 있다.

사업에 성공한 회사 대표들 중에는 출신이 빈약하고 학문이 깊지 않았지만 사업에 성공한 뒤 문화와 예술에 관심을 갖는 경우가 많다. 이런 모습을 겉치레라고 폄하하는 사람들도 있지만 내 생각은 다르다. 영웅의 출처는 묻지 않는 게 마땅하고, 먼저 하달을 하고 나중에 상달을 했으니 존중받아 마땅하다. 물론 얼마나 높은 경지에 오를지는 노력에 따라 달라진다. 시부사와 에이이치, 마쓰시타 고노스케, 이나모리 가즈오 같은 일본의 대표적인 사업가들은 자신들의 사업을 대단한 경지에 올려놓았으니 '하달'이라는 말로 표현하기 어렵다. 그들의 사상은 일찍부터 '상달'의 높은 경지에 올라 세상 사람들에게 존경받고 있다. '상달'한 책벌레들이 허공에 매달려 아큐의 정신 승리로 스스로 위로하는 것이 더 큰 문제다.

덕과 재능 중
무엇을 우선할 것인가

子曰: "驥不稱其力, 稱其德也."

공자가 말했다. "좋은 말은 그 힘을 칭송하는 것이 아니라, 그 덕을 칭송하는 것이다."

—《논어》, 〈헌문〉

좋은 말은 하루에 천 리를 가고 밤에 팔백 리를 갈 정도로 능력이 뛰어나다. 하지만 이보다는 주인에게 충성하고 사람 말을 잘 알아듣는 덕을 갖추는 것이 더 중요하다. 영화에서는 위급한 순간, 말이 주인의 곁을 떠나지 않고 바람같이 내달려 주인을 곤경에서 구하는 장면이 많이 등장한다. 서초패왕西楚霸王 항우項羽가 하이허강에서 포위되었을 때 그는 "힘은 산을 뽑을 만하고, 기운 또한 세상을 덮을 만하나 때와 운이 불리하니 추 또한 달리지 못하는구나. 추가 달리지 못하니 어찌한단

말인가! 우여 우여 그대를 어찌하면 좋단 말인가!力拔山兮氣蓋
世, 時不利兮騅不逝, 騅不逝兮可奈何! 虞姬虞姬奈若何!"라고 한탄했
다. '추騅'는 항우가 타고 다니던 명마다. 영웅과 명마, 미인을
둘러싼 비장미가 뿜어져 나온다.

　중국문화에서 용은 허구의 토템이며, 말은 실제로 존재하는
토템이다. 말은 전쟁에서 큰 역할을 해내고 인류사회의 발달에
많은 영향을 끼쳤다. 조나라는 부국강병을 위해 '호복기사胡服
騎射'(백성들에게 호족의 복장을 하고 말 타기와 활쏘기를 익히게 함 - 옮
긴이)를 하고, 심지어 말을 탈 때 발을 고정시켜주는 등자鐙子
를 발명하기도 했다. 말은 주인의 존귀함을 나타낸다. 마치 오
늘날 호화로운 자동차처럼 교통, 생산, 문화 활동에서 중요한
역할을 발휘했다. 사람들은 '말이 마치 용과 같다'거나 '용마정
신' 같다며 말과 용을 한데 묶어 말하기를 좋아했다. 한나라 때
무제는 서역을 통해 좋은 말을 얻자 기뻐하며《천마부天馬賦》
를 지었고, 동진 때의 승려 지둔支遁은 "그 뛰어나고 빠른 것을
사랑한다愛其神駿"며 말을 아꼈다.

　사람의 재능을 말에 비유하는 것도 하나의 전통이 되었다.
전국시대에 곽외郭隗가 천금을 가지고 말을 사온 이야기, 당나
라 한유韓愈의 '백락상마伯樂相馬'(백락이 말을 알아본다는 뜻으로
인재를 발견하고 임용하는 데 뛰어난 능력을 가리킨다 - 옮긴이) 이야기
는 대표적이다. 이런 전통을 연 것이 바로 위에 언급한 공자의
말이다. 이 짧은 한마디는 덕을 재능보다 중하게 여기는 중국

인재관의 기조로 자리 잡았다.

회사 경영주에게 직원의 품성과 재능 중 무엇을 더 중요하게 생각하느냐고 물으면 대부분 품성이라는 대답이 돌아올 것이다. 재능이 부족하면 일을 하면서 보완하면 되지만 품성이 나쁜 사람은 큰 사고를 칠 수 있다는 것이다. 노애공魯哀公의 일화도 새겨들을 만하다. 노애공이 공자에게 인재를 등용하는 법을 물었더니 공자가 이렇게 답했다. "활은 최소한 제대로 쏠 줄 알아야 더 멀리 쏠 수 있는 활을 구할 수 있습니다. 말은 최소한 성실하게 훈련해야 속도를 올릴 수 있습니다. 사람을 쓰는 것도 같습니다. 최소한 충성스럽고 믿을 수 있어야 재능과 지혜를 요구할 수 있습니다. 성실하지 않고 재능만 있는 사람은 승냥이나 이리와 같아서 가까이해서는 안 됩니다."

유명한 기업인들 중에는 좀 부족한 듯한 사람을 직원으로 등용하기도 한다. 중국번도 관료주의에 물들지 않고 큰소리치지 않는 소박한 인재를 좋아했다. 물론 이와 반대의 경우도 있다. 조조曹操는 사람을 쓸 때 인성보다 재능을 우선했다. 지덕을 겸비한 사람은 어차피 많지 않으니 재능은 없고 덕만 있는 사람보다는 재능 있는 자를 기용하여 일을 도모하겠다는 것이다. 인간은 이기적인 동물이어서 인성을 기대하기 어려우니 중요한 것은 이익의 균형을 달성하는 일이라고 여긴 것이다. 공자와 동시대에 살았던 양호陽虎는 자타가 공인하는 재능만 있고 덕은 없는 사람이었다. 노나라와 제나라를 전전하다 갈 곳이 없어진 그는 어쩔 수 없이 조나라에 귀의했다. 대신들은 양호를 기용하면 결국 국정을 빼앗긴다며 걱정했으나 조나라 왕은 사람을 부리는 기술이 있었다. 그는 양호가 재능을 발휘하도록 유도하면서도 다른 생각을 하지 못하게 방도를 취했고, 결국 조나라는 승리를 거두었다.

그렇다면 인재를 기용할 때 무엇을 중시해야 할까? 자신의 인재 기용 능력과 업무 상황에 따라 결정해야 한다. 인재를 기용하기에 앞서 자신의 인성부터 닦아야 한다. 이는 리더십으로 타인을 감화하고 사업을 성취하는 데 반드시 필요한 덕목이다. 작은 부자는 부지런함으로 성취하지만 큰 부자는 덕에 기댄다. 작은 성공은 재능으로, 큰 성공은 덕으로 완성된다. 공자는 "덕으로 정치하는 것은 북극성이 제자리에 있고 모든 별이 그 주위를 도는 것과 같다爲政以德, 譬如北辰, 居其所而衆星共之"고 했다. 군주에게만 적용되는 말이 아니라 큰일을 성취할 모든 사람에게 해당되는 말이다.

놀아야 흥한다

子曰：“飽食終日，無所用心，難矣哉？不有博弈者乎，為之
猶賢乎已？”

공자가 말했다. "온종일 배불리 먹고 마음 쓰는 곳이 없으면 참
으로 딱한 일이다. 장기나 바둑을 두는 것이 아무 일도 하지 않는
것보다는 낫지 않은가?"

—《논어》,〈양화陽貨〉

공자의 이 말은 가만히 있느니 다른 사람과 바둑, 마작 등을
두는 것이 낫다는 뜻이다. 나도 한때 바둑이 취미였다. 학교에
서 개최한 바둑대회에서 3등 안에 들 정도였다. 그러나 나중에
시간 낭비라는 생각이 들어 그만두었다. 온라인 게임, 포커, 마
작에도 잠깐씩 흥미를 가졌지만, 책 읽을 시간이나 다른 일에
방해가 되는 것 같아 포기했다. 독서와 글쓰기는 마작 같아서

인생의 공백을 채워준다는 생각도 든다. 그런데 나이가 들면서 그동안 시간 낭비로만 여겼던 게임과 놀이가 다시 보이기 시작했다.

큰 인물들은 대체로 비슷한 취미를 가지고 있다. 덩샤오핑鄧小平과 빌 게이츠Bill Gates는 포커를 즐겼고, 증국번은 바쁜 틈을 내서 장기를 즐겼으며, 쉬런그룹의 회장 스위주史玉柱는 온라인 게임에 심취했다고 한다. 이러한 놀이는 사고능력을 훈련시킨다. 더 중요한 것은 대인관계에 이점으로 작용한다는 점이다. 상사를 위해 1년을 일하는 것보다 그와 장기 한 판을 두는 것이 나을 수도 있다. 어떤 면에서 볼 때 대인관계란 놀이 상대라는 울타리로 둘러싸여 있는 셈이다. 이러한 대인관계가 성공 여부를 결정하는 중요한 요소가 되기도 한다.

꼭 게임을 하지 않더라도 마주 앉아 이런저런 이야기를 나누면서 감정을 공유할 수도 있다. 연예계 뒷이야기도 좋고 우스갯소리도 좋다. 이런 상황을 중화문명의 일면으로 보아 '대화의 문명'이라고 부르는 학자도 있다. 너무 멀리 간 주장이긴 하지만, 놀이의 의미를 간과해서는 안 된다. 놀이는 긴장을 풀고 휴식을 취한다는 점에서 큰 의미가 있다. 저술 활동에 열중하는 한 학자에게 누군가가 물었다. "늘 그렇게 일을 열심히 하십니까?" 학자는 자신도 노는 것을 좋아한다며 이렇게 대답했다. "문무의 도는 강약의 조절에 있다네. 줄을 당기기만 해서는 끊어져버리듯이 늘 긴장하고 있으면 일의 효율이 떨어지고 몸도 견디지 못하지."

완벽한 삶은 일, 사랑, 놀이의 균형이 맞아야 가능하다고 한다. 놀기 좋아하는 것은 인간의 천성이다. 그래서 연예 산업에는 만인의 주목을 받는 스타가 많으며, 온라인 게임도 돈을 가장 많이 버는 업종 중 하나가 된 것이다.

놀이는 바쁜 현대인들이 돌아보고 관심을 가질 만한 대상이다. 우리는 놀이의 의미를 중시해야 한다. 놀이를 통해 자신의 사고능력을 훈련하고 타인과의 교류도 강화할 수 있다.

먼 앞일을
내다보라

子曰 : "人無遠慮, 必有近憂."

공자가 말했다. "사람이 먼 앞일을 고려하지 않으면 가까운 장래
에 근심이 생기는 법이다."

—《논어》, 〈위령공 衛靈公〉

君子有終身之憂, 無一朝之患也.

군자는 평생 근심을 가지고 있지만 그날그날의 근심은 없다.

—《맹자》, 〈이루 하 離婁 下〉

　맹자가 평생 근심한 것은 무엇이었을까? 그는 평생을 요
순堯舜 임금처럼 위대한 인물이 되기를 꿈꿨다. 요순 임금은
역사에 길이 남을 업적을 쌓았는데 같은 사람으로 태어난 자
신이 그런 인물이 되지 않을 이유가 없다고 생각했다. 공자는

말했다. 사람은 자신의 마음과 감정을 평생 추구해야 할 목표에 두고, 눈앞에 닥친 고민에는 초탈한 자세로 담담해야 한다고. 하지만 이와는 달리 방향이 없는 삶도 있다. 바다에서 길을 잃고 표류하는 배처럼 바로 앞에 닥친 일만 해결하기도 바쁘다. 단기적인 이익에 매달리느라 무엇이 중요한지 판단력이 흐려지고 번뇌에서 벗어날 수 없다. 그러니 멀리 내다보는 계획을 세우고 눈앞의 일과 생활에 임하는 태도가 중요하다.

그럼 이 말을 심리적인 측면으로 이해해보자. 인터넷에는 일명 포토스캔들이 많이 떠돈다. 누군가를 해치기 위해 은밀한 사진을 퍼뜨리는 것이다. 식욕과 성욕은 인간의 본성이다. 당사자 간 합의하에 이루어진 일이라면 논란의 여지가 없지만 당사자들도 의식하지 못한 일이라면 심각한 문제다. 사람의 마음은 변하기 마련이다. 오늘은 서로 사랑하는 사이지만 내일은 원수지간이 될 수도 있으며, 오늘은 친구지만 내일은 경쟁자로 변할 수도 있다. 옛 어른들은 상대에게 마음을 전부 내보이지 말라고 했다. 처음에는 그지없이 좋던 사람도 오래 지내다 보면 좋은 사람이 없다고도 한다. 인생이 첫 만남처럼 달콤하다면 어찌 비애와 이별이 있겠는가. 사람 마음도 변할 수 있다는 걸 마음속에 새겨두어야 한다. 지금의 관계가 언제까지 계속될 거라고 단정 지어서는 안 된다.

인간관계뿐만 아니라 세상만사를 길게 내다보고 전체적인 그림을 그려야 한다.

유가의
3대 덕목

子曰："不知命，無以爲君子也. 不知禮，無以立也. 不知言，無以知人也."

공자가 말했다. "명을 모르면 군자가 될 수 없고, 예를 모르면 일어설 수 없으며, 말을 모르면 사람을 알 수 없다."

—《논어》,〈요왈堯曰〉

孔子曰："君子有三畏：畏天命，畏大人，畏聖人之言. 小人不知畏天命而不畏也, 狎大人, 侮聖人之言."

공자가 말했다. "군자에게는 세 가지 두려워해야 할 것이 있다. 천명을 두려워하고, 대인을 두려워하며, 성인의 말씀을 두려워해야 한다. 소인은 천명을 알지 못하여 두려워하지 않으니 대인에게 버릇없이 굴고 성인의 말씀을 무시한다."

—《논어》,〈계씨季氏〉

공자가 내게 인생을 물었다

"명을 알고 예를 알며 말씀을 알아라."《논어》말미에서 강조한 이 세 가지는 유가사상의 3대 기둥이라고 할 수 있다. '명命'은 인생관이다. 사람으로서 할 수 있는 최선을 다하고 하늘의 명을 기다린다는 유가의 기본 신앙이다. 하늘을 믿지 않으면 기독교도가 아니고, 명을 모르면 유가의 군자가 아니다. '예禮'는 사람됨의 원칙이다. 사람의 행동, 다른 사람과 사물을 대하는 태도, 일을 처리하는 것에 관한 지도 규범이다. '말言'은 성인의 말이며 그들의 사상, 특히 인성에 관한 사상이다. 인성에 대한 이해가 없으면 자신과 남을 막론하고 사람에 대해 알 수 없으니 심신, 즉 안팎의 조화를 이룰 수 없다.

운명은 하나의 통제이고, 예는 밖으로 드러난 것을 중시하며, 말은 내면을 중시함으로써 사람에 관한 하나의 완전한 체계를 구성한다. 이것이 곧 《논어》에서 이야기하고자 하는 바이며, 유가가 구축하려는 뜻이다. 명을 알면 하늘의 명에 경외심을 갖게 된다. 그러면 인간이 보잘것없다는 사실과, 사람이 하는 일을 하늘에서 보고 있다는 사실을 알게 되므로 오만을 버리고 공손해지며, 신중하고 근면하고 성실하며, 어진 태도를 갖게 된다.

예를 아는 데 가장 중요한 것은 질서를 지키는 일이다. 일상생활에서 가장 기본적인 질서란 어른을 존중하는 일이다. 어른은 누구인가? 맹자는 고위 관료와 나이 많은 사람, 덕망이 높은 사람을 어른으로 꼽았다. 이는 인간의 평등사상에도 어긋나지 않는다. 평등을 중시하는 미국에서도 국무장관은 대통령의 말을 따라야 한다. 하지만 대통령이라고 해서 자기 아버지를 형제 대하듯 함부로 대하지는 못하며, 신부님을 보면 공경을 표해야 한다. 이것이 바로 예를 알고 어른을 공경하는 태도다. 이를 지키지 못하면 결국 손해를 입는 사람은 자기 자신이다.

성인의 말에 경외심을 가져야 하는 이유는 무엇일까? 인류 사회의 과학과 인문학이 급격한 발전을 이루고, 그에 따라 사람들의 지적 수준도 크게 향상된 오늘날, 2,500여 년 전에 살았던 공자의 가르침을 들을 필요가 있을까? 시대에 뒤떨어지는 요구는 아닐까?

이에 대해 학술계에서는 '축의 시대 문명'이라는 공감대가 형성되어 있다. 독일 철학자 카를 야스퍼스Karl Jaspers가 1949년에 제시한 개념으로, 대략 기원전 900년에서 기원전 200년까지가 인류문명의 '축의 시대axial age'라는 것이다. 이 시기에 각 문명에서는 위대한 정신적 지도자가 출현했다. 고대 희랍에는 소크라테스Socrates, 플라톤Plato, 아리스토텔레스Aristoteles가 있었고, 이스라엘에는 유대교의 선지자들이 있었으며, 고대 인도에는 석가모니가 있었고, 중국에는 공자와 맹자가 있었다.

"인류는 축의 시대에 발생한 사고와 창조한 모든 것에 기대서 생존해왔으며, 새로운 도약이 있을 때마다 이 시대를 회고하고 또 한 번 불꽃을 되살렸다."

공자가 내게 인생을 물었다

스스로 운명을
개척하라

禍福無不自己求之者. 《詩》云: "永言配命, 自求多福." 太
甲曰: "天作孽, 猶可違; 自作孽, 不可活."

모든 화와 복은 자신의 말과 행위로부터 시작된다. 《시경詩經》에
이르기를 "길이 명을 받들어 스스로 많은 복을 구할 지어다"라고
하였으며, 태갑이 말하기를 "타고난 결점으로 인한 손해는 피할
수 있으나, 자신이 만든 결점으로 인한 손해는 피할 수 없다"고
하였다.

―《맹자》,〈공손추 상公孫醜 上〉

夫人必自侮, 然後人侮之; 家必自毀, 而後人毀之; 國必自
伐, 而後人伐之. 太甲 曰: "天作孽, 猶可違; 自作孽, 不可
活."

사람은 모름지기 스스로 모욕한 후 남으로부터 모욕을 당하는 법

이며, 한 집안은 스스로 훼손한 뒤에야 남이 훼손하며, 한 국가는 스스로 제 나라를 짓밟은 후에 다른 나라의 침략을 받는 법이다. 태갑이 말하기를 "타고난 결점으로 인한 손해는 피할 수 있으나, 자신이 만든 결점으로 인한 손해는 피할 수 없다"고 하였다.

―《맹자》, 〈이루 상 離婁 上〉

유가는 하늘의 명을 믿고 그에 경외심을 갖는다. 그렇다고 하늘에 대한 미신을 가르치지는 않으며 다른 종교처럼 향을 피우거나 예배를 드리는 등의 의식을 정하지도 않는다. 국가에서는 제사 의식을 거행했지만 개인은 그렇게 하지 않았다. 유가는 하늘의 명 앞에서 사람이 피동적으로 임하지 않는다. 개인이 주관과 능동성을 발휘하여 운명을 개선할 수 있다고 주장한다. 그러니 유가의 인생관을 적극적 숙명론이라 부를 수 있지 않을까?

나는 《중국번의 이해》에서 두세 편에 걸쳐 이 문제를 다뤘다. 원요범袁了凡의 이야기도 그중 하나다. 명나라 사람 원요범은 사람의 운명은 정해져 있다고 생각하면서 담담하게 운명을 받아들이며 소극적으로 살아가고 있었다. 그러던 중 한 선사의 가르침을 통해 열심히 살면 운명을 바꿀 수 있다는 사실을 깨닫고 이를 실천했다. "하늘은 스스로 돕는 자를 돕는다"는 속담은 인간의 주관적 능동성이 운명에 미치는 영향을 강조한 말이다. 증국번도 이렇게 강조한 바 있다. "사람 됨됨이가 바르고 일을 잘 처리하여 백성이 그를 의지하고 멀리서나 가까이서나 그에게 복종하면 신도 보호하니, 향을 피우며 소원을 비는 것보다 훨씬 효과적이다."

"타고난 결점으로 인한 손해는 피할 수 있다"라는 말은 나쁜 운명을 타고났어도 노력을 통해 개선할 수 있다는 뜻이며, "자신이 만든 결점으로 인한 손해는 피할 수 없다"라는 말은 스스로 바른 길로 가지 않으면 구원받을 수 없다는 뜻이다. 화는 자신으로부터 비롯되며 수많은 문제의 원인은 내부에서 주도하는 경우가 많다.

사람은 모름지기 스스로 모욕한 뒤 남으로부터 모욕을 당하는 법이다. 국가도 마찬가지다. 이민족에게 침략을 당한 나라의 역사를 보면 하나같이 국가 내부에서 먼저 대란이 일어나고 백성이 도탄에 빠졌을 때 국운이 기운다. 이런 상황이 외적에게 침략의 기회를 준 것이다.

누구나
성공할 수 있다

人皆可以爲堯舜.

사람은 누구나 요순이 될 수 있다.

—《맹자》,〈고자 하告子 下〉

舜人也, 我亦人也. 舜爲法於天下, 可傳於後世, 我由未免爲
鄉人也, 是則可憂也.

순 임금도 사람이며 나도 사람인데, 순 임금은 천하에 모범이 되
어서 후세에 전할 만하거늘 나는 아직도 향인이 됨을 면치 못하
였으니, 이는 근심할 만한 일이다.

—《맹자》,〈이루 하〉

이 문장은 이성에 기반한 유가의 이상주의를 보여준다. 성
인을 존경하되 맹신하지 말아야 하며, 신격화는 더욱 안 되고

스스로 성인의 행동을 배워서 그들처럼 되라는 뜻이다. 성인도 생리적으로나 신체적으로 보통 사람과 다름없다. 선천적인 본능, 양심, 지식, 감성, 의지는 보통 사람과 같다. 그렇다면 누구나 그들처럼 될 수 있는데 아무런 포부 없이 살아갈 이유가 없다. 맹자가 사망한 지 100여 년 뒤 진승陳勝은 "제왕장상의 씨가 따로 있다더냐?"는 말로 사람들의 용기를 북돋았다.

성공은 행운이나 좋은 인연과 상관관계가 있다. 그러나 운이 없어서 성공하지 못했다고 말할 수는 없다. 복권을 사는 사람을 보면서 저 사람은 절대로 당첨되지 않을 거라고 단정지을 수 없듯이 말이다. 사실 우리는 이미 행운의 순간을 겪었다. 3억 마리의 정자들이 생사의 각축을 벌이는 가운데 살아남은 결과가 바로 우리니까 말이다.

가능성이 보이는데 기다리고만 있을 것인가? 평범한 소년이었던 증국번은 이런 깨달음을 얻고 "성현이 되지 않으면 금수와 다름없다"며 이를 악물고 노력했다. 이와 관련하여 량치차오梁啓超(중국의 근대 사상가이자 문학가. 변법자강운동을 주도했다-옮긴이)는 이렇게 말했다. "사람이 요순 임금처럼 될 수 있는지는 솔직히 모르겠다. 하지만 증국번처럼 되는 것은 얼마든지 가능하다. 시대적으로 가깝고 그의 인생 역정이 어떠했으며 어떻게 수양하고 업적을 세웠는지 누구나 잘 알고 있기 때문이다. 그를 모델로 삼아, 비록 처지는 다르지만 계속 배우다 보면 수확이 있을 것이다." 량치차오가 학문에 투신한 것도 증국번의 영향을 받았기 때문이다. 인터넷에는 량치차오가 청년에게 권하는 필독서가 올라와 있다. 중국번이 그의 아들에게 읽으라고 권했던 책 명단과 빠짐없이 일치한다.

중국 최대의 전자상거래 업체 알리바바그룹의 마윈馬雲 회장은 감동을 주는 연설로 유명하다. 그의 이력 중 가장 눈길을 끄는 부분은 삼수 끝에 대학에 합격했다는 사실이다. 그는 자기처럼 '둔한 사람'도 성공할 수 있으니 누구나 노력하면 성공할 수 있다고 강조한다.

'사지 없는 삶Life Without Limbs'으로 유명한 닉 부이치치Nick Vujicic는 팔다리 없이 태어났지만 머리와 몸통만으로도 즐겁고 충실한 삶을 살고 있다. 수영과 축구를 즐기고 세계 각지로 연설을 다니며, 사랑하는 여인과 결혼도 했다. '팔다리는 없지만 여전히 즐거운 삶'을 주제로 한 그의 연설은 우리에게 시사점을 던진다. 이토록 열악한 조건의 소유자도 성공하는데 우리가 성공하지 못할 이유가 없지 않은가.

왕양명은 "사람은 누구나 마음속에 공자를 품고 있다"고 했다. 누구나 성현이 될 수 있는 유전자가 있으며, 우리 모두 성공의 씨앗을 품고 있다는 뜻이다. 어린 시절 천재적 소질을 드러낸 경험은 누구에게나 있다. 일반적으로 한두 살 때는 음악에 대한 감지능력이 매우 뛰어나며 리듬에 맞춰 춤을 추면서 어른들을 즐겁게 한다. 대여섯 살 때는 그림 그리기를 좋아하여 가족들을 즐겁게 한다. '내 자식이 최고'라는 말은 반드시 주관적 관점에서만 나온 말이 아니다. 모든 아이가 정말 대단한 능력을 갖고 있다.

특별히 스무 살을 갓 넘은 젊은이들에게 한마디 하고 싶다. 지나치게 자신을 낮추고 필요 이상으로 자신을 비하하지 말라. 스무 살은 어린 나이지만 이른 나이에 성공한 사람도 많다. 페이스북의 공동 설립자이자 회장인 마크 저커버그Mark Zuckerberg가 대표적인 인물이다. 성공한 인사 중에는 대기만성형이 아닌, 일찍부터 두각을 나타낸 사람들이 많다. 그렇다면 그들에 비해 출발이 늦었다고 생각하는가? 하지만 당신보다 한참 늦게 출발한 사람들 중 성공한 사람 또한 부지기수다. 밥을 빌어먹던 걸인이 황제로 변신하는가 하면 폐지를 줍다가 거부가 된 사람도 있다. 자신을 루저라고 생각하며 허송세월을 보내면 아무것도 이룰 수 없다.

인생의
세 가지 즐거움

孟子曰："君子有三樂，而王天下不與存焉．父母俱存，兄弟
無故，一樂也；仰不愧於天，俯不怍於人，二樂也；得天下英
才而敎育之，三樂也."

군자에게는 세 가지 즐거움이 있는데, 천하의 왕이 되는 것은 이
에 포함되지 않는다. 부모님이 모두 건재하시고 형제들에게 아무
탈 없는 것이 첫 번째 즐거움이다. 하늘을 우러러 부끄러움이 없
고 아래로 굽어보아 다른 사람들에게도 부끄럽지 않은 것이 두
번째 즐거움이다. 천하의 영재를 얻어 가르치는 것이 세 번째 즐
거움이다.

─《맹자》, 〈진심 상〉

천하의 왕이 되었다고 즐거운 것은 아니다. 성공과 즐거움
은 관련이 없다. 명예와 이익, 권리, 사랑은 사람에게 만족감을

주지만 명예와 돈, 권력을 가진 사람도 여전히 고민거리를 안고 있어 즐거운 마음만 갖기는 어렵다.

부모님을 기쁜 마음으로 모시고 형제들과 우애롭게 지내며 가족 중 아픈 사람이 없고 화를 입지 않고 산다면 그야말로 하늘이 내린 복이다. 가장 단순하면서도 영원한 행복은 가족과 누리는 단란함이다.

"하늘을 우러러 부끄러움이 없다"라는 말은 하늘은 우리에게 생명과 재능을 부여했으니 이를 훼손하지 않고 모든 일에 최선을 다하면 후회가 없을 것이라는 뜻이며, "아래로 굽어보아 다른 사람들에게도 부끄럽지 않다"라는 말은 마음에 부끄러운 일을 하지 않으면 죄의식을 가질 필요 없이 정정당당하게 잘 먹고 잘 자며 두려움이 없다는 뜻이다. 그러니 즐겁게 살 수 있는 것이다. "천하의 영재를 얻어 가르친다"는 말은 어떤가. 사람을 가르치는 일은 맹자의 직업이었고, 공자에게는 도를 전한다는 사명이 있었다. 교사라면 누구나 '영재'를 가르치는 보람을 느낀다. 많은 문하생을 거느리는 것도 스승이 느끼는 최대의 기쁨이다.

이런 즐거움들은 가정과 마음 상태, 직업에서 느끼는 즐거움이다. 우리의 생활 반경도 여기서 벗어나지 않는데, 왜 즐거움을 느끼지 못할까? 톨스토이의 명언으로 대답을 대신해본다. "우리의 삶에는 즐거움이 부족하지 않다. 우리가 그것을 발견하지 못할 뿐이다."

즐거움을 발견하기 어렵다는 당신에게 이야기 하나를 들려주고 싶다. 여행을 하던 공자가 영성기榮聲期라는 노인을 만났다. 그는 다 낡은 옷을 입고 거문고를 뜯으며 즐겁게 노래하고 있었다. 호기심이 발동한 공자가 "선생께서는 무슨 낙으로 사십니까?" 하고 물었다. 그러자 노인은 세 가지 지극한 즐거움에 대해 말해주었다.

"하늘이 만물을 만들면서 오직 사람을 귀히 여겼는데 내가 사람으로 태어남이 첫째 즐거움이요, 예로부터 여자보다 남자를 귀히 여기는데 내가 남자로 태어났으니 이것이 두 번째 즐거움이요, 태어나 세상을 보지 못한 채 강보에 싸여 죽는 자도 많은데 나는 이미 아흔다섯을 살았으니 이것이 세 번째 즐거움이라오."

마지막으로 증국번의 인생삼락을 두 가지 버전으로 소개해본다. 첫 번째 버전은 이렇다. "군자에게는 세 가지 즐거움이 있다. 책을 읽는 낭랑한 목소리가 멀리 퍼지는 것이 하나요, 인재를 널리 칭찬하여 날마다 인재가 몰려드는 것이 두 번째 즐거움이요, 열심히 일한 뒤 쉬는 것이 세 번째 즐거움이다."

두 번째 버전은 어떤가. "즐거움을 찾는 데는 대체로 세 가지가 있다. 열심히 일한 뒤에 쉬는 것이 첫 번째 낙이요, 담담한 마음으로 미워하는 마음을 없애는 것이 두 번째 즐거움이요, 낭랑한 목소리로 책을 읽는 것이 세 번째 즐거움이다."

밑바닥 체험에
엘리트 의식을 더하라

太宰問於子貢曰："夫子聖者與？何其多能也."子貢曰："固
天縱之將聖，又多能也."子聞之，曰："太宰知我乎．吾少也
賤，故多能鄙事．君子多乎哉？不多也."牢曰："子云：'吾
不試，故藝.'"

태재가 자공에게 물었다. "공자는 성인이신가요? 어찌 그리도 다
재다능하신가요?" 자공이 말했다. "선생님은 진실로 하늘이 내
린 성인이시며 또한 다재다능하십니다." 공자가 이 말을 듣더니
말했다. "태재가 나를 아는구나. 내가 젊었을 때는 미천해서 비
천한 일에 재주가 많았다. 군자는 다재다능할까? 그렇지 않다."
뇌가 말했다. "공자가 말하기를 '내가 등용되지 못했기에 여러 재
주를 익혔다'라고 하셨다."

　　─《논어》, 〈자한 子罕〉

한 관리가 호기심에서 공자가 그렇게 다재다능한지 물었다. 그러자 공자의 제자가 답했다. 나의 스승은 하늘에서 내린 천재이자 성인으로 모든 면에서 재능이 뛰어나다고. 공자는 그 원인으로 두 가지를 들었다. 하나는 자신이 어릴 때부터 가난해서 온갖 일을 다 했으며, 안정적인 공직이 없었기 때문에 생계를 위해 다방면의 재주를 익혔다고. 이를 통해 몇 가지 결론을 도출할 수 있다.

첫째, 공자는 문무를 겸비한 인재이며 매우 완벽한 사람이다. 위대한 교사였던 그가 제자들을 가르치는 데 사용했던 교과서는 '6경六經'이다. 《역》은 철학이며, 《서》는 고대사, 《춘추》는 근대사, 《시》는 문학, 《예》는 정치학, 《악》은 음악미학이다. 그가 가르치는 내용은 '예禮, 악樂, 사射, 어御, 서書, 수數'의 '육예六藝'에 그치지 않았다. '예'는 예절·예의·법령·제도를 포함했으며, '악'은 이론은 물론이고 실기까지 포함했다. '사'는 군사 기능을 가리키며, '어'는 마차 모는 기술, '서'는 독서와 서예, '수'는 수학과 주역, 연산, 추리 기능도 포함했다. 오늘날 '전인교육'은 춘추전국시대 사람들이 익힌 것에 비하면 한참 못 미친다. 당시 사람들은 육경과 육예 모두에 능통해야 했다. 그래서 공자를 대역사大力士나 무림고수라 칭해야 한다고 말하는 학자들도 있다.

둘째, 공자가 "내가 젊었을 때는 미천해서 비천한 일에 재주가 많았다"라고 말한 부분을 보자. 공자는 유복한 아이가 아니었다. 세 살에 아버지를 여의고 가난한 집에서 자랐다. 일찍부터 귀족 지주 집안의 양을 돌보고 식량 창고의 회계를 맡는 등 어린 나이에 가장 노릇을 하며 일찍 철이 들었다. 그는 집안을 위해 여러 일을 닥치는 대로 했다. 다행히 일솜씨가 좋아 귀족들로부터 인정을 받았다.

팡원산方文山(대만의 유명 작사가 – 옮긴이)의 자서전 《내가 젊었을 때는 미천해서 비천한 일에 재주가 많았다吾少也賤, 故多能鄙事》에도 비슷한 이야기가 나온다. 팡원산은 가난한 집안 출신으로 어릴 때부터 많은 일을 해야 했다. 폐품 줍기, 건설 현장 인부, 광고 전단지 돌리기, 골프장 캐디, 식당 종업원, 공장 직공, 수리공, 택배원 등 안 해본 일이 없을 정도다. 그러니 피아노나 서예, 미술, 영어 배우기는 생각할 수도 없었다. 그렇게 고생하며 노력한 끝에 그가 작사한 노래 《청화자青花瓷》,《국화대菊花台》,《동풍파東風破》는 많은 사람들에게 감동을 안겼다. "고생 끝에 낙이 온다"는 속담을 증명한 사례. 이런 인물은 찾아보면 얼마든지 있다.

하지만 사회 밑바닥에서 평생을 보내며 죽을 때까지 아무 발전 없이 끝나는 사람들도 있다는 사실을 잊지 말아야 한다. 그 차이는 어디에 있을까? 공자는 "열다섯 살에 학문에 뜻을 두었다"고 했다. 높은 곳에 뜻을 두고 엘리트 의식을 가졌던 것이다. 밑바닥 체험에 엘리트 의식이 더해져서 성공한 사람이 된 것이다.

셋째, "내가 등용되지 못했기에 여러 재주를 익혔다"라는 부분에도 생각할거리가 있다. 《근사록近思錄》에서 정이程頤는 "관리가 되면 사람의 의지가 약해진다"고 했다. 어찌 관리에만 그치겠는가. 어떤 일이든 순조롭게 풀리면 의지가 약해지며, 학습 동기는 줄어들기 마련이다.

부정적인 것도
긍정적으로 대하라

生於憂患而死於安樂者也.

우환이 나를 살게 하고, 안락함이 나를 죽음으로 이끈다.

—《맹자》,〈고자 하〉

孟子曰: "人之有德慧術知者, 恒存乎疾. 獨孤臣孽子, 其操心也危, 其慮患也深, 故達."

사람이 덕행과 지혜, 기술과 지혜를 갖는 것은 언제나 재난과 환난에 처해 있을 때이다. 외로운 신하와 버림받은 서자만이 위태로움을 느껴 언제나 조심하고 환난이 있을까 깊이 생각하므로 사리에 통달하게 된다.

—《맹자》,〈진심 상〉

살다 보면 해결하기 어려운 일이 생기기 마련이다. 장애를 입거나 난치병에 걸려 평생 고생하기도 한다. 인간의 번뇌와 고통, 초조함과 우울함, 무력감은 모두 여기에서 비롯된다. 심지어 이런 감정이 마음 깊은 곳의 응어리로 변해 평생을 괴로워하다가 자칫 잘못된 선택을 하는 경우도 있다. 그러나 모든 일에는 양면성이 있다. 그토록 고통과 무력감을 안겨 주는 고민이 정신을 성숙시키고 강인하게 단련시켜 큰 성공으로 이끌 수도 있다. 운명의 시선에서 볼 때 하늘은 여유 있는 사람에게서 좋은 기운을 덜어 부족한 사람에게 주는 법이다.

사람은 병에 걸리면 건강이 중요하다는 단순한 상식을 제대로 인식한다. 병에 걸리고 나서야 시야가 넓어지는 것이다. 나는 백전풍白癜風(살가죽에 흰 어루러기가 생겨 점점 커지는 병 – 옮긴이)에 걸린 적이 있다. 치료가 어려운 병이라 한동안 고통스러운 시간을 보냈다. 그러다 어느 날 마음을 고쳐먹었다. 하얗게 변해가는 피부를 보며 '흰둥이 친구, 우리 잘 지내보자'고 긍정의 마음을 표현한 것이다. 이렇게 편하게 생각하다 보니 시간이 지나면서 아예 병을 잊어버렸다. 그러자 신기하게도 증상 또한 씻은 듯이 사라졌다. 물론 나는 운이 좋은 편이었다. 하지만 설령 병이 호전되지 않더라도 원망하고 좌절하는 것보다는 마음을 가라앉히고 병과 친구가 되자고 생각하는 게 좋다. 그러다 보면 뜻하지 않게 긍정적인 효과를 보기도 한다.

잊지 말아야 할 것은 모든 것이 순조로운 상황에서도 문제의식을 갖고 미리 대비해야 한다는 점이다. 빌 게이츠가 직원들에게 "파산까지 겨우 12개월 남았다"고 강조했듯이 말이다. 역사적으로, 국가와 개인을 막론하고, 우환에 미리 대비하지 않고 현실에 안주하다가 곤경에 빠지는 경우가 무척 많다는 사실을 기억해야 한다.

날마다
새로워져라

苟日新, 日日新, 又日新.

하루를 새롭게 하려면 나날이 새롭게 하고, 또 날로 새롭게 하라.

—《대학》

유가에서 가장 숭배하는 성인은 요, 순, 우, 탕, 문, 무, 주공, 공자다. 그중 탕 임금은 상나라의 개국 황제로, 그는 세숫대야에 위의 아홉 글자를 새겨 매일 아침 세수할 때마다 각오를 새롭게 했다. 우리도 탕 임금처럼 좌우명을 화장실 거울에 새겨두면 어떨까.

사람들은 "구일신, 일일신, 우일신"을 혁신을 강조하는 의미로 이해한다. 그러나 나는 혁신은 수단에 불과하며, 최종적인 종착점은 발전에 있다고 본다. 발전을 해야만 진정한 '새로움'을 실현할 수 있기 때문이다.

사람들은 매일 되풀이 되는 일상에 지쳐 낡은 것들을 벗어 던지고 새로운 것을 갈망한다. 새로운 것을 대할 때 희열과 흥분을 느낀다. 그래서 제품과 정치에 혁신이 뒤따랐으며, 혁신은 발전의 강한 원동력이 되어왔다. 물론 혁신은 신선하고 매력적이지만 때로는 형식에 치우쳐 발전에 도움이 안 되는 상황도 일어난다. 심지어 규칙을 위배하여 발전을 가로막기도 한다. 《주역》에도 "혁신은 적당해야 후회가 없다 革而當, 其悔乃亡"라는 말이 있을 정도다. 탕 임금의 본뜻도 여기에 있었을 것이다. 덩샤오핑의 말을 빌리면 "발전은 확고한 도리"다.

발전이 반드시 혁신을 기반으로 할 필요는 없다. 발전은 축적을 통해 점진적으로 확충해가는 것이다. 가령 아이가 해마다 한 학년씩 올라가는 것이 곧 발전이다. 학년이 올라갈수록 아이의 지식은 더 풍부해지고 문제 해결 능력도 향상되어 전반적으로 새로워진다. 일을 처리할 때 날마다 조금씩 발전한다면 이것이 곧 '일일신 우일신'이다. 이런 하루하루가 쌓여 안정적으로 발전을 유지하다 보면 목표에 도달할 것이다. 목표를 달성한 뒤에는 새로운 목표가 등장한다. 인생은 이렇게 끝없이 나아가는 것이며, 발전의 잠재력도 무한하다.

많은 중소기업이 인재 유출로 고심하고 있다. 아무리 견고한 군영이라도 탈영하는 병사는 있기 마련이다. 작은 기업을 경영하는 나 역시 몇 년 일하다 훌쩍 떠나버리는 직원들 때문에 곤혹스러웠던 적이 있었다. 내 처신에 문제는 없는지 반성하기도 했다. 문제의 근원은 기업이 발전하지 않고 수익도 올라가지 않는 데 있다. 능력을 발휘하고 자기계발의 기회가 없는데 어떤 직원이 만족하겠는가. 따라서 기업을 경영할 때는 방향을 정해놓고 나아가야 한다. 앞으로 나아가지 않으면 후퇴하기 마련이다. 발전이 없는 기업은 인재를 붙잡아둘 수 없으며, 막다른 길로 몰리거나 구멍가게 수준에 머무르고 만다. 사랑도 마찬가지다. 나아가며 발전하지 않으면 상대를 붙잡아둘 수 없다. 국가도 마찬가지다.

그러나 한 가지 명심할 점이 있다. 사람들은 발전이 모든 문제를 해결해줄 수 있다고 믿지만, 사실 발전은 많은 문제를 덮어버리기도 한다.

도는
생활 속에 있다

道不遠人.

도는 사람과 멀리 있지 않다.

— 《중용》

노자는 "도를 도라고 말할 수 있다면 이미 도가 아니다道可
道, 非常道"라고 했다. '도'는 무엇인가? 도는 말로 정의할 수 없
다. 끝없이 광활한 우주에 대해 인류는 무한한 상상과 수많은
시도를 하지만, 그 출발점과 종착점은 어디까지나 사람이다.
그래서 "도는 사람과 멀리 있지 않다"고 말하는 것이다.

인간은 뜨거운 피가 흐르고 희로애락과 칠정육욕七情六欲을
느끼며, 일하고 생활하고 먹고 배설하는 존재다. 우리가 진정
으로 관심을 가지는 '도'는 이 모든 것에 녹아 있어야 비로소
의미를 갖는다. '사서'가 사당에 고이 모신 제물처럼 속세와 동

떨어진 학술이고 극소수 사람들의 전유물이라면 '경전'이라는 타이틀을 달지 못했을 것이다. 경전은 모든 사람에게 교훈과 의미를 주어야 한다.

도가에 이런 이야기가 전해진다. 동곽자東郭子가 장자에게 물었다. "도는 어디에 있습니까?"

"없는 곳이 없다네."

"구체적으로 예를 들어 말해주십시오."

"기왓장이나 벽돌 조각, 똥오줌에도 있다네."

불교 선종에서는 "물을 긷고 장작을 패는 일에도 오묘한 도가 있다.""평상심이 곧 도"라고 주장한다. 도는 일상생활 속에 있다는 뜻이다.

우리는 진리와 생명의 가치를 좇으며 정신적으로는 자유로운 경지를 추구한다. 그러나 명상에만 기대거나 산속에 은거하는 방식을 고집하지는 않는다. 온몸과 마음으로 삶을 소중히 생각하고 삶을 통해 체험하면서 이를 터득한다. 세간의 모든 학문이 너무 심오하게 포장된다면 위선적이거나 쓸모없는 존재로 치부되었을 것이다. 진정한 학문이란 사람들의 삶과 밀착되어 친근하고 모든 이를 배려하며, 누구나 그것에 대해 말할 수 있어야 한다.

성실하면
천하를 얻는다

誠者天之道也, 思誠者人之道也.

성실함은 하늘의 도리이며, 성실한 생각은 사람의 도리이다.

―《맹자》, 〈이루 상〉

君子誠之爲貴.

군자는 정성을 귀하게 여긴다.

―《중용》

唯天下至誠, 爲能盡其性, 能盡其性, 則能盡人之性；能盡
人之性, 則能盡物之性；能盡物之性, 則可以贊天地之化育；
可以贊天地之化育, 則可以與天地參矣.

오직 천하의 지극한 정성만이 그 성을 다할 수 있다. 그 성을 다
할 수 있으면 곧 사람의 인성을 다할 수 있고, 사람의 인성을 다

할 수 있으면 곧 만물의 본성을 다할 수 있고, 만물의 본성을 다할 수 있으면 곧 하늘과 땅이 만물을 낳아서 기르는 것을 도울 수 있고, 하늘과 땅이 만물을 낳아서 기르는 것을 도울 수 있으면 곧 하늘과 땅과 더불어 참여할 수 있게 된다.

―《중용》

　'성의誠意'는 유가의 '8조목' 중 하나로 나는 이를 '신앙', 즉 공자가 세운 유가사상과 이념을 믿는 것으로 해석하고 싶다. 신앙이란 무엇일까? 그것은 진실이다. 하느님을 믿는다면 하느님이 곧 진실이며, 하늘을 믿는다면 하늘이 곧 진실이다. 공자를 믿는다면 공자의 사상이 진실하고 쓸모 있는 것이다. 신앙으로 인생과 세계를 대하고 정성을 다한다면 반드시 좋은 결과를 얻을 것이다.

　하늘의 길과 사람의 길은 볼 수 없으며 만질 수도 없다. 그런데도 진실한 것일까? 중의학의 경락으로 이 문제를 설명해보자. 경락은 보이지도 만질 수도 없다. 현대과학 기기로 관측해낼 수도 없다. 그럼에도 경락은 중의학의 기초가 된다. 이를 어떻게 설명해야 할까? 한 연로한 의사가 단 두 마디로 이를 정리해주었다. 그는 베이징을 출발해 선전으로 향하는 비행기가 어떤 경로로 날아가는지 이야기했다. 하늘에는 길이 따로 없지만 비행기가 아무렇게 나아가지는 않는다. 반드시 고정된 항로가 있다. 항로는 하늘에 있으나 망원경으로 봐도 보이지 않는다. 그렇지만 항로는 실제로 존재한다. 이것이 경락의 이치다. 하늘의 길과 사람의 길도 이와 같은 이치로 풀면 된다.

유가에서는 공자사상이 하늘의 도와 사람의 도를 묘사한 것이라고 한다. 하늘의 길과 사람의 길을 엄격하게 따르면 이것이 바로 정성을 다하는 것이며, 정성을 다하면 모든 대상을 움직일 수 있으며, 나아가 예정된 방향으로 추진하고 발전하고, 최종적으로는 "하늘과 땅과 더불어 참여할 수 있게 된다"는 것이다. 정성을 다하지 않으면 하늘의 길과 사람의 길에 위배되므로 한 걸음도 나아갈 수 없다. '성誠'을 철학적으로 풀면 이런 뜻일 것이다. 그렇다면 생활의 측면에서 보면 어떨까?

며칠 전 나는 한 기업의 축하행사에 참석했다. 로비에는 사람들이 보낸 화환과 도자기, 장식물, 화분 등 선물이 가득했다. 저마다 가장 눈에 띄는 위치에 리본을 묶고 그 안에 글자를 새겨놓았다. 하나같이 "성실하면 천하를 얻는다"는 내용이었다.

언제부턴가 중국시장에 가짜와 조악한 상품이 넘쳐나면서, 장사꾼은 모두 사기꾼이라는 생각이 만연해졌다. 이런 상황을 타개하기 위해 기업들은 성실함을 신조로 내세우며 소비자에게 조금씩 공감을 얻고 있다. 어떻게 이런 변화가 일어났을까? 유가문화가 상인들을 감화시켜서일까? 그렇지 않다. 시장의 선택일 뿐이다. 이익만 추구하는 사람은 단기적으로 돈을 버는 데 그치지만, 성실함으로 일하면 오랫동안 살아남을 수 있다.

상공업연합회의 회식에서 한 대형 가구상가의 대표가 이렇게 말했다. "우리 황화시의 상업은 30여 년간 발전해왔습니다. 하지만 초기에 사업하던 사람들 대부분이 지금 무얼 하는지 알 수 없습니다. 지금까지 남아 있는 사람들은 어떤 분들일까요?" 그가 말을 멈추고 잠시 뜸을 들였다. 나는 마땅한 대답이 떠오르지 않았다. 대표가 말을 이었다. "바보들입니다! 똑똑하고 머리가 잘 돌아가는 사람들은 이미 실패했어요. 바보 같은 사람들만 남아서 우직하게 해나가고 있는 거죠."

시장의 자유로운 선택은 하늘의 길이 무엇인지 보여준다. 성실하면 천하를 얻는다.

공자가 내게 인생을 물었다

바로 지금을
살아라

子在川上, 曰: "逝者如斯夫! 不舍晝也."

공자가 냇가에서 말씀하셨다. "흐르는 것이 이와 같아서 낮과 밤
을 쉬지 않는구나."

─《논어》, 〈자한〉

흐르는 것은 시간이 아닐 수도 있다. 시간은 그저 우주의 차
원일 뿐이며, 지나간 1만 년과 미래의 1만 년은 우주 안에서
동시에 존재한다. 과학계의 이러한 주장은 특별하지 않다. 이
런 인식을 기반으로 시공을 뛰어넘는 일이 얼마든지 가능하다
는 주장이 나오고 있다.

그렇다면 흐르는 것은 무엇일까? 생명 그리고 생명에 수반
되는 모든 것이다. 생명은 죽음을 향해 끊임없이 흐른다. 죽음
을 피할 수 있는 존재는 이 세상에 없다. 그렇다면 어떻게 해야

할까? 시간을 아껴서 할 일을 하면 된다. 시간은 우리를 기다려주지 않는다. 허송세월을 했다고 회한에 젖을 필요는 없다. 바쁘다는 핑계로 아무것도 하지 않았다며 후회할 필요도 없다. 그렇다고 급히 서두를 것까지는 없다. 하나하나 차분히 해나가면 된다. 문제의 핵심은 당장 어떤 일부터 할지 정하는 것이다. 어떤 일은 지금 하지 않으면 나중에 할 수 없다. 어떤 일은 나중에 천천히 해도 되지만 경험의 질은 떨어진다. 하지만 절대로 미뤄서는 안 되는 일이 하나 있다. 부모님에게 효도하는 일이다. 많은 사람들이 효도하려고 보니 부모님이 기다려주지 않았던 아픔을 절감하고 있다.

시간이 흐르는 방향을 따라 형성되는 생명의 중심선을 주시하면서 자신과 가족과 사업에 임하고, 지금 그리고 앞으로 무엇을 할지 결정해야 한다. 그래야 자신의 삶에 후회가 없다. "오늘 아침에 술이 있으면 마시고 취하라. 금동이의 좋은 술, 헛되이 달이나 마주하게 하지 말고. 꽃이 피어 꺾을 만하면 망설이지 말고 꺾어라. 꽃 질 때 기다렸다 빈 가지 꺾지 말고."

리위춘李玉春의 신곡 〈지금 열광하지 않으면 우린 곧 늙을 거야再不瘋狂我們就老了〉에도 이런 가사가 나온다. "지금 열광하지 않으면 우린 곧 늙을 거야. 추억이 없는데 어떻게 돌아보니? 변하지 않는 게 어디 있어? 놓쳐버린 너는 돌아오지 않을 텐데……."

공자가 내게 인생을 물었다

양 끝을 잡고
중간을 취하라

子曰: "吾有知乎哉? 無知也. 有鄙夫問於我, 空空如也, 我
叩其兩端而竭焉."

공자가 말했다. "내가 많이 아는 것이 있겠는가? 별로 아는 것이
없다. 어리석은 촌부가 나에게 묻되 그가 아무리 무지하더라도
나는 그 자초지종을 듣고 성심껏 다 말해줄 뿐이다."

―《논어》, 〈자한〉

執其兩端, 用其中.

그 양 끝을 잡고 그 중간을 취한다.

―《중용》

物有本末, 事有終始, 知所先後, 則近道矣.

물건에는 근본과 말단이 있고, 일에는 끝과 시작이 있으니 먼저

하고 후에 할 바를 알면 곧 도에 가까운 것이다.
—《대학》

有諸內, 必形諸外.

안에 가지고 있으면 반드시 밖으로 나타난다.
—《맹자》, 〈고자 하〉

'그 양끝을 잡고 그 중간을 취하는' 태도는 물품을 구매할 때 문의하는 절차와 비슷하다. 당신이 어떤 상품의 구매담당자라면 그 상품에 대한 정보가 없을 때 막막하기만 할 것이다. 이때 5~6개의 제조업체로부터 견적을 받아 자재와 공정, 제작 기간을 비교해보면 어떤 물건을 구입해야 할지 답이 나온다. 일반적으로 가장 가격이 높은 한 곳은 배제될 것이다. 가격이 높으면 채산이 맞지 않기 때문이다. 가장 낮은 가격을 제시한 곳도 탈락 대상이다. 이런 곳은 품질을 보장하기 어렵기 때문이다. 결국 최종적으로 적당한 가격을 제시한 곳과 거래하게 된다. 즉 '그 양끝을 잡고 그 중간을 취하는' 것이다. 비록 '양끝'의 가격을 취하지는 않았지만 그 둘은 당신의 결정에 참고할 만한 가치를 제공해준 셈이다.

이 '양 끝'은 서로 상대되는 개념으로 이에 해당하는 예는 얼마든지 찾을 수 있다. 근본과 끝, 처음과 시작, 먼저와 나중, 안과 밖, 위와 아래, 높은 것과 낮은 것, 가깝고 먼 것, 가벼운 것과 무거운 것, 급한 것과 느긋한 것, 남과 여 등 무궁무진하다. 이밖에 음과 양도 있다. 중국철학은 음과 양을 이용해 광대한 개념을 설명하고 있으며, 《주역》은 "한 번은 음이 되고 한 번은 양이 되며 변화하는 것을 일러 도라 한다―陰―陽之謂道"고 하여 음과 양이 번갈아 순환한다고 주장한다. 이는 수학의 이진법과 유사하다. 1과 2의 수학 게임은 무한히 커질 수 있으며, 천지와 우주를 담을 수 있다. 1과 2의 관계는 많아야 세 가지 상황을 넘지 못한다.

첫째, 하나를 둘로 나눈다. 모든 일에는 동전의 앞면과 뒷면처럼 양면성이 있다. 한 면밖에 없는 것도 있기는 하다. 공은 단지 한 면으로만 되어 있다. 그러나 이것도 안쪽 면과 바깥 면으로 나눌 수 있다. 하나를 둘로 나누는 방식은 각양각색이어서 구체적으로 어떻게 나눌지는 상황에 따라 다르다. 문제를 해결하는 데 편한 방식으로 나누면 된다. 가령 어려운 일이 닥쳤는데 문제가 복잡하게 꼬여서 어찌할 바를 모르겠다면 어떻게 해야 할까? 이때는 근본과 말단, 중요한 것과 덜 중요한 것, 긴급한 것과 그렇지 않은 것으로 나누면 쉽게 해결된다. 그래도 안 풀리는 부분은 어떻게 할까? 나눌 수 있는 일은 다시 둘로 나눠서 단순해질 때까지 분해해보라. 하나를 둘로 나누는 것은 장점과 단점, 득과 실, 비용과 수익, 긍정적 측면과 부정적 측면 등이 있다. 이밖에 법가에는 '이해상반'이라는 개념이 있다. 같은 일이라도 어떤 사람은 그것으로 인해 피해를 보지만, 어떤 사람은 이익을 보게 되는 경우를 이르는 말이다. 어떤 관리가 해고되었다면 당사자에게는 나쁜 일이지만 부하 직원의 입장에서는 승진의 기회이기도 하다.

둘째, 둘을 하나로 합친다. 서로 다른 사물 간에도 공통점은 있다. 하늘과 땅은 둘 다 우주이며, 춘하추동은 모두 계절이다. 남자와 여자는 사람이며, 아들과 딸은 모두 소중한 자녀다. 손바닥과 손등은 둘 다 사람의 살이며, 들숨과 날숨은 호흡이다. 만두피와 만두소는 둘 다 없으면 안 되며, 긴 나무판과 짧은 나무판은 함께 나무통을 구성한다. 호랑이 모형과 석가산石假山은 함께 어울려 우리 눈을 즐겁게 하며, 청풍과 명월은 그리움의 배경이 된다. 세상에 단독으로 고립된 사물은 없다. 우주는 하나의 유기체다. 서양 의사는 머리가 아프면 머리를, 다리가 아프면 다리를 치료한다. 이는 중국인이 보기에 가장 어리석은 접근법이다. 중의학 의사는 두통을 치료할 때 다리의 특정 혈에 침을 놓기도 한다. 전체를 아우르는 사고와 거시적인 파악, 이것이 중국문화의 특징이다.

셋째, 하나와 둘 사이는 서로 전환한다. 하나는 둘을 향해 발전하며, 둘은 하나로 회귀한다. 마치 태극음양어太極陰陽魚가 서로 맞물려 '네 안에 내가 있고 내 안에 네가 있는' 형상이다. 한쪽이 줄어들면 한쪽이 커지며, 달이 차면 기울고, 불운이 극에 달하면 행운이 온다. 이러한 전환은 시간적 측면을 갖고 있으며, 하나의 사물이라도 짧은 시간과 긴 시간에 나타나는 모양은 서로 다르다. 민주주의를 예로 들어보자. 중국은 현재 촌급 간부를 직선제로 선출하고 있는데, 당선을 위해 뇌물을 쓰거나 부정이 개입하는 등 각종 문제가 심각하다. 이에 따라 이 방식에 회의를 품는 사람들이 많다. 그러나 이는 단기적인 상황일 뿐이다. 촌민들은 그 과정에서 얻은 교훈을 통해 이성적 판단을 할 것이며, 최종적으로는 성숙한 기층 민주주의로 발전시킬 것이다. 이러한 전환은 국가에도 적용된다.

성공한 중국 기업가 리자청李嘉誠은 "달걀은 밖에서 깨면 식품이지만 안에서 깨고 나오면 생명"이라고 했다. 인생도 마찬가지다. 밖으로부터 오는 것은 스트레스지만 내부에서 돌파하면 성장이다. 이것이 전형적인 이진법 사고다.

2장

인성을 어떻게
성숙시킬 것인가

양심 있는
지식인이 되어라

子謂子夏曰: "女爲君子儒, 無爲小人儒."

공자가 자하에게 말했다. "너는 군자다운 선비가 되어라. 소인 같은 선비는 되지 말라."

—《논어》, 〈옹야雍也〉

지식인이 비열한 인품을 갖고 있다면 성현의 책을 헛 읽은 것이다. 마오쩌둥은 젊은 시절에 베이징 대학 도서관에서 일한 적이 있다. 말단직인 그의 눈에 유명 교수들의 행동이 거슬렸던 모양이다. 욕을 잘 하지 않던 마오쩌둥마저 "절이 작으면 요괴가 설치고 물이 얕으면 자라王八(욕으로 많이 사용함—옮긴이)가 많다"고 할 정도였다. 문화혁명 때는 흑9류黑九類라 하여 지주, 부농, 반혁명분자, 불순분자, 우파분자, 반역자, 스파이, 주자파走資派(자본주의 노선의 부활을 지향하는 파—옮긴이)에 '지식분

공자가 내게 인생을 물었다

자'를 포함시켜 '아홉 번째로 냄새나는 놈臭老九'으로 불렸다. 이는 물론 지나친 적대감이었지만 대중의 눈에 비친 지식인의 부정적 인상을 반영한 것이기도 했다.

비극적인 역사적 사건에는 지식인이 많이 참여했다. 악인의 모사꾼이 되어 유치한 계략과 중상모략을 일삼기도 했고, 권력을 등에 업고 호가호위하기도 했다.

학술계에는 부패한 지식인이 많다. 논문을 표절하거나 가짜 학위를 내세우고, 심지어 제자와 부적절한 관계를 맺거나 성추문으로 교수의 권위를 땅에 떨어뜨리는 경우도 많다. 어용 지식인으로 변신하여 대중을 우롱하기도 한다.

나 또한 지식인들에게 호감을 느끼지 않는다. 방과 후 마작에 빠져 시간을 낭비하는 교사나, 문인이라고 허풍만 떨 뿐 진부한 사고방식의 소유자를 많이 보았기 때문이다. 이런 사람들의 인품은 지식수준이 얕은 사람들만도 못하다.

독서, 지식 탐구, 학습, 학문을 오랜 시간 하다 보면 학식은 쌓일지 모른다. 그러나 인성의 근본은 덕과 품격, 양심으로 갖추는 것이다.

생각하는 대로
된다

子曰: "仁遠乎哉? 我欲仁, 斯仁至矣."

공자가 말했다. "인은 멀리 있는가? 내가 인을 바라면 인이 내 앞에 이를 것이다."

─《논어》, 〈술이述而〉

인은 유가의 최고 가치이자 최고의 경지로, 보통 사람들은 너무 높아서 올라갈 수 없다고 생각한다. 마치 하늘에 떠 있는 별은 아름답지만 너무 높고 멀리 있어서 감히 가까이 할 수 없다고 단념하는 이치와 같다. 그러나 이는 공자가 원하는 바가 아니다. 그는 사람들에게 인을 추구하는 믿음을 요구했다. 심지어 구체적으로 지도하기도 했다. 그리하여 이렇게 말한다. "인은 멀리 있는가? 내가 인을 바라면 인이 내 앞에 이를 것이다."

무슨 의미일까? 인은 마음속에 있으며, 영혼이 향하는 곳이

자 견해이고 정신이다. 마음이 인을 향하고 인에 가까이 가려는 마음이 있으면 인으로 둘러싸이고 영향을 받아서 영혼과 정신이 승화한다. 이렇게 되면 행동도 인으로부터 나온다. 선과 악은 종이 한 장 차이라는 말이 있다. 인간은 때때로 짧은 순간에 선을 행할지 악을 행할지 결정한다. 인자함과 인자하지 않음, 선과 악은 하나의 마음에서 갈라져 나온 것이다.

따라서 중요한 것은 당신이 무엇을 생각하느냐이다. 어쩌면 인간은 마귀와 천사의 복합체여서 깊이 잠을 자고 있다가 마귀를 생각하면 마귀가, 천사를 생각하면 천사가 소환되는지도 모른다. 신경시스템에 문제가 있지 않는 한, 머리로는 왼쪽으로 가고 싶은데 몸이 오른쪽으로 가는 일은 없다. 인간의 행위는 사상과 정신의 지배를 받으며, 이는 욕망이나 생각에 따라 움직인다. 당신이 등산을 가고 싶으면 비록 당장은 시간이 나지 않더라도 언젠가는 갈 것이다. 외국에 가고 싶다는 강렬한 욕망을 품고 있다면 당장 돈과 여건이 안 된다 해도 언젠가 실현될 것이다. 현대 심리학은 이를 '끌어당김의 법칙Law of Attraction'이라고 한다. 심리적 암시와 욕망이 인간의 행위에 지대한 영향을 미칠 수 있다는 이론이다. 무언가를 강하게 원하면 그것을 쉽게 얻는다는 이론이다. 당신이 병에 걸리고 싶다면 쉽게 병에 걸리고, 건강을 원하면 쉽게 건강해진다. 성공을 갈망하면 쉽게 성공할 수 있다.

사람과 사람 간의 차이는 각자 생각하는 것이 근본적으로 다르기 때문에 생긴다. 의식주처럼 공통적인 것을 제외하면, 어떤 사람은 글씨를 잘 쓰는 방법만 생각하고, 어떤 사람은 권력 경쟁만 생각하며, 어떤 사람은 제품의 최적화를, 또 다른 누군가는 시험 성적을 올릴 생각만 한다. 당신이 얻은 결과는 당신이 그것만을 생각했기 때문이다.

공자가 내게 인생을 물었다

성욕을
다스려라

子曰: "已矣乎! 吾未見好德如好色者也."

공자가 말했다. "아, 절망스럽구나! 덕을 좋아하기를 색을 좋아
하듯 하는 사람을 아직 보지 못하다니."

—《논어》, 〈자한〉

告子曰: "食色性也."

고자가 말했다. "식욕과 성욕은 인간의 본성이다."

—《맹자》, 〈고자 상告子 上〉

공자는 "음식남녀飲食男女는 인지대욕人之大慾"이라는 명언
을 남겨 식욕과 성욕을 인간의 대표적인 욕망이라고 했다. 먹
는 일과 성생활은 인류가 생존하고 발전하는 양대 기반이다.
사람은 먹지 않으면 살 수 없고, 성생활 없이는 아이를 낳을 수

없으므로 인류가 번성할 수 없다.

중국 창세신화 속 여와女媧는 인류를 창조할 때 틀림없이 고심했을 것이다. 그녀는 사람의 사지와 오관, 오장육부, 피와 살, 골격 등을 힘들여 만들었다. 완성된 사람들을 보면서 여와는 큰 성취감을 느꼈지만 곧 문제를 발견했다. 축 늘어져 있던 사람들이 이틀이 지나자 픽픽 쓰러져버린 것이다. 배고픔을 느끼지 못하다 보니 음식을 먹지 않아 쓰러진 것이다. 여와는 사람들에게 식욕을 느끼게 해주었다. 그러자 사람들은 배가 고프면 불편함을, 배가 차면 편안함을 느꼈다. 그러면서 점차 활동적으로 변했다. 나무에 올라가 과일을 따기도 하고, 강에 가서 물고기를 잡았으며, 불을 이용해 음식을 익혀 먹기도 했다. 물고기를 양식하고 곡식을 재배하는 방법을 터득한 사람도 있었다. 어떤 사람은 자신의 강한 주먹만 믿고 다른 사람에게 먹을 것을 찾아오게 시키기도 했으며, 누군가는 다른 사람과 먹을 것을 교환하기도 했다. 얼마 지나지 않아 사람들은 활동적이고 다채로운 작은 사회를 형성했다.

여와가 의무를 다하여 기뻐하고 있을 때 멀리서 "쾅!" 하는 소리가 들렸다. 불주산不周山이 무너지면서 서쪽 하늘이 주저앉은 것이다. 여와는 급히 달려가 하늘을 기웠다. 다 마치고 나니 80년이 흘렀다. 그런데 돌아와 보니 사람들이 얼마 남아 있지 않았다. 남아 있는 사람들조차 늙어서 제대로 걷지도 못했다. 여와는 마음이 찢어지는 것 같았다. 원인을 분석해보니 무

성욕이 문제였다. 그리하여 성욕을 추가했고, 마침내 모든 문제가 해결되었다.

조물주의 가장 정교한 발명품은 욕망이다. 욕망은 모든 생명이 생존하고 발전하는 원동력이다. 하지만 식욕에 비해 성욕이 일으키는 문제는 복잡하고 미묘하다. 그래서 오스트리아의 정신분석학자 지그문트 프로이트Sigmund Freud는 인류의 각종 문제를 해결하는 열쇠를 성욕이라고 본 것이다.

영웅과 미녀의 이야기, 평범한 사람들이 자손을 낳고 살아가는 이야기는 역사서나 문학작품에 단골로 등장한다.《좌전左傳》이나《사기史記》, 일반 연애소설을 막론하고 남녀 간의 이야기가 없다면 무미건조할 것이다. 큰 사건의 발단은 성욕에서 비롯되며, 그 배경에는 늘 여인이 있다. 대표적인 예로 상나라 주왕의 달기妲己, 주나라 유왕幽王의 포사褒姒, 오삼계吳三桂의 진원원陳圓圓이 그들이다.

공자를 주제로 한 영화에도 여인은 빠지지 않는다. 영화는《논어》의 흥미로운 대목을 강조한다. "공자가 남자南子를 만나자 자로가 좋아하지 않았다. 이에 선생님이 맹세했다. '내가 잘못한 것이 있다면 하늘이 나를 버리실 것이다! 하늘이 나를 버리실 것이다! 子見南子, 子路不悅. 夫子矢之, 曰: 予所否者, 天厭之! 天厭之!'" 남자는 위령공의 부인이며 위나라의 권력을 손에 쥔 유명한 악녀다. 공자가 위나라에서 활동하려면 남자를 접견해야만 했는데 제자들이 이를 이해하지 못하고 공자에게 질문을 던진 것이다. 공자는 지나치다 싶을 정도로 부정하며 맹세했다. "내가 해서는 안 될 짓을 하면 하늘이 나를 버릴 것이다." 지나친 맹세가 오히려 그의 속마음을 보여주는 것 같다. 어떤 신분의 남녀라도 성인남녀가 등장하면 애정과 관련된 이야기가 빠질 수 없다. 비극이나 희극을 막론하고 성욕이 사람에게 큰 영향력을 미친다는 것은 부정할 수 없는 사실이다. 게다가 이는 인성의 큰 약점이기도 하다. 그래서 《36계三十六計》중 미인계는 늘 통하는 계략이다.

물론 성욕은 성교와는 다르다. 음모와 죄가 숨어 있지는 않다. 하지만 성욕은 양날의 검과 같다. 간단히 말해 남녀가 함께하면 일할 때 피곤하지 않다. 이를 관리학에 적용하면 큰 효과를 본다. 성과 관련된 이야기는 사람들에게 즐거움을 주니 이 또한 긍정적이다. 성욕이 사람에게 미치는 영향력을 잘 아는 것은 처세와 세상사를 통찰하는 데 반드시 필요하다. 특히 자신에게 미치는 영향력을 잘 파악하여 통제할 수 있어야 한다.

어떤 학자는 사람들이 일반적으로 마흔 살에 성공하는 이유는 이 연령대가 되면 성욕을 전환하여 일의 창조력과 동력으로 만들 수 있기 때문이라고 분석한다. 나도 슬슬 전환이 시작된 것 같다. 여러분도 힘내기 바란다!

가난을 근심하지 말고,
공평하지 않음을 근심하라

丘也聞有國有家者, 不患寡而患不均, 不患貧而患不安.

나는 나라를 두고 집을 둔 자가 적은 것을 근심하지 않고 고르지
못한 것을 근심하며, 가난한 것을 근심하지 않고 편안하지 않은
것을 근심한다고 들었다.

—《논어》, 〈계씨〉

집권자의 이익을 보호하는 시각에서 볼 때 중요한 것은 경
제 발전이 아니라 빈부격차를 줄이고 사회 안정을 유지하는
일이다. 이 말은 원래 정치를 논한 말이었으나 훗날 "가난을 근
심하지 않고 고르지 못한 것을 근심한다"고 하여 인성을 논하
는 말로 단순화되었다. 가난한 것은 중요하지 않다. 모두가 가
난하다면 공평하면 된다.

대부분의 내 아버지 세대는 농촌에서 집단으로 일하던 '생

산대生産隊' 시절을 그리워한다. 다 같이 밭에서 일하고 단체급식을 하면서 공평하게 배급받던 시절이었다. 가난했지만 다들 행복했다. 지금은 전에 비하면 풍요롭지만 스트레스가 많고 인정도 메말라 전보다 덜 행복하다. 행복은 절대적인 부와 무관하며, 상대적인 부와 연관된다. 다른 사람보다 잘살면 기분 좋고 남보다 뒤떨어지면 속상하다. 시장경쟁에서 승자는 늘 소수다. 생활수준은 높아졌지만 남과 비교하여 느끼는 상대적 생활수준은 낮아졌다. 그래서 불행해진 사람들은 국가와 사회를 원망하거나 부자를 증오한다. 따라서 빈부격차의 확대는 한 국가에 가장 큰 위협이다. 역대 농민 봉기는 모두 "빈부를 균등하게"라는 구호를 내걸고, 토호의 재산을 뺏고 토지를 나누자는 주장으로 가난한 사람들의 공감을 얻었다.

"가난을 근심하지 않고 고르지 못한 것을 근심한다"는 말에 담긴 심리는 이런 것이다. "재수 없는 일을 당하는 것은 두렵지 않으나 나 혼자만 당하는 것은 두렵다." "월급이 적은 것은 상관없지만 나 혼자만 조금 받는 것은 싫다." "불합격하는 것은 상관없지만 나 혼자만 불합격하는 것은 걱정이다." 이러한 인성의 특징을 이해하면 인사 관리에 큰 도움이 될 것이다.

욕망 앞에서
담담해져라

饑者易爲食, 渴者易爲飲.

굶주린 자는 잘 먹고, 목마른 자는 잘 마신다.

—《맹자》,〈공손추 상〉

유명한 상성相聲(중국의 전통 스탠딩 코미디로 말을 통해 해학과
풍자를 전한다-옮긴이) 중에 이런 이야기가 있다. 황제가 된 주
원장朱元璋이 산해진미를 보고도 입맛이 당기지 않았다. 그저
고생할 때 맛보았던 진주비취백옥탕珍珠翡翠白玉湯 생각만 간
절할 뿐이었다. 그래서 사람을 시켜 어렵사리 그 음식을 만들
었다. 그러나 음식 냄새를 맡는 순간 구역질이 났다. '진주'는
먹다 남은 밥알이고, '비취'는 배춧잎에 시금치를 섞은 것에 불
과했으며, '백옥'은 시금털털한 두부 몇 조각에 지나지 않았다.
예전에는 배고픔이 극에 달아 이 음식이 맛있었던 것이다. "굶

주린 자는 잘 먹고, 목마른 자는 잘 마신다"는 말은 바로 이를 두고 하는 말이다.

음식 부족만 배고픔과 갈증을 일으키는 건 아니다. 다른 욕구도 얼마든지 갈증을 불러올 수 있다. 배고픔과 갈증이 심하면 사람들은 까다로운 다른 요구를 뒷전에 둔다. 찬밥 더운밥 따질 겨를이 없는 것이다.

인간의 욕망은 끝이 없다. 따라서 누구에게나 충족되지 않은 욕구가 있으며, 욕구에 목마른 상태가 되기도 한다. 가령 "목마른 자가 물을 찾듯이 지식을 추구한다"는 말이 있다. 좀 더 보편적으로는 명예, 돈, 권력, 미색에 대한 목마름도 있다. 라이 창싱賴昌星(중국 최대의 경제사범-옮긴이)처럼 권력을 이용해 자기 이익을 챙기는 사람들이 많다. 그는 "간부가 원칙을 중시하는 것이 두려운 것이 아니라 간부에게 취미가 없는 것이 두렵다"라는 명언을 남겼다. 당신이 어떤 것에 목말라 할 때, 그 어떤 것은 당신의 아킬레스건으로 작용하여 치명적인 결과를 가져올 것이다.

인간관계에서 상대방의 요구를 진정으로 이해하고 파악하여 그의 갈증을 풀어주면 효과적으로 어필할 수 있다. 이를 뒤집어 생각해보면, 주어진 것에 만족하면서 갈망하는 것을 최대한 숨기며 담담한 태도로 임해야 악인으로부터 피해를 당하지 않는다는 뜻도 된다.

공자가 내게 인생을 물었다

잘난 체하며
남을 가르치지 말라

孟子曰：＂人之患, 在好爲人師＂.

맹자가 말했다. "사람의 폐단은 남의 스승되기를 좋아하는 데 있다."

―《맹자》, 〈이루 상〉

공자는 사람들을 교화하는 데 힘썼다. 그런데 맹자는 남의 스승되기를 좋아하는 것은 잘못된 행동이라고 했다. 뭔가 앞뒤가 안 맞는다고 생각할 수 있지만 그렇지 않다. 각자 가리키는 대상이 다를 뿐이다. 공자가 교화한 대상은 그의 학생들이기에 공자의 교화는 스승으로서 명분 있는 행동이다. 반면 맹자가 가리키는 대상은 스승과 제자처럼 한쪽이 다른 한쪽보다 월등히 높은 권위를 갖고 있지 않은 경우다.

다른 사람을 지적하고 설교를 늘어놓는 사람은 상대의 기분은 아랑곳하지 않는다. 그런 사람들은 늘 "그렇게 하면 안 돼!", "넌 틀렸어!" 따위의 비난이나 부정적인 말로 대화를 시작한다.

심리학 상식에 따르면 당신이 상대방을 부정하는 말을 하는 순간, 상대방은 방어 심리를 작동하여 아무리 타당한 말을 해도 들으려 하지 않는다고 한다. 게다가 당신의 말이 맞는다는 보장도 없다. 당사자가 아니면 판단할 수 없는 일들이 많기 때문이다. 사정도 모르면서 감 놔라 배 놔라 하는 모습은 상대방의 반감만 살 뿐이다. 당신도 억울하다며 항변할 수 있다. 당신은 상대의 선생 노릇을 하려는 생각이 없었으며, 선의에서 몇 마디 충고했을 뿐이라고 말이다. 그렇다면 어떻게 해야 반감을 덜 사면서 충고해줄 수 있을까?

첫째, 의견을 제시하여 상대방이 참조하게 하라. 이때 상대를 부정하는 말은 피해야 한다. 내가 여러분을 깔보지 않고 맹자에 대해 내가 알고 있는 것을 전하듯이 말이다.

둘째, 침묵하라. 치명적인 잘못이 아니면 잘못되고 있어도 그대로 두라는 말이다. 상대는 그 일을 통해 교훈을 얻을 테니 꼭 나쁜 일만도 아니다. 무의미한 논쟁에서 잘난 체하며 상대를 가르치려 드는 것은 어리석은 행동이다. 수고스럽게 정력만 소비하고 상대의 반감만 살 뿐 아니라 자신의 약점을 노출하는 백해무익한 행동이다.

인성은
원래 선하다

子曰: "性相近也, 習相遠也."

공자가 이르기를 "사람의 본성은 서로 가깝지만 습성은 서로 멀
다."

—《논어》,〈양화〉

人性之善也, 猶水之就下也.

인성이 선한 것은 물이 아래로 내려가는 것과 같다.

—《맹자》,〈고자 상〉

惻隱之心, 仁之端也;羞惡之心, 義之端也;辭讓之心, 禮之
端也;是非之心, 智之端也. 人之有是四端也, 猶其有四體也.

'불쌍히 여기는 마음'은 어짊의 극치이고, 부끄러움을 아는 마음
은 옳음의 극치이며, 사양하는 마음은 예절의 극치이고, 옳고 그

름을 아는 마음은 지혜의 극치이다. 사람에게는 사단이 있고, 이
는 마치 사람의 팔다리와 같은 것이다.

—《맹자》, 〈공손추 상〉

惻隱之心, 人皆有之; 羞惡之心, 人皆有之; 恭敬之心, 人皆
有之; 是非之心, 人皆有之. 惻隱之心, 仁也; 羞惡之心, 義
也; 恭敬之心, 禮也; 是非之心, 智也. 仁, 義, 禮, 智, 非
由外鑠我也, 我固有之也, 弗思耳矣.

측은지심은 사람마다 가지고 있다. 수오지심은 사람마다 가지고
있다. 공경지심은 사람마다 가지고 있다. 시비지심은 사람마다
가지고 있다. 측은지심은 인에 속하고, 수오지심은 의에 속하고,
공경지심은 예에 속하고, 시비지심은 지에 속한다. 이러한 인,
의, 예, 지는 다른 사람이 나에게 줄 수 있는 것이 아니라, 내가
본래부터 지니고 있는 것이지만, 단지 사람들이 생각하지 못할
뿐이다.

—《맹자》, 〈고자 상〉

사람들이 자주 접하는《삼자경三字經》은 "인지초, 성본선人
之初, 性本善", 즉 "사람이 갓 태어나서는 모두 선한 본성을 가지
고 있다"는 내용으로 시작된다. 이 여섯 글자는 위의 공자, 맹
자 사상에서 다듬어져 나온 것이다.

'성性'은 무엇이고 '선善'은 무엇일까? '성'은 사람의 천부적
인 본능, 심리적 경향, 행위 방식이다. '선'은 선량하고 이타적

인 것이다. 인간의 본성이 원래 선하다고 한 것은 천성이 이타적이라는 뜻이다. 물론 이에 반대하는 사람들도 많다. 인간이 모두 이타적이라면 법이 필요 없을 것이며, 게다가 시장경제는 사람의 이기심을 기초로 한다는 반론이 그것이다. 유가 내부에서도 반대의 목소리가 있다. 순자荀子는 "인지성악, 기선자위야人之性惡, 其善者僞也"라고 하여 인간의 본성은 악하며, 그것이 선해지는 것은 인위적이라 했다.

맹자는 왜 인간의 본성이 선하다고 주장했을까? 그는 한 가지 예를 들었다. 어린아이가 우물로 기어가고 있는 모습을 본다면 당신은 어떻게 행동하겠는가? 당연히 뛰어가서 아이를 구할 것이다. 두 살짜리 아이가 차에 치여 쓰러졌다면 아이부터 구해야겠다고 생각하는 것이 인지상정이다. 훗날 유가에서는 물을 인성에 비유했다. 인성은 원래 선한 것이다. 마치 물의 근원이 맑은 것처럼 말이다. 그러나 물이 흐르면서 오염되듯, 그 맑은 천성도 흐르다 보면 결국 사회에 오염된다.

나는 인간의 본성이 선하다는 생각에 동의한다. 진화론의 관점에서 볼 때 모든 생명은 특정한 종에 속해 있다. 생명은 끊임없는 종의 번식으로 이어져왔다. 이는 하나의 생명체가 반드시 종의 발전을 위한 원동력을 갖추도록 요구된다. 더 높은 차원에서 볼 때 이기적인 행위들은 종의 발전에 유리하며, 최종 목적은 이타적이다. 최종 목적이 이기적이어서 한 생명체 자체만을 위한다면 그 종은 멸종되고 말 것이다.

인류사회의 투쟁 방향은 사랑으로 충만한 사화를 건설하는 것이다. 인성이 악하다는 논리와 모순되는 것이다. 이해관계가 없는 상황이라면 인간은 악이 아닌 선을 선택할 것이며, 선을 행함으로써 감동할 것이다. 시인 아이칭艾青은 "왜 나는 눈물을 자주 머금는가? 그것은 내가 이 땅을 깊이 사랑하기 때문이다"라고 노래했다.

나는 우리가 눈물을 자주 머금는 까닭은 선량한 영혼을 갖고 있기 때문이라고 생각한다. 중국의 산문가 빙신氷心은 이런 글을 남겼다. "생명의 길 양쪽으로 왼쪽에는 사랑, 오른쪽에는 동정이 걸어간다. 언제든지 씨를 뿌리고 꽃을 피우며 긴 길을 꽃향기로 꾸며준다. 그리하여 가지 속을 헤치고 잎사귀들을 스쳐 지나가는 행인들이 가시나무를 밟아도 고통을 느끼지 못하게 한다. 떨어질 눈물이 있지만 애통함을 느끼지 않게 한다."

사랑과 동정은 선이다. 선은 인간의 가장 깊은 본성이며, 생명은 이러한 선을 확연히 드러내는 데 그 의미가 있다.

공자가 내게 인생을 물었다

성인의 삶을
돌아보라

孟子曰: "聖人, 百世之師也."

맹자가 말했다. "성인은 백세의 스승이다."

―《맹자》, 〈진심 하〉

君子動而世爲天下道, 行而世爲天下法, 言而世爲天下則.

군자가 움직이면 세대를 이어 천하의 도가 되고, 그가 행하면 세대를 이어 천하의 법이 되며, 그가 말하면 세대를 이어 천하의 규칙이 된다.

―《중용》

증국번은 일찍부터 "성현이 되지 않으면 금수와 다름없다"며 뜻을 세웠다. 그는 분명 금수가 되지 않았다. 그렇다면 성현이 되었을까? 작가 탕하오밍唐浩明의 말에 따르면 증국번은 중국 전통문화를 가장 훌륭하게 실천한 인물이다. 그는 다른 사람에게 좋은 본보기가 되었다. 많은 사람들이 그의 행동과 말을 본받고 자신과 비교하는 기준으로 삼는다. 이른바 '인류의 극치'가 된 것이다.

춘추전국시대의 유도儒道와 제자백가는 성인의 행동에 대해 소개한다. 기독교와 이슬람교에도 성인이 있다. 손오공은 자기를 가장 높이며 성인이라 자칭했다. 어느 정도였기에 성인으로 자처했을까?《공자가어孔子家語》에서는 사람을 다섯 종류로 나누고, 가장 높은 등급은 성인이며, 이어서 현인賢人, 군자君子, 사인士人, 용인庸人의 순서라 했다. "이른바 성인이란 덕이 하늘과 땅에 합치되고, 그 변화는 한쪽만 통하는 일이 없으며, 만사의 시작과 끝을 다 알고 있으며, 사물을 자연의 여러 품성과 조화시켜 큰 도를 펼침으로써 사람의 뜻과 성품을 완성하게 한다. 밝기가 해나 달과 같으며, 교화는 신과 같지만 백성들은 그 덕을 알지 못하며, 이웃에 있는 그를 알아보지 못한다."

이런 논리에 따르면 성인은 엄연히 신이 아니며, 평범한 이웃과 비슷하다. 이는 지극한 선에 이르는 이상적인 인생의 방향을 강조한 것이다. 현실에서 성인으로 추앙받는 사람은 결코 신비롭지 않은 존재다. 공자, 무성武聖 관우關羽, 서성書聖 왕희지王羲之, 시성詩聖 두보杜甫가 그러하며, 저우언라이周恩來 총리도 그렇다. 나는 그의 전기를 쓰면서 《성단 아래로 걸어간

저우언라이走下聖壇的周恩來》라는 제목을 붙였다. 그들은 모두 우리와 같은 사람들이다. 칠정오욕과 단점이 있으며 실수도 저지른다. 그러나 그들은 모두 자신들의 분야에서 최고의 자리에 올라 후대 사람들에게 좋은 본보기가 되었다. 이것이 바로 진정한 성인의 모습이다.

출중한 인물 중에 성인까지는 아니나 특정한 방면에서 극치에 오르고 모범이 된 사람들이 있다. 그들의 글이나 행위의 독특한 매력과 스타일이 후세에 길이 회자되어 하나의 문화 코드로 자리 잡기도 한다. 소동파, 문천상文天祥, 루쉰魯迅, 후스 등이 여기에 해당된다. 평범한 사람들 중에도 극치에 이르지는 못했지만 많은 사람들에게 기쁨을 주고, 일종의 전설이 된 사람들이 있다. 천수화陳淑樺의 노래에 나오는 "굽이치는 세상에서 귓전에 은은히 맴도는 소리는 우리 둘을 따르는 전설이 되었네"처럼 말이다. 이런 사람들도 성인에 가까운 경지에 올랐기에 존경받아 마땅하다.

국화처럼
담백하라

君子之道淡而不厭, 簡而文, 溫而理, 知遠之近, 知風之自,
知微之顯, 可與入德矣.

군자의 도는 담백하되 싫증나지 않으며, 간결하되 우아함을 잃지
않고, 온화하되 조리가 있다. 먼 것이 가까움에서 비롯되는 것을
알고, 바람이 불어오는 곳이 있음을 알며, 미세함이 뚜렷해짐을
알면 더불어 덕으로 들어갈 수 있다.

—《중용》

중국인이 생각하는 군자의 기품은 함축적이면서 세상일에
밝으며 드러내지 않는 것이다.《채근담茶根譚》에는 "독한 술,
기름진 고기, 짜거나 매운 음식은 진미라고 할 수 없다. 진미는
담백할 뿐이다. 신기하거나 뛰어나거나 특이하다고 해서 성인
은 아니다. 성인은 평범할 뿐이다醲肥辛甘非眞味, 眞味只是淡; 神

奇卓異非至人, 至人只是常"라고 쓰여 있다. 사람의 입맛은 다양해서 단것을 좋아하는 사람, 매운 것을 좋아하는 사람이 있는가 하면 신 것을 좋아하는 사람도 있다. 그러나 모든 사람에게 적합한 것은 물처럼 담백한 것이다. 특이하고 개성이 강한 사람은 눈길을 끌고 인기를 얻을 수 있지만, 진정한 고수는 평범한 사람과 다를 바 없이 조용하다.

"담백하되 싫증나지 않는다"는 말의 뜻을 생각해보자. 고급 호텔에서 고기와 생선 요리를 몇 끼 이어서 먹으면 아무리 산해진미라도 질리기 마련이다. 집에서 해먹는 소박한 반찬은 매일 먹어도 질리지 않는다. 요리하는 가족의 정성이 깃들어서일지도 모른다. 사람을 대할 때도 마찬가지여서, 어떤 사람은 오글거리는 말을 입에 달고 살며 애정 표현을 과하게 한다. 하지만 이런 말은 쉽게 질린다. 이런 사람은 일에 임할 때도 허풍이 심하고 급하게 처리하여 믿음이 안 간다.

군자의 교제는 물처럼 담백하고 담담하기에 오래간다. 어떤 일을 할 때도 지나치게 서두르지도, 너무 느리지도 않으면서 요란하게 나서지 않고 조용한 태도로 꾸준히 지속하여 오랫동안 계속하여 성과를 낸다. 제갈량諸葛亮이 "담담하지 않으면 뜻을 펼칠 수 없고, 고요하지 않으면 원대한 이상을 펼칠 수 없다非澹泊無以明志, 非寧靜無以致遠"고 한 것도 이런 이유에서다.

"간결하되 우아함을 잃지 않는다"는 말은 어떤가. 정신적으로 큰 부담이 없으면 계산적이거나 집착하는 태도가 사라진다.

물질적인 욕심이 없고 사람과 사물을 대할 때도 허례허식 없이 간결하고 담담하다. "바람과 구름은 석자의 검이요, 꽃과 새는 한 폭의 시서로다風雲三尺劍, 花鳥一床書."(중국 역사상 육군자六君子 중 하나로 꼽히는 명나라 좌광두左光斗가 서재에 붙여놓았다는 글귀-옮긴이)

도가에서는 "날마다 비우는 것이 도를 닦는 방법이다. 비우고 또 비워라爲道日損, 損之又損"고 하여 큰 도는 간결함에 있다고 주장했다.

"온화하되 조리가 있다"는 말도 새겨보자. 온화하고 겸손하며 서두르지 않고, 지적이며 이성적이고 넓은 도량의 경지에 올라야 자연과 우주의 변화를 제대로 체험하고 통찰할 수 있으며, 가까운 곳의 상황으로 먼 곳의 상황을 판단할 수 있다. 바람이 어디서 불어오는지 알며, 눈앞의 미세한 것을 통해 그것이 앞으로 어떻게 변화할지 판단할 수 있다. 옛사람들은 이러한 능력을 "가까운 것에서 먼 곳의 일을 탐색하고, 끝을 보면서 근본을 관찰하고, 사소한 것을 보고 큰 것을 알아낸다由近探遠, 睹末察本, 見微知著"고 했다.

심오한 인생의 견해를 이토록 아름다운 문장으로 표현한 것이 고대 경전의 매력이다. 당나라 사공서司空曙의 시 〈전아典雅〉는 담담한 인생의 경지를 표현했다.

玉壺買春, 賞雨茅屋.
坐中佳士, 左右修竹.
白雲初晴, 幽鳥相逐.
眠琴綠蔭, 上有飛瀑.
落花無言, 人淡如菊.
書之歲華, 其日可讀.

옥주전자에 술을 사서 비를 감상하는 초가집엔
좌중이 훌륭한 선비들이고 좌우가 기다란 대숲이네.
흰구름 둥실 비 그친 하늘에는 그윽한 새가 서로를 쫓고
졸다가 거문고를 켜는 숲 그늘 위에 나는 듯한 폭포가 있네.
떨어지는 꽃은 말이 없고, 사람은 국화와 같이 담백하니
쓴 글에 세월이 흐르면, 그것이 읽을 만하다고 말하겠네.

얼마나 국화처럼 담백한 사람의 모습인가!

좋은 사람이
되어라

子路曰：“願聞子之志.” 子曰：“老者安之, 朋友信之, 少者
懷之.”

자로가 “선생님의 뜻을 듣고 싶습니다.” 하고 질문하자 공자가
이렇게 대답했다. “노인들은 나로 말미암아 편안하고, 벗들은 나
를 믿도록 하며, 젊은이들은 보살펴주고자 한다.”

— 《논어》, 〈공야장 公冶長〉

“노자안지 老者安之”는 노인을 안심시키는 효를 이른다. 공자
가 이르기를, 부모는 자식이 병들까 봐 걱정한다고 했다. 즉 자
식이 아플까 봐 걱정시키는 것 외에 다른 면에서는 부모가 걱
정하지 않게 해야 효도라는 것이다. 사람들과 잘 지내면 피해
를 당하는 일이 줄어들며, 법을 잘 지키면 감옥에 갈 일이 없
다. 모든 일에 신중한 태도로 임하면 화를 당하지 않으며, 열심

히 일하면 수입이 많아져서 생활이 넉넉해진다. 그런데 병에 걸리는 것은 인력으로 어쩔 수 없는 경우가 있으니, 부모의 유일한 걱정거리다. 어떤 사람들은 돈이 풍족하여 부모에게 잘한다. 그러나 위험한 행동을 많이 하여 부모의 걱정이 가실 날이 없다면 효도라고 할 수 없다. 다른 어른과 선배들도 내 부모 대하듯 해야 한다. 어떤 일에나 진지하고 침착하게 임하여 나이든 사람들을 안심시켜야 한다.

"붕우신지朋友信之"는 친구가 나를 믿도록 해야 한다는 뜻이다. 친구가 고민을 털어놓으면 그 비밀을 지킬 줄 알아야 한다. 친구가 멀리 떠나면서 가족을 보살펴달라고 당부하면 그렇게 해야 한다. 친구의 부탁을 내 힘으로 들어줄 수 있다면 두말없이 받아들이되, 할 수 없는 일이라면 분명히 거절해야 한다. 체면을 생각해서 억지로 떠맡았다가 낭패를 보는 상황은 피해야 한다.

"소자회지少者懷之"는 젊은 사람들이 당신을 존경하게 만들어, 두고두고 당신을 그리워하게 해야 한다는 의미다. 그러려면 그들을 잘 돕고 이끌어주며 그들에게 긍정적인 영향을 미쳐야 한다.

이것이 중국문화에서 강조하는 성인들의 이상이다. 천지를 뒤흔들 만한 영향력이나 큰 공을 세우라는 게 아니다. 심지어 도덕적으로 어떻게 해야 한다고 강조하지도 않는다. 이러한 삶의 이상은 매우 간결하다. 그저 좋은 사람이 되라는 것뿐이다.

선비정신을
추구하라

子曰: "士而懷居, 不足以爲士矣."

공자가 말했다. "선비가 편안하기를 바라면 선비라고 하기에 부족하다."

—《논어》, 〈헌문〉

曾子曰: "士不可以不弘毅, 任重而道遠."

증자가 말했다. "선비는 도량이 넓고 뜻이 굳세지 않으면 안 된다. 책임이 무겁고 갈 길이 멀기 때문이다."

—《논어》, 〈태백〉

선비는 어떤 사람일까? 일반적으로는 지식인이라고 해석하지만 반드시 그렇지는 않다. 공자와 맹자와 그 제자들은 선비라고 할 수 있다. 그들의 직업은 대부분 교사이거나 관리였다.

교사는 물론 지식인이지만 관리는 문관과 무관으로 구분된다. 무관 중에는 지식인이 아닌 사람도 많았지만 그래도 선비라고 할 수 있다. 많은 고대 국가에서 무사들은 문인과 더불어 중요한 계급이었다.

오늘날 선비를 특정 직업군으로만 국한하면 고전적 의미에 치우치고 만다. 맹자는 선비에 대해 가장 완벽하게 정의했다. "선비는 자신의 뜻을 고상히 여긴다"고 하여, 정신적으로 추구하는 바가 있는 사람을 선비라 했다. 선비는 학문을 가르치고 인재를 양성하는 사람일 수도 있고, 정치에 종사하는 관리일 수도, 농업이나 공업 또는 상업이나 다른 모든 일에 종사하는 직업인일 수도 있으며, 박사일 수도, 문맹일 수도 있다. 뜻을 고상히 여기며 '수신, 제가, 치국, 평천하'의 포부와 이상이 있으며, 국가의 흥망은 모두의 책임이라는 자세로 임하며, 이타적인 인의의 마음이 있다. 이런 사람이라면 모두 선비다. 반면 높은 관직과 연봉, 읽은 책이 다섯 수레나 될 정도로 학식이 높다 해도 물질만을 추구하고, 이기적으로 살아가며, 정신적으로 추구하는 바가 전혀 없다면 선비라고 할 수 없다.

정신적인 면을 추구하는 사람은 자신에게 엄격하므로 보통 사람들보다 압박을 많이 느낀다. 따라서 '불가이불홍의不可以不弘毅', 즉 도량이 넓고 뜻이 굳세지 않으면 안 된다. '홍弘'은 넓고 크다는 의미다. 도량이 넓고 가슴이 커서 다른 사람이 수용할 수 없는 고난과 굴욕과 고통도 감내할 수 있으며, 학식과 능력도 크고 깊어서 도전을 이겨내고, 무거운 책임을 능히 짊어질 수 있어야 한다. '의毅'는 장기적인 측면을 말하며, 변함없는 마음과 굳센 의지를 가리킨다. 굴원屈原(중국 전국시대의 정치가이자 비극 시인 - 옮긴이)은 "길이 까마득히 멀어, 나는 오르락내리락 찾아다닌다路曼曼其修遠兮, 吾將上下而求索"라고 했다.

사람은 평생 긴장을 늦추지 않고 살아야 한다. 삶이 계속되는 한 끊임없이 노력해야 한다. 인생은 마라톤과 같아서 최후의 순간에 웃는 자가 진정한 승리자다. '홍'은 공간이며 '의'는 시간이다. 증자는 이 둘이 합하여 생명의 폭과 길이를 강조했다. 송나라 때 유가에서 '수신'을 강조하면서 '홍의'의 의미가 부각되었다.

이밖에 '표박漂泊'이라 하여 천하를 떠도는 생활이 강조되었다. 즉 남자라면 뜻을 사방에 펼치라는 의미다. 손바닥만 한 밭과 소 한 마리로 한곳에 정착하여 가족만 돌보는 남자는 크게 될 수 없다. 마오쩌둥은 열여섯 살에 "남자가 뜻을 세우고 고향을 떠나니, 배움이 부족하여 이름을 내지 못하면 돌아오지 않을 것"이라고 호언했다. 이것이 바로 선비정신이다.

몇 년 전 마쓰시타 고노스케가 쓴 책을 읽다가 인상 깊은 대목을 발견했다. 동물원의 동물은 먹이를 구할 걱정 없이 우리에 갇혀서 한가하게 지낸다. 반면 초원의 야생동물들은 날마다 먹이를 구하기 위해 목숨을 걸어야 한다. 굶기를 밥 먹듯 하며 바깥에서 잠을 자지만 야성이 발달되어 자유롭게 뛰어다닌다. 후자가 바로 선비의 삶이다.

　유가는 전통적으로 관리나 지식인으로만 선비를 국한시키는 경향이 있다. 이는 민간에 미치는 유가의 영향력을 크게 약화시키는 결과를 초래했다. 반면 불교는 육조 혜능慧能의 개혁을 거쳐 당시 문맹자가 대부분인 서민에게 다가감으로써 대중들에게 큰 영향력을 발휘했다. 오늘날 유가가 부흥하려면 소수의 엘리트 사상이 아닌 다수의 서민 사상임을 강조해야 하는 이유가 여기에 있다.

상대를 이해한 뒤
인을 베풀어라

樊遲問仁. 子曰: "愛人." 問知. 子曰: "知人."

번지가 인에 대해 물으니 공자가 말하기를 "사람을 사랑하는 것
이니라." 하였다. 지에 대해 물으니 공자가 말하기를 "사람을 아
는 것이니라." 하였다.

—《논어》, 〈안연顔淵〉

'인'은 유가의 최고 가치이며 의미가 풍부하고 심오하여 한
마디로 정의 내리기 어렵다. 사람들은 '인'의 기초가 사람을 사
랑하는 데 있다고 이해한다. 이런 해석도 나쁘지 않다. 그런데
이와 관련하여《공자가어》에 생동감 넘치는 내용이 등장한다.

孔子問學生: "智者若何? 仁者若何?"
子路答: "智者使人知己, 仁者使人愛己."

子貢答:"智者知人, 仁者愛人."
顏回答:"智者自知, 仁者自愛."

공자가 학생에게 물었다. "지혜로운 자는 어떠하며 어진 자는 어떠한가?"
자로가 대답했다. "지혜 있는 자는 남으로 하여금 자신을 알게 하며, 어진 자는 남으로 하여금 자신을 사랑하도록 만듭니다."
자공은 이렇게 답했다. "지혜로운 자는 사람을 알아보고, 어진 자는 사람을 사랑합니다."
안회가 대답했다. "지혜로운 자는 자신을 알고, 어진 자는 자신을 사랑합니다."

공자는 자로와 자공의 대답은 인정하고 안회의 대답은 칭찬했다. 이 대화는 전면적이고 심오하다. '인'은 다른 사람과 자신을 함께 사랑하는 것이니 남과 자신을 통일한 것이다.

고고학자들은 전국시대 죽간竹簡에 새겨진 '인' 자가 위는 '신身', 아래는 '심心'으로 이루어졌다는 사실을 발견했다. 즉 다른 사람과 자신, 몸과 마음 사이가 조화롭게 통일되는 것이 '인'이다. 자신을 위해 하는 일은 굳이 가르칠 필요가 없으며 심신의 조화는 가르친다고 되지 않는다. 따라서 유가는 실천하는 과정에서 다른 사람을 사랑하는 데 중점을 둔다. 이런 측면에 중점을 두고 이야기를 해보자.

한자 '인仁'은 왼쪽에 사람 '인人'이 있다. 인자한 것이 인간이라는 뜻이다. 인은 사람과 사람 간의 관계를 강조한다. 글자의 오른쪽에는 두 개의 '일一'이 있다. 이는 두 마음이 하나로 합쳐지는 것으로 역지사지易地思之의 의미가 있다. 역지사지란 다른 사람의 처지를 배려하는 이타적인 마음이다. 여기에 기반하여 사서에 등장하는 '인'에 관한 여러 부분을 살펴보면 '인'이 무엇인지 쉽게 이해할 수 있을 것이다.

> 仲弓問仁. 子曰："出門如見大賓, 使民如承大祭. 己所不欲, 勿施於人. 在邦無怨, 在家無怨."
>
> 중궁이 인에 관해 질문하자 공자가 말했다. "문을 나가서 일할 때는 큰 손님을 대하듯이 하고, 백성을 부릴 때는 큰 제사를 받드는 것 같이 하며, 내가 하고 싶지 않은 일을 남에게 시키지 말아야 한다. 이렇게 하면 나라에서도 원망이 없고, 집안에서도 원망이 없을 것이다."
>
> ―《논어》, 〈안연〉

다른 사람이 어떻게 생각하는지 살피면 단정한 몸가짐으로 마치 중요한 손님을 맞듯이 행동하게 된다. 사람들의 느낌을 중시하면 그들을 대하는 태도가 신중하여 마치 중요한 제사를 모시듯이 행동한다. 다른 사람의 기분을 살피면 역지사지의 입장에서 자신이 싫은 일은 상대에게도 요구하지 않게 된다. 이렇게 하면 회사에서나 가정에서나 다른 사람에게 책임과 문제를 미루지 않으니 원망이나 갈등도 없을 것이다.

顏淵問仁. 子曰:"克己複禮爲仁. 一日克己複禮, 天下歸仁
焉. 爲仁由己, 而由人乎哉?"顏淵曰:"請問其目."子曰:
"非禮勿視, 非禮勿聽, 非禮勿言, 非禮勿動."

안연이 인에 대해 묻자 공자가 대답했다. "자기를 극복하고 예로
돌아가는 것이다. 하루라도 자기를 이겨 예로 돌아갈 수 있다면
천하가 모두 인으로 돌아간다. 인을 실천하는 것은 오로지 자신
에게서 비롯되며, 타인으로 말미암아 실천할 수 있겠느냐?"안연
이 말했다. "구체적으로 어떻게 해야 합니까?"공자가 대답했다.
"예가 아니면 보지 말고, 예가 아니면 듣지 말며, 예가 아니면 말
하지도 말고, 예가 아니면 행동하지 말라."

─《논어》, 〈안연〉

다른 사람의 기분을 배려하여 자신의 욕망과 감정을 억제
해야 하며, 예절과 규칙을 지키고, 보고 듣고 말하고 움직일 때
에도 예의를 지키고 규칙에 따라야 한다.

司馬牛問仁. 子曰:"仁者其言也訒."曰:"其言也訒, 斯謂
之仁已乎?"子曰:"爲之難, 言之得無訒乎?"

사마우가 인에 관해 질문하자 공자가 말했다. "어진 사람은 그
말이 과묵하다."사마우가 물었다. "과묵하여 함부로 말하지 않

으면 그것을 인이라고 합니까?" 공자가 대답했다. "인을 행하는
것이 어려운데 함부로 말할 수 있겠는가?"

—《논어》,〈안연〉

다른 사람의 기분을 중요하게 여겨 말을 신중하게 하며, 약
속한 것을 지킬 수 있는지 고려한다. 이것이 책임 있는 태도다.

樊遲問仁. 子曰:"居處恭, 執事敬, 與人忠. 雖之夷狄, 不
可棄也."

번지가 인에 관해 질문하자 공자가 말했다. "거처하는 것을 공손
히 하고 일을 잡으면 공경하며, 사람과 더불어 충성을 다한다면
비록 오랑캐라고 해도 버리지 못할 것이다."

—《논어》,〈자로〉

子張問仁. 子曰:"言忠信, 行篤敬, 雖蠻貊之邦, 行矣. 言
不忠信, 行不篤敬, 雖州異, 行乎哉?"

자장이 인에 대해 묻자 공자가 답했다. "말이 진실하고 믿음직하
고 행동이 돈독하고 경건하면 비록 오랑캐의 나라에서도 행세할
수 있다. 말이 진실하지 못하고 믿음직하지 못하며, 행동이 독실
하고 경건하지 못하면 동네에선들 행세할 수 있겠는가?"

—《논어》,〈양화〉

공자가 내게 인생을 물었다

다른 사람의 기분을 헤아려 예의를 갖춰 공경함으로써 상대의 체면을 살려줘야 한다. 어떤 일을 하든 진지하게 임하며 상대에게 다른 마음을 품거나 계산적으로 대하지 않아야 한다. 설령 야만인을 대할 때도 이런 의식을 갖춰야 한다. 증국번은 이런 관점으로 이홍장李鴻章과 서양인의 교류를 지도했으니, 성숙한 교류의 태도라고 할 수 있다.

子曰: "志士仁人, 無求生以害仁, 有殺身而成仁."

공자가 말했다. "뜻 있는 선비와 어진 사람은 살기 위해 인을 해치지 않고, 자기 몸을 희생하여 인을 완성한다."

—《논어》,〈위령공〉

여기서 강조하는 인은 이타적이며, 이때 '타他'는 민족과 국가를 가리킨다. 이는 이타의 궁극적 형식이며, 민족과 국가의 이익을 위해 자신을 희생하는 것이다.

仁者無敵.

인자는 적이 없다.

—《맹자》,〈양혜왕 상梁惠王 上〉

타인을 배려하고 타인의 이익을 중시하는 사람에게는 적이 없으며 친구가 있을 뿐이다.

夫仁, 天之尊爵也, 人之安宅也.

대체로 인은 하늘의 귀한 벼슬이며 사람이 편안히 머물 수 있는
집이다.

─《맹자》, 〈공손추 상〉

타인을 배려하고 타인의 이익을 중시하는 사람의 마음은
편안하고 담담하며, 행복하고 기쁘다. 유가에서 인을 강조하는
것은 알고 보면 도덕을 강조하는 것이다. 이른바 도덕의 핵심
가치는 이타심에 있으며, 그것이 곧 인이다. 유가의 '살신성인'
이 강조하는 것은 도덕이 생명에 우선한다는 가치관이다.

그러나 유가에서는 이를 소리 높여 강조하지 않는다. 도덕
에 대한 강조는 어디까지나 이성에서 비롯된다. 유가에서는 인
이 강조하는 이타가 결국 자신에게도 손해가 아니며, 오히려
이익이라고 주장한다. 비록 살신성인을 하더라도 이를 통해 생
명을 초월하는 의미를 얻으니, 최종적으로는 이타가 아닌 이
기利己로 귀결된다. 맹자가 말한 "인자무적", "인의 편안한 집"
은 모두 이 점을 반영하고 있다. 맹자는 또 "인을 간직한 이는
남을 사랑하고 예를 간직한 이는 남을 공경한다. 남을 사랑하
는 사람은 늘 남의 사랑을 받고, 남을 공경하는 사람은 남이 그
를 공경한다仁者愛人, 有禮者敬人. 愛人者, 人恒愛之; 敬人者, 人恒敬
之"고 했다.

당신이 다른 사람을 사랑하면 그 사람도 당신을 사랑하게 된다. 이타심으로 세상을 살아가면 친구를 얻어 배려를 받으며 행복한 삶을 누릴 수 있다. 1980년대 초에, 인간이 '주관적으로는 자신을 위해서, 객관적으로는 남을 위해서' 살아가는지, '주관적으로는 남을 위해서, 객관적으로는 자신을 위해서' 살아가는지를 놓고 뜨거운 논쟁이 벌어졌다. 전자가 구현하는 것은 시장경제의 사상이며, 후자는 사회주의 또는 유가의 사상을 나타낸다. 최종 결론은 나지 않았는데, 이타와 이기가 어차피 하나로 통일되기 때문이 아닐까 싶다.

유가에서는 사람을 사랑할 때 그 대상을 알아야 하며, 인을 베풀 때도 그 대상을 알고 인성을 이해해야 한다고 강조한다. 당신이 배푸는 것이 상대에게는 불필요할 수도 있기 때문이다. 어쩌면 사냥꾼에게 쫓기는 이리를 구해주었다가 도리어 이리에게 잡아먹힐 뻔한 동곽 선생(명나라 마중석馬中錫의 작품《중산랑전中山狼傳》에 나오는 어리석고 인정 많은 인물 - 옮긴이)의 처지에 빠질 수도 있다. 따라서 인을 베풀 때도 상대를 잘 아는 것이 전제가 된다.

공자는 "세상에 도는 두 가지가 있으니 인과, 인이 아닌 것뿐이다道二, 仁與不仁而已矣"라고 했다. 이 말은 이렇게 해석할 수 있다. 삶의 방식에는 도덕적인 것과 비도덕적인 것 두 가지가 있다고. 당신은 어떤 삶을 선택할 것인가?

무조건 좋기만 한 사람이
되지 말라

子貢問曰：“鄉人皆好之, 何如?”子曰：“未可也.”“鄉人皆
惡之, 何如?”子曰：“未可也. 不如鄉人之善者好之, 其不善
者惡之.”

자공이 공자에게 물었다. "마을 사람들 모두가 그를 좋아하면 어
떻습니까?" 공자가 답했다. "그렇다고 반드시 선한 사람은 아니
다." 이번에는 "마을 사람들 모두가 그를 싫어하면 어떻습니까?"
라고 물었다. 공자가 대답했다. "그렇다고 반드시 나쁜 사람은
아니다. 마을의 선한 사람들이 그를 좋아하고, 선하지 않은 사람
들이 그를 미워하는 것이 더 낫다."

─《논어》, 〈자로〉

子曰：“眾惡之, 必察焉; 眾好之, 必察焉.”

공자가 말했다. "많은 사람들이 싫어하더라도 좋은 점이 있는지

살펴보며, 많은 사람들이 좋아하더라도 나쁜 점이 있는지 살펴봐
야 한다."

—《논어》, 〈위령공〉

子曰: "鄕原, 德之賊也."

공자가 말했다. "향원은 덕을 해치는 사람이다."

—《논어》, 〈양화〉

闔然媚於世也者, 是鄕原也.

자신의 속내를 감추고 세속에 영합하는 자가 향원이다.

—《맹자》, 〈진심 하〉

우리는 각양각색의 사람들 틈에서 살아간다. 그리고 누구나
마을, 회사, 학교 등 어느 집단에서도 환영받으며 사람들과 좋
은 관계를 맺고 싶어 한다. 그래야 안정감이 생기며, 어쩌다 곤
란한 처지에 몰리더라도 도움을 받을 수 있다.

하지만 공자나 맹자 같은 사람들에게 이런 희망은 늘 무위
에 그쳤다. 다른 사람과 달랐기 때문이다. 사람들은 자신과 비
슷한 사람에게 동질감을 느끼며, 자신과 다르면 배척하는 심리
가 있다. 공자와 맹자의 인생 역정을 살펴볼 때 그들은 사람들
에게 이해받지도, 환영받지도 못해 고독하고 적막했다. 이러한
처지와 심경은 훗날 많은 엘리트들의 공감을 얻었다. 그래서

그들은 "예로부터 성현은 고독했다"는 말로 자조하곤 한다.

공자는 자신을 싫어하는 사람에게도 동정을 느꼈으며, 자신을 좋아하는 사람에게는 의심의 눈길을 보내고, 나아가 '향원鄕原'이라는 꼬리표를 붙여주었다. 향원은 무조건 늘 좋기만 한 사람이다. 이런 사람들은 특별한 결점이나 문제 없이 성실하고 순박해 보이며 누구에게나 잘해준다. "자신의 속내를 감추고 세속에 영합하는" 존재다. 우리 주변에도 이런 사람이 많다. 그들은 특별한 능력이 없지만 인맥을 이용해 모든 일에 끼어든다. 사람들은 이런 사람들에게 호감을 느낀다. 상사도 이런 사람을 발탁하여 반감과 위험을 줄이려고 한다.

하지만 이렇게 '무조건 좋기만 한' 사람이 존중받아야 할까? 절대 아니다! 진정한 호인, 진정한 현자는 입장이 분명하고 선을 펼치고 악에 맞서므로 이들을 못마땅해하는 사람이 있게 마련이다. 하지만 현대의 민주주의 선거는 이런 '향원'에게 한 표를 던지곤 한다. 공자는 이런 상황을 우려했던 것 같다.

민중은 종종 맹목적이며 군중심리에 휩쓸린다. 다른 사람의 평판으로 자신의 판단 기준을 정하기도 한다. 모옌莫言이 노벨문학상을 수상하자 전 중국인이 앞다퉈 그의 책을 사는 바람에 책이 동날 절도였다. 그전에 그의 작품에 관심을 가졌던 사람이 몇이나 될까? 게다가 민중은 반드시 선량하다고 할 수 없다. 수많은 역사적 사건을 보더라도 민중이 폭도 역할을 하는 경우가 많았다. 문화혁명 때도 민중 속의 '무조건 좋기만 한'

사람들이 더 큰 문제를 일으켰다. 물론 나는 민주주의에 반대하지 않는다. 다만 민주주의가 정착하는 초기 단계에 많은 대가를 치른다는 점을 지적하는 것이다.

향원을 긍정적으로 보는 시각도 있다. 명나라 교양서 《신음어呻吟語》에서는 침착하고 신중한 사람을 향원으로 보기도 한다. 주변과 화합하는 둥글둥글한 성품은 공자가 지향하는 성품이다. 난세에는 호걸이 필요하고 태평성세에는 간신을 기용한다는 말도 있다. 태평성세에는 향원이 별 문제를 일으키지 않는다. 그럼에도 나는 향원이 될 수 없으며, 되고 싶지도 않다.

자기를 먼저 갖추고
상대에게 요구하라

君子有諸己而後求諸人.

군자는 자기를 갖추고 나서 남에게 요구한다.

—《대학》

子曰: "躬自厚而薄責於人, 則遠怨矣."

공자가 말했다. "자신을 많이 책망하면 몸이 더욱 닦여져서 원망이 멀어지게 된다."

—《논어》, 〈위령공〉

직장에서는 물론이고 친구나 가족, 사람과 사람 사이에는 책임과 의무 또는 기대와 요구가 있기 마련이다. 상사가 배려해주길 기대하고, 친구가 지지해주길 원하며, 배우자가 성실하길 바라지만 여기에는 전제가 있다. 나 스스로 그렇게 해야 한다. 상사의 배려를 바라기 전에 내가 할 일을 충실히 했는지 돌아보고, 친구를 진심으로 대했는지, 배우자에게는 정신적으로나 육체적으로 부끄러운 짓을 하지 않았는지 돌아봐야 한다. 만약 그러지 못했다면 상대에게도 이를 요구해서는 안 된다. 이것이 곧 "군자는 자기를 갖추고 나서 남에게 요구한다"는 말의 의미다.

이를 잘 지켰는데도 상대가 생각대로 움직여주지 않을 때는 "자신을 많이 책망하면 몸이 더욱 닦여져서 원망이 멀어지게 된다"라는 구절을 떠올려보자. 자신에게 엄격하고 상대에게는 너그러워지라는 뜻이다. 스스로 반성하고 바른 행동을 한다면 상대도 언젠가는 알아줄 것이다. "길이 멀어야 말의 힘을 알 수 있고, 세월이 오래 지나야 사람의 마음을 알 수 있다"는 속담이 있듯이, 인간관계에서 희생의 대가는 시간이 지나야 돌아온다. 눈앞의 작은 일에 연연해서는 안 된다.

지도자란 다른 사람에게 늘 무언가를 요구하고 지시하는 위치에 있다. 따라서 늘 자신을 돌아봐야 한다. 명령과 요구는 실제 상황에 부합해야 한다. 실제 표준에 맞는지 아닌지는 자신이 할 수 있느냐 없느냐, 또는 자신이 이미 해냈느냐 아니냐로 판단해야 한다. 내가 할 수 있는 일을 부하직원이 반드시 해낼 수 있다는 보장은 없다. 그러니 상대가 해내지 못하더라도 화내지 말아야 한다. 그렇게 할 때 당신의 가치가 더욱 빛난다.

다른 사람의 뛰어남을
진심으로 기뻐하라

人之有技, 若己有之; 人之彦勝, 其心好之.

남이 재주를 가졌으면 자기가 그것을 가진 것처럼 생각하고, 다른 사람의 뛰어남을 보면 진심으로 기뻐하라.

—《대학》

이는 인생을 살면서 가장 소중히 여길 만한 긍정적 태도다. 그러나 우리는 다른 사람과 자신을 비교하면서 실망하고 기가 죽으며, 부러움과 질투, 심지어 상대를 미워하기까지 한다. 그래서 상대의 단점을 찾아내서 "못 먹는 감 찔러나본다"는 못된 심리를 발동시킨다. 그렇게 하고 나면 마음이 후련해질지는 모르지만, 점점 비열하고 속 좁은 사람으로 변해간다.

단톈팡單田芳의 평서評書(긴 이야기를 소도구와 몸짓을 이용해 이야기하는 중국의 전통극 – 옮긴이)에 이런 대목이 나온다. "높은 양

반은 죄를 인정하지 않는다.《당어림唐語林》에 이런 이야기가 있다. 자신의 실력에 자부심이 강한 두 시인이 어느 날 시를 지어 대결을 벌였다. 그중 한 사람의 실력이 누가 봐도 월등했다. 그러자 대결에서 진 시인은 즉시 말에서 내려 상대에게 예를 올리며 진심으로 탄복하였으며, 허심탄회한 태도로 가르침을 구하였다."

선종 육조 혜능은 광저우 법성사로 피난 갔을 때 "바람이 움직이는 것이 아니고 깃발이 움직이는 것도 아니다. 오직 그대들의 마음이 흔들릴 뿐이다"라고 했다. 그러자 그 절의 주지가 모든 승려들을 이끌고 문 앞으로 나와 절을 올렸다. 이렇게 진심으로 상대에 탄복하는 태도는 원원의 결과를 가져온다. 《논어》에 보면 공자가 사람들의 노랫소리를 듣고 한 번 더 불러달라 청하고는, 자신도 따라서 흥얼댔다는 내용이 있다. 마치 가수의 팬 같은 그의 행동이 웃음을 자아내기도 하지만 선행을 즐겨하는 공자의 긍정적인 마음 또한 엿볼 수 있다.

몇 년 전 한 상가관리위원회에서 일한 적이 있다. 그때 단지 내의 업체 대표들과 가깝게 지냈는데, 이를 기반으로 네트워크를 구축하고 발전시킬 수 있었다. 이렇게 폭넓은 인간관계를 맺을 수 있었던 비결은 내가 그들을 진심으로 존경했기 때문이다. 소규모의 가내수공업 업체일지라도 그렇게 버텨온 것만으로도 충분히 존경할 만한 일이다. 이렇게 존경하는 태도로 다른 사람을 대하면 어디를 가도 주변에 친구가 있다.

나보다 못한 사람을
포용하라

中也養不中, 才也養不才, 故人樂有賢父兄也. 如中也棄不
中, 才也棄不才, 則賢不肖之相去, 其間不能以寸.

재주 있는 자가 재주 없는 자를 길러준다. 그러므로 사람은 현명
한 부형이 있는 것을 즐겁게 생각한다. 만일 중용의 덕을 갖춘 사
람이 그렇지 못한 사람을 저버리고, 재주 있는 사람이 재주 없는
사람을 버린다면 어진 사람과 그렇지 않은 사람의 차이는 촌으로
잴 수 없을 정도로 가까워진다.

―《맹자》, 〈이루 하〉

품성이 좋은 사람이 그렇지 않은 사람을 포용하고, 능력 있
는 사람이 그렇지 않은 사람을 돕는 것이 세상의 섭리다. 그렇
기 때문에 품성이 좋거나 능력 있는 사람이 사랑받는다. 사람
들은 이러한 부모나 형제를 갖기 원한다. 만약 품성이 좋거나

능력 있는 사람이 어느 구석으로 숨어들어 자기 생활에만 몰두하고 자기보다 못한 사람들은 아랑곳하지 않고, 심지어 그런 이들을 원망하고 싫어한다면 품성 좋은 사람의 장점은 없어져버리고, 능력 있는 사람의 능력도 사라져버릴 것이다.

"열 손가락도 길고 짧아 가지런하지 않다"는 속담이 있다. 사람은 내적으로나 외적으로나 천차만별이다. 어떤 부분이 남보다 뛰어난 사람은 이런 차이를 쉽게 느낀다. 가령 나는 사람들을 너그럽게 대하는데 저 사람은 그렇지 않다, 나는 열심히 노력하는데 저 사람은 노력하지 않는다고 생각하기 쉽다. 상대는 부하직원이나 동료일 수도 있고, 배우자나 자녀, 제자, 상사나 부모일 수도 있다. 하지만 이런 생각은 매우 위험하다. 당신이 이전에 했던 공부, 수양, 어진 마음이 이런 생각으로 인해 부정적으로 바뀌기 때문이다. 이럴 때 우리는 자신의 변화를 빨리 인지하고 바른 방향으로 갈 수 있게 노력해야 한다.

그러려면 어떻게 해야 할까? 자신을 일깨워야 한다. 다른 사람이 자기보다 못한 점이 있기에 나의 가치가 빛난다고 생각하라. 여러 사람이 줄다리기 시합을 하는데 당신이 다른 사람들보다 힘이 세다고 가정해보자. 당신이 힘을 발휘하면 시합을 승리로 이끌 수 있다. 포용의 미덕을 발휘하여 사람들을 도와야 한다. 버리지도, 포기하지도 말아야 한다. 그렇지 않으면 지는 쪽은 상대가 아니라 당신을 포함한 모두가 될 테니까.

문제의 원인을
나에게서 찾아라

上不怨天, 下不尤人. 失諸正鵠, 反求諸其身.

위로는 하늘을 원망하지 않으며, 아래로는 남을 탓하지 않는다.
화살이 정곡을 맞히지 못하면 과녁을 탓하지 말고 그 잘못을 자
신에게서 찾아라.

—《중용》

子曰: "君子求諸己, 小人求諸人."

공자가 말했다. "군자는 모든 책임의 소재를 자신에게 돌리지만
소인은 남의 탓으로 돌린다."

—《논어》,〈위령공〉

孟子曰: "愛人不親反其仁, 治人不治反其智, 禮人不答反其
敬. 行有不得者, 皆反求諸己. 其身正而天下歸之."

맹자가 말했다. "다른 사람을 사랑하는데 가까워지지 않는다면 자신의 어진 마음이 부족한 것은 아닌지 돌아보고, 백성을 다스리는데 잘 다스려지지 않으면 자신의 지혜가 부족한 것은 아닌지 돌아보라. 다른 사람을 예로써 대하는데 응답을 받지 못한다면 자신의 공경함에 부족함이 없는지 돌아보라. 어떤 일을 행하였으나 얻지 못하는 것이 있다면 자신에게서 잘못을 찾아야 한다. 만약 자신이 올바르다면 천하가 자신에게 돌아올 것이다."

—《맹자》,〈이루 상〉

활이 과녁을 맞히지 못하면 과녁을 탓하거나 하늘을 원망하지 말고 제대로 활을 쏘지 못하는 자신에게서 원인을 찾아야 한다. 모든 일이 마찬가지다. 인간관계에서 문제가 생겼을 때 하늘을 원망하거나 남을 탓하지 말고 스스로 반성하고 자신에게서 원인을 찾아야 한다. 서툰 목수 연장 탓한다고, 못난 사람이 남을 탓하고 제대로 된 사람은 자신을 탓한다. 유가에서는 이를 '자기반성'으로 정리했다. 이러한 사유 방식은 인간관계에서 생긴 문제를 처리하는 비결이다.

그러나 아무리 생각해도 자신에게 잘못이 없고 상대에게 문제가 있음을 확신할 때가 있다. 그렇다고 달라질 것은 없다. 어차피 당신은 최선을 다했고, 그것을 상대가 알아주지 못한 것이니 그런 사람을 이해시킬 필요까지는 없다. 사람이 아니고 짐승에 가까운 상대라면 더 고민할 것도 없다. 사람에게는 "제

똥 구린 줄은 모르고 남 똥 구린 줄만 아는" 습성이 있으며, 본성은 쉽게 고쳐지지 않는다. 어떤 사람에게서 문제를 발견했다면 그것은 고치기 어렵다. 운이 나쁘다고 원망해봐야 소용없다. 그러니 내가 고치는 것이 빠르다.

언젠가 내 컴퓨터의 서버 속도가 갑자기 너무 느려져서 기계실을 찾아가 따졌더니 "공유 대역폭을 사용하는 다른 서버가 해킹을 당해서 우리 서버까지 속도가 느려진 것 같다"는 말이 돌아왔다. 기계실에서 조사했더니 뜻밖에도 우리 서버가 해킹을 당한 것이었다.

지나간 일을
탓하지 말라

成事不說, 遂事不諫, 旣往不咎.

이미 이루어진 일을 논하지 않고, 이미 끝난 일에 대해 충고하지 않고, 이미 지난 과오를 책망하지 않는다.

—《논어》,〈팔일八佾〉

往者不可諫, 來者猶可追.

지나간 일은 되돌릴 수 없으나, 다가올 일은 오히려 쫓아갈 수 있다.

—《논어》,〈미자微子〉

지난 일을 잊지 않으면 앞일에 교훈이 되지만 어떤 일은 잊어야 한다. 컴퓨터에 너무 많은 것을 저장해놓으면 운행 속도가 늦어진다. 그러나 어떤 것을 기억하고 어떤 것을 잊어버릴지 정하기 어려울 때가 많다. 인생의 번뇌도 여기에서 비롯된다.

이럴 때 사랑은 기억하되 미움은 잊어버린다는 원칙을 세워보자. 사랑의 유통기한이 미움의 유통기한보다 훨씬 짧기 때문에 이런 생각을 강화해서 균형을 맞추자는 뜻이다.

결혼 생활에서도 이런 마음가짐은 매우 중요하다. 지나가버린 사소한 지난 일을 들춰내며 상대에게 서운함과 억울함을 표현하는 것은 좋은 태도가 아니다. 그런데 많은 이들이 이런 일로 다투고 마음에 상처를 입는다. 그러다 보니 행복과도 점점 멀어진다. 이미 벌어진 일에 대해 과거까지 들추며 상대를 비난하는 일은 서로 조심해야 한다. 지난 일에 뒤늦게 나서는 사람이 좋아 보일 리 없다. 만일 이런 사람을 상사로 모시고 있다면 끔찍한 일이다. 이미 벌어진 일은 돌이킬 방법이 없다. 누군가 당신의 치즈를 가져갔다면 그 자리에서 발만 구르지 말고 다른 치즈를 찾아보라.

한 번 지나간 일은 되돌릴 수 없지만 앞일은 기약할 수 있다. 도연명은 "지난 일은 탓해 무엇하랴. 앞으로 바른 길을 가면 될 것을悟已往之不諫, 知來者之可追"이라고 노래하며 떳떳이 살아갈 것을 다짐했다. 그러고는 관직을 버리고 고향으로 돌아가 농사를 지었다. 원요범은 "지난 일들은 마치 어제 죽은 듯이 대하고 다가올 일들은 마치 오늘 태어난 듯하다"는 말로 새로운 생활에 대한 각오를 다졌다. 일본의 영화감독 기타노 다케시北野武의 영화 〈키즈 리턴Kids Return〉에는 온갖 문제를 일으키고 실패한 청춘으로 전락하는 비행청소년 신지와 마사루가 등장한다. 영화의 마지막 장면에서 신지는 마사루에게 묻는다. "우리 이제 끝난 걸까?" 그러자 마사루가 답한다. "바보, 아직 시작도 안 했잖아!"

끝으로 하이쯔海子라는 시인의 시 한 구절을 함께 음미해보자. "미래를 바라보고, 봄꽃이 만개하기를面向未來, 春暖花開."

너그러워야 한다

子貢問曰:"有一言而可以終身行之者乎?"子曰:"其恕乎!
己所不欲, 勿施於人."

자공이 물었다. "평생 실행할 만한 말 한마디가 있습니까?" 공자
께서 말씀하셨다. "아마도 서恕이리라! 내가 하기 싫은 일이면
남에게도 강요하지 않아야 한다."

― 《논어》, 〈위령공〉

子曰:"參乎, 吾道一以貫之."曾子曰:"唯."子出, 門人問
曰:"何謂也？"曾子曰:"夫子之道, 忠恕而已矣."

공자가 말했다. "참아, 나의 도는 하나로써 관통하였느니라." 증자
가 "예." 하고 대답했다. 공자가 나간 뒤 문인이 "무슨 말입니까?"
하고 묻자 증자가 답했다. "스승님의 도는 충과 서일 따름이다."

― 《논어》, 〈이인〉

공자가 내게 인생을 물었다

1993년 미국 시카고에서 열린 세계종교의회에서 〈지구윤리선언〉이 발표되었다. 수천 년 동안 내려온 인류 각 종교의 세계관과 교리를 뛰어넘는 황금률을 채택했는데 "내가 하고자 하지 않는 일을 남에게 억지로 시키지 말아야 한다"와 "남에게 대접받고자 하는 대로 너희도 대접하라"가 그것이었다. 이 황금률은 모든 가정과 사회, 민족, 국가, 종교 관계에도 적용된다.

"내가 하고자 하지 않는 일을 남에게 억지로 시키지 말아야 한다"는 공자의 유가사상으로, 인류 발전에 큰 공헌을 했다. "남에게 대접받고자 하는 대로 너희도 대접하라"는 성경에서 제시하는 원칙이다. 이 둘을 비교하면서, 기독교의 원칙은 자기중심으로 발전하기 쉬우며, 자기의 의지를 남에게 강요하기 쉽다고 비판하는 사람들이 있다. 내가 얻고자 하는 것을 남이 반드시 원하지 않을 수도 있다는 이유에서다.

자기가 속아 넘어가기 싫으면 남을 속이지도 말아야 한다. 자신이 피해를 입는 것이 싫으면 남에게도 피해를 주지 않아야 한다. 자신이 억압당하기 싫으면 남도 억압하지 말아야 한다. 자신이 관용과 용서를 받지 못하는 것이 싫으면 다른 사람에게도 속 좁게 굴지 않아야 한다. 이것이 바로 관대함이다.

유가에서 하나의 도로 관통한 충과 서 그리고 유가에서 강조하는 인은 결국 이 한마디 "사람은 너그러워야 한다"와 맞닿는다. 이것이 곧 중국인이 신봉하는 모든 인간관계를 처리하는 황금률이다.

다른 사람의
성공을 도와라

夫仁者, 己欲立而立人, 己欲達而達人.

무릇 인은 자신을 세우고자 하면 남을 세우고, 자기가 도달하고
자 하면 남을 도달하게 한다.

—《논어》, 〈옹야〉

어진 사람은 타인을 사랑한다. 이 사랑은 말로만 베풀지 말
고 행동으로 보여주고 표현해야 한다. 즉 "내가 하고자 하지 않
는 일을 남에게 억지로 시키지 말아야" 하며, "자신을 세우고자
하면 남을 세우고, 자기가 도달하고자 하면 남을 도달하게 한
다." 자기가 원치 않는 것을 남에게 강요하지 않는 것이 사랑이
며, 자기가 원하는 것을 다른 사람도 얻을 수 있게 돕는 것이
사랑이다. 자신이 원하는 것을 다른 사람이 원하지 않을 수도
있으나 모두가 원하는 것을 준다면 성공한 것이다. '세우는 것'

과 '도달하는 것'이 곧 성공이다.

증국번은 다른 사람의 성공을 돕는 것이 자신의 원칙이라고 했다. 그의 곁에는 늘 사람이 많이 모였으며, 그의 성공 비결도 여기에 있었다. 사람은 혼자 살 수 없으며 어떤 일을 할 때 사람들의 도움이 필요하다. 증국번은 역사상 가장 강력한 막료들을 거느리고 있었으며, 그중 100명 이상이 성부급 관리였다. 여기에는 하나의 선순환 관계가 형성된다. 증국번은 주변의 인재를 각별히 신임하고 싸움에서 승리할 때마다 공을 세운 사람들을 높은 관직에 추천했다. 이렇게 관직을 얻은 사람들은 자연히 그의 은공에 고마워하며 목숨을 아끼지 않고 충성했다. 따라서 그가 이끄는 전투는 더 많은 승리를 거두었고, 실적은 더 좋아졌으며, 주변의 인재는 더 많아졌다. 그는 주변의 인재들을 상생하는 자세로 대했으며, 결국 그중 가장 큰 승리자는 증국번 자신이었다.

나 역시 증국번의 방침을 회사의 인사관리 원칙으로 삼고 있다. 그런데 어느 날 한 직원이 "이 회사에서는 희망이 없다"며 사직 의사를 밝혔다. "자신을 세우고자 하면 남을 세우고, 자기가 도달하고자 하면 남을 도달하게 한다"는 나의 원칙이 통하지 않았다는 생각에 깊이 반성했다. 그런데 얼마 뒤, 퇴사한 그 직원이 우리와 같은 업종의 사업을 시작했다는 사실을 알게 되었다. 우리 회사에 다녔던 경험이 창업에 도움이 되었다고 생각하니 기분이 좋았다.

나는 기업의 대표나 간부들에게 이런 질문을 던지고 싶다. "당신의 부하직원이 제대로 일하지 않아서 분통이 터질 때, 당신은 그의 입장에서 그 이유를 생각해보았는가?"라고. 당신은 이미 출세했고 경제력도 중산층 이상이다. 그런데 부하직원은 아직 말단직에서 일하고 있다. 당신이 직원들에게서 느끼는 분노는 그들이 당신의 훌륭한 도구가 되어주지 않았기에 비롯된 것은 아닐까?

우정을
소중히 여겨라

子貢問友. 子曰: "忠告而善道之, 不可則止, 無自辱焉."

자공이 친구를 사귀는 것에 관해 묻자 공자가 답했다. "진실한 마음으로 알려주고 좋은 쪽으로 인도하되 그가 듣지 않으면 즉시 멈춰 스스로 욕되게 하지 않아야 한다."

─《논어》, 〈안연〉

舊故無大故, 則不棄也, 無求備於一人.

오래된 친구와 늙은 신하는 큰 잘못이 없으면 버리지 않는다. 한 사람에게 모든 것이 다 갖추어져 있기를 바라지 않는다."

─《논어》, 〈미자〉

曾子曰: "君子以文會友, 以友輔仁."

증자가 말했다. "군자는 학문으로써 친구를 모으고, 벗을 통해

서로 격려하며 인에 힘쓴다.ˮ

—《논어》, 〈안연〉

孔子曰：ˮ益者三友, 損者三友. 友直, 友諒, 友多聞, 益矣,
友便辟, 友善柔, 友便佞, 損矣.ˮ

공자가 말했다. ˮ유익한 벗 셋과 손해되는 벗 셋이 있다. 올곧고
신의가 있으며 사람을 벗하며 견문이 많은 이를 벗하면 유익하
며, 편벽하고 무르기만 하고 아첨의 말만 잘하는 사람을 벗하면
손해가 된다.

—《논어》, 〈계씨〉

萬章問曰：ˮ敢問友.ˮ孟子曰：ˮ不挾長, 不挾貴, 不挾兄弟
而友.ˮ

만장이 ˮ벗을 사귀려면 어떻게 합니까?ˮ 하고 묻자 맹자가 말했
다. ˮ나이가 많음을 내세우지 않고 존귀하다고 으스대지 않으며
형제의 상황에 유세 부리지 않고 벗을 사귀어야 한다.

—《맹자》, 〈만장 하萬章 下〉

이 문장은 모두 친구 사귀는 문제를 다루고 있다. 좋은 친구
는 정직하고 성실하며 박학다식하다. 친구 사이는 평등해야 하
며 지위 고하에 관계없이 서로 격려하며 능력과 수양을 함께
높여가야 한다. 친구 간에는 멀고 가까운 구분이 있으니 서로
교류할 때도 정도를 지켜야 한다. 좋은 마음으로 한 말이 화기

애애한 분위기를 해치지 않게 조심해야 한다. 친구를 사귈 때는 다음을 기억해야 한다.

첫째, 친구는 억지로 구해지지 않는다. 나는 10대 때 처음으로 가족과 떨어져 타향에서 공부했다. 외로움을 달래기 위해 하루속히 친구를 사귀고 싶었지만 기대가 클수록 실망이 컸다. 나중에는 친구란 억지로 구하는 것이 아니라 자연스럽게 만나야 한다는 사실을 알게 되었다. 친구도 배우자를 만나는 것처럼 불가사의한 인연에 맡겨야 하며, 억지로 구해지지 않는다.

둘째, 친구 간에는 '군자지교君子之交'의 담백함도 있어야 하고 '소인지교小人之交'의 즐거움도 있어야 한다. 증자는 "엄숙함이 지나치면 친할 수 없고 친함이 지나치면 서로 소홀해진다"고 했다. 친구 사이는 너무 정중해도 안 된다. 서로 편하게 지내야 우정이 더 쌓일 수 있다. 사랑하는 남녀도 마찬가지다. 서로 지나치게 공경하고 예의를 차리면 사랑이 뜨거워질 틈이 없다. 하지만 경계할 점도 있다. 친구 사이에는 즐거움보다 불만과 해로움이 끼어들 때가 많다는 사실이다. 술자리에서 즐겁게 노는 친구 중에는 소인배가 있기 마련이며, 그런 친구는 불시에 해를 끼칠 수도 있다.

셋째, 친구와 지나치게 가깝게 지내거나 지나친 비난은 피하고 서로 적당한 거리를 남겨두어야 한다. 이와 관련한 일화가 있다. 어느 날 공자가 출행하려고 하는데 때마침 비가 내렸다. 그의 마차는 덮개가 없어서 비를 다 맞게 생겼다. 이를 본

제자 하나가 자하의 집에 덮개 달린 마차가 있으니 그에게서 마차를 빌리자고 했다. 하지만 공자는 마다했다. 자하의 단점이었던 인색함을 가리려고 한 행동이었다.

친구를 사귈 때는 상대의 장점은 부각시키고 단점은 최대한 피해야 한다. 이렇게 해야 우정이 오래갈 수 있다. 사람은 너무 가까우면 몸에 돋은 가시로 상대를 찌를 확률이 높아진다. 그래서 부부 간에 가장 많은 다툼이 일어나는 것이다. 친구 사이에도 작은 갈등과 상처를 피할 수 없다. 따라서 포용하는 마음으로 우정을 소중히 여겨야 한다. 특히 오래된 친구는 특별한 원칙적 문제가 없는 한 우정을 쉽게 포기하지 않아야 한다.

"벗을 통해 서로 격려하며 인에 힘쓴다"에 관해서는 많은 선현들이 가르침을 주었다. 순자는 한 사람이 한 무리의 좋은 친구를 가질 수 있다면 "굽은 쑥이 삼밭에서는 받쳐주지 않아도 곧게 자라듯" 하는 것이라 했다. 증국번이 북경에 입성할 때 주변에 좋은 벗들이 많았던 것도 그에게는 큰 힘이 되었을 것이다. 그는 아우들에게 보내는 편지에 이렇게 썼다. "스승과 벗들이 옆에서 도와주니 부족한 나도 뜻을 세울 수 있게 되었다."

화합하되
같아지지 말라

子曰: "君子和而不同, 小人同而不和."

공자가 말했다. "군자는 조화를 추구하고 획일적이지 않으며, 소
인은 획일적이고 조화를 추구하지 않는다."

— 《논어》, 〈자로〉

有子曰: "禮之用, 和爲貴. 先王之道, 斯爲美."

유자가 말했다. "예를 사용함에 있어 조화를 이루는 것이 가장
소중하니, 선왕의 도가 이리하여 아름다운 것이다."

— 《논어》, 〈학이〉

2008년 베이징올림픽 개막식 공연에서 커다란 '화和' 자를
부각하여 중화문명의 핵심 가치를 보여주는 퍼포먼스가 있었
다. 유가사상에서 '인'은 수단이며 '화'는 목적이다. 모든 인간

관계와 국가, 민족, 문명, 사회계급 간의 관계, 우주만물 간의 관계의 발전 방향은 하나같이 '화', 즉 화합, 상생, 공동 번영을 실현하는 것이다. 《주역》에서는 "큰 조화를 이루니 운명에 이롭다保合太和, 乃利貞"라고 했다. 최고의 화합을 추구해야 항구적인 이익을 실현할 수 있다는 의미다.

《좌전》에는 유명한 "화동지변和同之辯"이 등장하는데, 우리가 추구하는 것은 화합이어야 하며 같아지는 것이 아니라고 주장했다. 화합해야 발전할 수 있으며, 같아지면 돌파구가 없다는 뜻이다. 요리할 때 기름, 소금, 간장, 식초 등 다양한 양념을 사용해야 맛이 조화로우며, 음악도 궁宮, 상商, 각角, 치徵, 우羽의 음가가 조화되어야 아름다운 소리를 낼 수 있다. 똑같은 양념이나 음가만 있다면 음식의 맛을 낼 수 없으며, 듣기 좋은 음악을 만들 수도 없다.

철학가 장 자크 루소Jean Jacques Rousseau는 다양함이 행복의 본질이라고 했다. 자연계와 인류사회를 막론하고 다양성은 종의 생존과 진화에 필요한 조건이다. 동물, 식물, 해양, 삼림이 조화되어 생명은 끊임없이 발전한다. 남자, 여자, 각양각색의 사람이 있기에 삶이 다채로워진다. 여러 사상이 다양하게 발전해야 사상은 더욱 심오해진다. 이러한 다양성을 유지하는 기제와 규칙과 역량이 바로 '화和'이다.

인생의 측면에서 '화이부동和而不同(서로 조화를 이루며 지내되 자기중심과 원칙을 잃지 않는 것을 말함-옮긴이)'을 대인관계의 기본 신념으로 삼아야 한다. 여러 사람이 모여 일하고 생활할 때는 상대의 생활방식과 인생관을 존중하고 개성이 발전하도록 격려해주어야 한다. 자기 기준으로 다른 사람을 판단해서는 안되며, 자기 뜻을 다른 사람에게 강요해서도 안 된다. 부부지간에도 마찬가지다. 서로 의견과 개성이 일치하는 것도 좋지만 성격이 완전히 다른 것도 괜찮다. 서로 보완하고 협력하면 각자의 능력을 더 발휘할 수 있기 때문이다.

가정이 화목해야 만사가 잘 풀린다. 하늘의 시기는 땅의 이로움만 못하고, 사람들의 화합은 땅의 이로움보다 낫다. 화합하지 않으면 아무것도 되지 않는다. 따라서 화합은 소중한 덕목이다. 어떤 문제와 갈등이 풀리지 않을 때 화합을 통해 그 갈등을 풀 수 있다.

선을 실현하기 위한
네 가지 키워드

大舜有大焉, 善與人同. 舍己從人, 樂取於人以爲善. 自耕,
稼, 陶, 漁以至爲帝, 無非取於人者. 取諸人以爲善, 是與人
爲善者也. 故君子莫大乎與人爲善.

순 임금은 크게 지혜로운 분이다. 자기에게 훌륭한 면이 있으면
타인과 함께 공유하고, 타인에게 훌륭한 점이 있으면 자신의 고
집을 버리고 이를 따랐으며, 타인의 훌륭한 점을 받아들여 자신
의 훌륭함으로 만드는 것을 즐거움으로 삼았다. 밭 갈고 씨 뿌리
며 질그릇을 굽고 고기 잡는 일부터 황제에 오르기까지 타인의
장점을 배우지 않은 적이 없었다. 타인의 장점을 취하여 나의 것
으로 만드는 것은 결국 타인과 더불어 선을 실천하는 것이다. 그
러므로 군자는 타인과 더불어 선을 실천하는 것이 가장 위대한
삶의 자세다.

─《맹자》, 〈공손추 상〉

子曰: "君子成人之美, 不成人之惡. 小人反是."

공자가 말했다. "군자는 남의 아름다움은 이루어지도록 돕고 남의 악함은 이루어지지 않게 하지만, 소인은 이를 반대로 한다."

—《논어》, 〈안연〉

순 임금의 이야기는 《상서》, 《좌전》, 《사기》에 상세히 기록되어 있으며 매우 극적이다. 순 임금은 마치 데려다 키운 자식처럼 가족에게 학대를 받았다. 부모형제는 그를 사지로 몰아넣지 못해 안달이었다. 아버지와 배다른 동생은 순을 지붕에 올라가게 하여 불을 지르는가 하면, 우물을 파게 하고는 흙을 부어 매장하려는 패륜까지 저질렀다. 나중에는 순의 처와 소, 양, 재산까지 탐내서 뺏으려 했다. 궁지에 몰릴 때마다 순은 기적처럼 빠져나왔지만 그는 보복하지 않았을 뿐 아니라 오히려 부모에게 더 효성스럽게 행동했으며 동생은 더 살갑게 보살폈다. 순 임금이 이토록 선량했던 이유는 그가 선의 화신이었기 때문이다.

위에 제시한 맹자의 말은 순 임금에 대한 지극한 공경을 보여주며, 인성에서 선을 강조한 것이다. 또한 이를 통해 자기의 훌륭한 점을 타인과 공유하기, 자기를 버리고 타인의 훌륭한 점 따르기, 타인의 훌륭한 점을 받아들여 자신의 훌륭함으로 만들기, 타인과 더불어 선을 실천하기라는 네 개의 키워드를 도출했다.

우선 '자기의 훌륭한 점을 타인과 공유하기'에 관해 살펴보자. 류사오치劉少奇는 이 말을 이용하여 간부를 교육했다. 군중과의 소통을 중시하고 그들과 한뜻으로 단결하여 융화할 것을 강조했다. 이것이 자기의 훌륭한 점을 타인과 공유하는 일이다. 인터넷에는 이와 관련한 일화가 많다. 미국의 한 유명대학 이야기다. 이 학교는 슬럼가와 이웃하고 있었다. 학교 부근은 치안문제가 늘 발생하여 골칫거리였다. 이를 해결하기 위해 학교에서 슬럼가를 사들여 캠퍼스로 개조했다. 그러나 문제는 해결되지 않았다. 슬럼가 주민들이 넓어진 캠퍼스 바로 옆으로 옮겨갔을 뿐이었다. 학교 측은 누군가의 지혜로운 제안을 받아들여 교육자원을 그들에게 개방하고 빈민들의 교육 수준을 높여주었다. 주민들의 자질이 높아지자 치안문제는 저절로 해결되었다. 이것이 바로 선한 것, 좋은 것을 이웃과 나누는 정신이다. 지혜로운 사람의 아이디어를 받아들임으로써 끝없이 높은 경지로 향한다는 의미도 담고 있다.

'자기를 버리고 타인의 훌륭한 점 따르기'는 공자의 '무아毋我', 불교의 '무아無我', 도가의 '무집無執'과 비슷하다. 많은 사람들이 자기중심적이며 상대의 지식과 능력을 자기 잣대로 평가한다. 상대방이 자기보다 낮다고 생각해왔는데 그의 의견을 따라야 하는 상황이 닥치면 몹시 힘들어 한다. 따라서 중국 기업 하이얼은 직원에게 서비스 교육을 할 때 내가 틀렸다는 관념을 끊임없이 주입한다고 한다. 자신을 부정하여 복종함으로써 고객이나 상사, 국가기관을 대할 때 자신을 낮추라는 의도다. 펑유란馮友蘭과 지셴린季羨林은 '사상개조'에 관한 글을 회고하면서 모든 사람 앞에서 자기를 부정하는 일이 고통스러웠지만 생존에는 유리했다고 말했다.

마지막으로 "타인의 훌륭한 점을 받아들여 자신의 훌륭함으로 만들기"와 "타인과 더불어 선을 실천하기"는 중국번이 자제를 교육할 때 특별히 강조했던 태도다. 원자바오溫家寶는 국제회의에서 이 말을 인용하여 국제사회가 '선'의 원윈을 실현하기 위해 노력할 것을 호소했다. 요구하는 것이든 주는 것이든, 아니면 공존하는 것이든 선량한 마음과 선량한 의지, 선량한 수단으로 선의 목표를 함께 실현해야 한다.

작은 은혜를
베풀어라

老吾老, 以及人之老; 幼吾幼, 以及人之幼.

내 어버이를 받들어 남의 어버이에게까지 미치노라. 내 어린아이
를 보살펴 남의 어린아이에게까지 미치노라.

―《맹자》, 〈양혜왕 상〉

推恩足以保四海, 不推恩無以保妻子.

은혜를 널리 펼치면 천하를 편안하게 할 것이고 은혜를 펼치지
않으면 처자조차 편안하게 하지 못할 것이다.

―《맹자》, 〈양혜왕 상〉

泛愛衆而親仁.

여러 사람을 널리 사랑하되 어진 이와 가까이 하라.

―《논어》, 〈학이〉

親親而仁民, 仁民而愛物.

친한 사람들을 보살핌으로써 백성을 사랑하며, 백성을 사랑함으로써 만물을 사랑하게 된다.

—《맹자》, 〈진심 상〉

자기 부모를 잘 모시고, 이런 마음으로 다른 집안의 노인을 보살핀다. 자기 아이를 보살피며, 이런 마음을 남의 아이에게도 베푼다. 사랑은 가장 가까운 사람들 사이에서 생겨나지만 가족에게만 국한되지는 않는다. 사랑은 확장되고 외부로 뻗어가며, 큰 사랑은 한계가 없으며 인류와 우주만물을 포용한다.

어린아이는 어머니가 우는 모습을 보면 자기도 모르게 따라 운다. 학교를 졸업하던 날 한 친구가 울기 시작하자 반 전체가 울음바다로 변한 일을 한 번쯤은 경험해봤을 것이다. 슬픔은 가장 쉽게 전염되는 감정이다. 사람과 사람에게만 국한되지 않는다. 다리를 다친 작은 참새를 봐도 마음이 아프고, 시드는 꽃과 낙엽도 때로는 슬픔을 준다. 우리는 아이들과 작은 동물들을 사랑하며, 들꽃도 아낀다. 이런 사랑과 슬픔은 인성에 뿌리 깊게 박혀서 자연스럽게 나오는 감정이다.

이렇게 타인과 만물을 대상으로 한 사랑을 오늘날에는 '박애'라고 정의한다. 프랑스의 국가 이념은 자유, 평등, 박애다. 중국의 국부 쑨원孫文은 박애라는 두 글자를 친구에게 전했고, 훗날 묘비에 이 글씨를 새김으로써 중산정신中山精神의 영혼이

되었다. 박애는 어른을 존경하고 아이를 보살피는 것에서 시작
하며, 소외계층을 돌보는 동정에서 출발한다. 큰 회사의 사장
이 된 어떤 사람은 자신의 부모는 떠나고 없으나, 고향 마을의
노인들에게 명절 때마다 선물을 돌린다고 한다. 이 또한 박애
의 정신이다.

보통 사람인 우리는 그렇게 베풀 만한 돈이 없지만 버스에
올라 노인에게 자리를 양보할 수는 있다. 운전할 때는 자전거
를 탄 소년이 마음 놓고 가도록 양보하고, 재난을 당한 이웃에
게 옷가지를 기증하며, 도움이 필요한 모든 사람에게 힘 닿는
대로 도움을 줄 수도 있다.

박애정신의 핵심은 은혜를 펼치는 것이다. 집안 어른이나
아이를 사랑하는 일은 누구나 할 수 있다. 진회秦檜는 나쁜 사
람이었지만 그도 집에서는 효자이자 자상한 아버지였을 것이
다. 큰 죄를 지은 악인이라도 가족들에게까지 그렇게 한다는
법은 없다. 그러나 사랑을 가족에게만 다 쏟아버리고 바깥세상
을 향해 악한 마음만 남아 있다면, 이런 사람은 언젠가 큰 대가
를 치를 것이며, 결국 자기 가족도 지키지 못하게 된다. 가족에
대한 사랑이 사회로 향할 수 있게 노력해야만 올바른 인간이
며, 그래야만 그 인생 또한 평안하고 행복해질 것이다.

공자가 내게 인생을 물었다

올곧은
사람이 되어라

或曰:"以德報怨, 何如?"子曰:"何以報德? 以直報怨, 以德報德."

어떤 사람이 "덕을 원한으로 갚는 것은 어떠합니까?" 하고 묻자 공자가 답했다. "그렇다면 덕에는 무엇으로 갚겠소? 정의로써 원한을 갚고 덕으로써 덕을 갚아야 하오."

—《논어》, 〈헌문〉

匿怨而友其人, 左丘明恥之, 丘亦恥之.

원한을 숨기고 우호적으로 대하는 것을 좌구명은 부끄럽게 여겼으며, 나(공자) 또한 부끄럽게 여긴다.

—《논어》, 〈공야장〉

공자는 관용을 말했으나 원칙이 없지는 않았다. 소인에게는 자기의 감정을 조금도 숨기지 않고 입장을 선명하게 드러냈다. 중국 국학의 대사부 첸무錢穆는 공자의 개성은 올곧음이라고 주장한다. 우리 주변에 올곧은 사람은 많으며, 자신이 스스로를 직설적인 사람이라 내세우는 경우도 많다.

기독교에서는 왼뺨을 때리거든 오른뺨을 내밀라고 권한다. 하지만 현실에서 이렇게 하는 사람은 없다. 이보다는 유가가 보여주는 솔직함이 낫다. 유가에서는 다른 사람이 나를 헤치면 억지로 용서할 필요가 없으며, 아무 일도 없었던 것처럼 모른 체하는 것은 더욱 안 된다고 말한다. 아무 일 없었던 것처럼 태연스레 관계를 유지하는 것은 지나치게 위선적인 태도다.

살다 보면 친구도 있고 원수도 있으며, 나를 좋아하는 사람도 있고 싫어하는 사람도 있다. 사람은 비슷한 사람끼리 모이기 마련이다. 모든 사람이 같은 편에 서기를 바라는 것은 불가능하다. 올곧은 사람은 직설적이어서 좋은 것은 좋다, 싫은 것은 싫다고 말한다. 다른 사람에게 상처 주지 않는 사람은 다른 사람이 자기에게 상처 주는 것도 받아들이지 못한다. 내가 건드리지 않을 테니 너도 나를 건드리지 말라는 무언의 압박이다. 밥 한 그릇을 얻어먹었으면 반드시 갚아야 하고, 하찮은 원한이라도 반드시 갚는 것이 '이직보원以直報怨'이다.

덕으로써 원한을 갚는다는 '이덕보원以德報怨'은 때때로 감상적인 인정으로 흘러 은혜를 모르는 사람에게 자애를 베풀었다가 도리어 역경에 처하게 되는 동곽 선생의 전철을 밟을 때도 있다. 중국이 일본의 전쟁배상을 면제해준 일이 대표적인 예다. 일본 사람들도 매우 고맙게 생각했지만, 이러한 베풂은 아무 교훈도 남기지 못한 채 잊혔다. 그렇기에 오늘날 댜오위다오釣魚島 분쟁이 일어난 것이다.

물론 올곧음은 불이 붙으면 장소와 상황을 살피지 않고 자기 태도와 의견을 표출한다. 유가는 늘 중요한 원칙을 강조하는데, 보신保身이 그것이다. 즉 자신이 피해를 당하지 않게 주의하라는 것이다. 군자가 복수하는 데 세월이 늦어지는 것은 문제되지 않는다. 때로는 전체 국면을 위해 작은 것을 참아야 할 때도 있다. 중요한 것은 목표를 달성하는 것이다.

3장

일의 효율을
어떻게 높일 것인가

상사에게 아니라고
말할 용기

君子之事君也. 務引其君以當道, 志於仁而已.

군자가 군주를 섬김에 있어 군주를 바른 길로 인도하여 인을 향
하도록 힘써야 한다.

─《맹자》, 〈고자 하〉

責難於君謂之恭, 陳善閉邪謂之敬, 吾君不能謂之賊.

임금에게 어려운 것을 요구하는 것을 공이라 하고, 선을 개진하
여 간사함을 막는 것을 일러 경이라 하고, 단지 임금이 능치 못하
다 말만 하는 것을 일러 적이라고 한다.

─《맹자》, 〈이루 상〉

直道而事人, 焉往而不三黜?

직언으로 사람을 섬기면 어디에 가든 세 번은 쫓겨나지 않으랴?

─《논어》, 〈미자〉

所謂大臣者, 以道事君, 不可則止.

이른바 신하되는 자는 도로써 임금을 섬기되, 그것이 불가능하면
즉시 멈춰야 한다.

─《논어》, 〈선진〉

임금을 어떻게 섬기고, 상사를 어떻게 대해야 하는지에 대
해 맹자와 공자의 태도는 확연히 다르다. 충신이라면 임금의
잘못을 지적하고 바른 길로 인도해야 한다고 주장한 맹자와는
달리, 공자는 직언을 하면 상사의 미움을 받게 되고, 의견을 자
주 표현하면 스스로 허물을 초래하는 것이니 충성과 공경을
다하면 된다고 했다.

이런 차이는 맹자의 사상적 경지가 높아서 생긴 것이 아니
다. 맹자는 평생 학자로만 살았으며 관직에 종사한 적이 없다.
따라서 이론에 더 치우친 경향이 있다. 하지만 공자는 임금을
섬긴 경험이 있어서 고충을 알고 있었다. 현실적으로는 많은
관리와 대신들이 공자의 말을 따라 충성을 다하고 자기 보신
에 힘써서 오늘날의 관료문화에도 영향을 미쳤다. 맹자의 이상
을 실천하는 관료는 황제에게 아니라는 말을 하는 바람에 목
숨을 잃기도 했으며, 어떤 이는 죽음을 무릅쓴 간언으로 충심
을 드러냄으로써 요직에 발탁되기도 했다. 이토록 극단적인 결
말은 당사자인 황제가 혼군昏君인지 명군明君인지에 따라 달
라졌다. 상나라 주왕에게 간언했다가는 죽음이 예견될 것이며,

당태종 같은 명군을 만나면 행복하게 끝날 것이다.

《당어림》에는 재미있는 일화가 전해진다. 누군가 당태종에게 매 한 마리를 선물했다. 마상황제馬上皇帝로 야생동물을 무척 좋아했던 당태종은 동심이 발동하여 매를 팔 위에 올려두고 즐거워했다. 하루는 위징魏徵이 보고할 것이 있어서 다가오자 그에게 잔소리를 들을까 염려했던 당태종은 매를 서둘러 품에 넣었다. 위징은 알고 그랬는지는 모르고 그랬는지 물러가지 않고 시간을 끌었고, 결국 매는 태종의 품속에서 질식해 죽었다. 이런 일이 자주 있던 터라 태종은 화가 나서 견딜 수 없었다. 그러나 위징 앞에서는 아무 말도 못하고 후궁 앞에서만 화를 냈다. "저 위징 자식을 죽여버리고 말겠어!" 그러나 화가 풀리면 여전히 위징을 아꼈다. 이러한 군신의 미담과 성현에 대한 맹자의 가르침들은 어떤 면에서 중국인의 충신 콤플렉스를 자극했다. 사람들은 간신이 되기를 기피하고 충신이 되고자 했다. 하지만 현실적으로 공무원들이 상사에게 "아니오!"라고 당당하게 말할 수 있을까? 한 친구가 오늘날의 국가기관은 논쟁이 없으며, 예스맨들로 가득차서 화기애애한 분위기를 연출한다고 말했다. 비애감이 몰려온다.

그러나 당태종과 위징의 일화에서 볼 수 있듯이 직언하는 충신에게 기쁜 결과가 오기도 한다. 상사에게 아니라고 말하는 일은 위험하지만 기회가 될 수도 있다. 일방적으로 명령에 복종하거나 아부하는 말만 늘어놓는 것은 누구에게도 도움이 되지 않는다. 증국번이 일찍이 조정에서 승승장구한 이유는 당시 함풍제鹹豊帝를 질책하는 상주문을 올려 황제의 시야를 넓혀 주고 동료 간에도 명망을 얻었기 때문이다.

사장의 입장에서 직원들에게 평가받는 일은 나도 경험한 적이 있다. 사실 받아들이기가 무척 힘들었다. 나의 지혜와 권위가 직원들에게 통하지 않는다는 느낌이 들었기 때문이다. 상사에 대한 이런 식의 비판은 사업 발전에도 부정적인 영향을 미친다고 느꼈다. 강력한 명령이 통하지 않고, 폭넓은 공감대를 형성할 수 없으며, 직원들을 제대로 통솔할 수 없을지도 모른다고 우려되기도 했다. 하지만 감정을 누르고 이성적으로 받아들이는 수밖에 없었다. 당태종이 그랬던 것처럼 마음을 비우고 충고를 받아들여 나 자신을 일깨우자고 생각을 고쳤다. 리더가 자신의 권위를 지키면서도 부하직원의 비난을 받아들여 잘못된 점을 즉시 고친다면 직원들은 자신의 가치와 지혜가 존중된다고 느껴 능동성을 발휘할 것이다. 그러면 직원들도 효과적으로 통솔되어 통제불능 사태를 막을 수 있다. 이는 그야말로 큰 지혜가 필요한 일이다.

자기 일을
사랑하라

知之者不如好之者, 好之者不如樂之者.

아는 것은 좋아하는 것보다 못하고, 좋아하는 것은 즐거워하는
것만 못하다.

—《논어》,〈옹야〉

'아는 것'은 가장 낮은 기초적 경지로 대상에 대해 모르면
아무것도 할 수 없다. '좋아하는 것'은 그보다 조금 위의 경지
로 좋아해야 열정이 생기고 전력투구할 수 있다. '즐기는 것'은
최고의 경지이며 일을 하나의 예술로 승화시키고 즐거움의 원
천, 인생 최대의 즐거움으로 보는 경지다. 성경에는 "사람이 자
기 일에 즐거워하는 것보다 더 나은 것이 없음을 보았나니"(전
도서 3:22)라는 내용이 있다.

여기서 중요한 점은 자기 일을 사랑하라는 것이다. 빌 게이

츠에게 어떻게 그토록 빛나는 성과를 낼 수 있었느냐고 물었더니 이런 대답이 돌아왔다. "열애." 뜨겁게 사랑해야 열정을 오랫동안 유지하고 오랫동안 즐거운 느낌을 가질 수 있다.

그러나 많은 사람들이 생존을 위해 좋아하지 않는 일을 어쩔 수 없이 하고 있다. 책 읽기를 좋아하지만 그것만으로는 밥을 먹고살 수 없기에 돈을 벌기 위해 일을 하는 것이다. 허영에서 온 행동일 수도 있다. 비록 마음 깊은 곳에서는 이 일을 좋아하지 않지만 권력이나 돈을 쉽게 얻기 때문에 남의 눈에 성공한 사람으로 보이고, 부러움과 존경의 대상이 되기에 다른 일을 하는 것이다. 하지만 좋아하지 않는 일을 계속하면 영혼의 대가가 없다. 어느 날 그 일이 지겨워 그만두려고 할 때, 생명과 정력을 가치 없는 일에 다 쏟아부어 몸도 마음도 소진되어 버렸음을 깨달을 것이다. 그 시간은 되돌릴 수 없다.

권력이나 금권과 밀접한 관계를 맺지 않고 뜻을 펼치려면 큰 용기가 필요하다. 그러나 잊지 말아야 한다. 생명의 고도에 서서 자기의 소질에 따라 자기가 좋아하는 일을 하는 것이 인생의 가치를 실현하는 유일한 방식임을.

초연한 태도를
가져라

子曰：“志於道，據於德，依於仁，遊於藝.”

공자가 말했다. "도에 뜻을 두고, 덕에 의거하며, 인에 의지하고,
예에서 노닌다."

―《논어》, 〈술이〉

이 네 가지는 인생의 틀을 구성한다.

'도에 뜻을 두는 것'은 인생의 큰 방향이다. "아침에 도를 들
으면 저녁에 죽어도 여한이 없다." "최고의 경지에 이르는 것"
등은 모두 이런 인생의 방향을 논한 말이다. 삶이란 궁극적으
로 추구하는 것이 있어서 끊임없이 자신을 수양하고 세상을
아름답게 만들어야 한다.

'덕에 의거하는 것'은 인생은 큰 기초다. 유가에서는 도덕이
처신과 정치와 치국의 기초라고 주장하고, 도덕의 실천자는 이

세 가지 면에서 성공할 수 있다고 했다. 또한 도덕성의 여부는 성패를 가늠하는 기준이라고 주장한다. 우리는 삶을 마감한 누군가의 인생을 평가할 때 그가 얼마나 많은 돈을 벌었는지, 얼마나 높은 관직에 올랐는지가 아니라 도덕적으로 얼마나 단단한 기초를 다졌는지를 본다. 유가는 사람에게 '삼불후三不朽(세 가지 영원한 것)'가 있으며, 그중 으뜸은 덕을 세우는 것이라고 했다. 훌륭한 명성이 세상에 전해지는 사람은 후세 사람들에게 도덕적으로 감동을 준다.

'인에 의지하는 것'은 인생의 큰 원칙이다. 말을 하거나 일을 할 때와 같은 모든 활동이 '인'에 부합해야 한다. 인은 '극기복례克己復禮', 즉 자기의 모든 욕망과 감정을 억제하고 규범과 규율에 따라 모든 것을 행하며, 도덕과 사회풍습과 각종 규칙을 지키고, 과학과 상식을 존중하는 것이다.

'예에서 노닌다'는 가장 심오한 말이다. '예'는 기능을 말하며, 학문일 수도 있고, 그림이나 노래일 수도 있으며, 기업을 경영하는 일일 수도 있다. 특정한 직업이나 사업이 여기에 해당된다. '예에서 노닌다'는 말은 곧 사업에 대해 '노니는' 태도, 쉽게 말해 노는 태도로 즐겁게 참여한다는 뜻이다. 공자처럼 엄숙한 사람이 어떻게 이런 경솔한 태도를 주장했는지 의문이 들 수도 있다. 그러나 이렇게 노는 태도가 "도에 뜻을 두고 덕에 의거하며 인에 의지하는", 엄숙하면서도 진지한 인생의 큰 배경 위에 세워지는 초연함과 소탈함이다. 또한 일에 대한 뜨

거운 사랑이며 즐기는 태도다. 마오쩌둥은 「지구전을 논함論持
久戰」에서 '전쟁예술'을 언급했다. 잔혹하고 많은 생명이 희생
된 전쟁을 일종의 예술로 본 것이다. 이는 큰일을 가볍게 처리
하는 태도다. 큰일을 성공으로 이끌려면 이렇게 초연한 태도
를 보여야 한다. 그렇지 않으면 아무 일도 할 수 없다.

공자가 내게 인생을 물었다

예측 능력을
키워라

凡事豫則立, 不豫則廢.

모든 일은 예비하고 있으면 성공하고, 예비하지 않으면 실패한다.

―〈중용〉

'예豫'는 '예預'와 같으며 예견, 예비, 예측, 예방, 예산, 사전 준비 등을 의미한다. 아침에 일어나 오늘 무슨 옷을 입고 어떤 일을 처리할지 생각하는 것이 '예豫'이다. 앞으로 일어날 일을 미리 대비하는 자세다. 간단히 말해 예측 능력을 기본으로 하는 것이다. 동물들은 지진을 사전에 감지한다. 이렇듯 예측 능력은 일종의 본능이다. 옛 중국인들은 이러한 능력을 키우는 일을 크게 중시했으며, 그래서 《주역》도 생겨났다.

민간에서 신묘한 능력을 내세우는 점쟁이들은 대부분 허황된 말로 사람들을 속인다. 그러나 역사서에는 선견지명을 가진 사람과 그들이 예견한 일들이 명확히 기재되어 있다. 가령 삼국시대 조조의 모사謨士 순욱荀彧은 자기 고향이 전쟁터로 변하여 살육과 약탈이 벌어질 것을 예감하고 온 가족을 다른 곳으로 이주시켰다. 얼마 뒤 과연 그 마을은 반란군의 손에 모조리 불타버렸다.

멀리 내다보는 능력은 리더의 최대 장점이다. 예측 능력의 크기는 사업의 크기와 정비례하기도 한다. 서민들이 잘사느냐 아니냐는 이런 능력을 가졌느냐 아니냐에 달려 있다. 의식주에 드는 돈이 아무리 충분해도 예산을 제대로 세우지 않으면 돈이 부족하다. 예산을 세우는 일도 예측이다.

예견 능력을 키우려면 학습하고 체험하여 식견을 넓히고, 생각하고 많이 관찰해야 한다. 말은 쉽지만 실천하기는 어렵다. 나 역시 전문가가 아니니 여기서는 세 가지 실천 사항만 이야기하자.

첫째, 머피의 법칙. 어떤 일이 하필 이때 일어났다고 한탄하지 말자. 어차피 일어날 일은 언젠가는 일어나게 되어 있다. 운전을 하다 보면 사고를 당할 가능성은 늘 있으며, 언젠가는 사고를 당할 수도 있다. 이에 대비해서 보험을 들어두면 된다. 지진이 빈번한 지역에 살고 있다면 언젠가는 지진이 일어날 것을 예상하여 평소 대피훈련을 잘 받아두어야 한다. 공공사업에서도 각종 문제가 일어날 수 있으므로 각 상황별로 대비안을 마련해두면 일이 닥쳤을 때 대처하기가 훨씬 쉽다.

둘째, 어떤 일을 벌였으면 그에 따른 문제를 예상해야 한다. 세상일에는 인과관계가 있는 법이다. 자신이 어떻게 행동하고 결정할지는 스스로 잘 알 것이다. 따라서 그에 상응하는 결과가 조만간 찾아온다는 것도 충분히 예상할 수 있다.

셋째, 많은 상황은 필연적으로 일어난다. 이 글을 쓰고 있는 1초 뒤에도 나는 여전히 글을 쓰고 있을 것이며, 내일도 여전히 출근할 것이다. 내년에는 여전히 이 도시에 살고 있을 것이다. 이러한 안정적인 예측하에 계획을 세우면 좀 더 짜임새 있게 생활할 수 있다.

일 처리의
방법론

博學之, 審問之, 愼思之, 明辨之, 篤行之.

널리 배우고, 자세히 묻고, 신중히 생각하고, 명백히 분별하고,
독실하게 행해야 한다.

―《중용》

이 문장은 학습이나 일 처리 또는 진리 추구를 어떻게 할
것인지 가장 핵심적인 지침을 제시하고 있다. 이보다 더 전면
적이고 개괄적이며, 더 영향력을 미치는 말은 없을 것이다.

박학지博學之. 널리 학습하라는 뜻이다. 판사가 판결을 내릴
때 한쪽 말만 듣지 않고 원고와 피고 쌍방의 말을 다 들어보고,
관련된 사람들로부터 다방면의 이야기를 들어본 뒤 비로소 사
건의 진상에 접근하는 것과 같은 이치다. 유가사상을 학습할
때도 마찬가지다. 편협하게 접근해서는 안 된다. 제자백가와

서양철학, 종교에 대해 전반적으로 공부해야 완벽하게 이해할 수 있다. 프랜시스 베이컨Francis Bacon은 경험이 풍부해야 일을 잘 처리할 수 있다고 했다.

심문지審問之. '심審'은 조사하여 문제를 발견한다는 의미에 가깝다. 순자는 '심'을 가리켜 "그 안에 담긴 도를 상세히 관찰하는 것"이라고 했다. 객관적인 눈으로 자신의 행위를 관찰해야 문제를 제때 발견하고 다른 사람에게 자문을 구할 수 있다.

신사지慎思之. '신慎'은 치밀하고 신중하며 조심스러운 사고를 강조한다. 실패와 위험한 상황이 일어나지 않게 조심해야 한다. 안전이 제일이며, 효율이나 실적은 이를 전제로 한다.

명변지明辨之. 무엇을 분명히 가려야 할까? 시비와 흑백, 미추와 선악, 옳음과 그름, 음과 양 등이다. 인생의 성패는 선택에 달려 있으며, 선택은 노력에 앞선다는 말이 있다. 잘못된 선택을 하는 순간 아무리 노력해도 처절한 실패로 끝나버린다.

독행지篤行之. 꾸준히, 대담하게 행하며 다른 생각을 하지 말고 앞만 보고 전진하라는 의미다.

배우고, 묻고, 생각하고, 분별하는 과정이 없으면 일 처리는 허사가 되어버린다.

《사기》에 이런 말이 있다. "과감하게 행하면 귀신도 이를 피해간다斷而敢行, 神鬼避之." 추진력이 강한 사람이 일 처리도 잘한다. 경색된 국면을 행동력으로 타파하면 주변 환경에도 변화가 일어나며, 전에는 안 되던 일도 할 수 있게 된다.

무조건
아끼지 말라

子曰: "奢則不遜, 儉則固. 與其不遜也, 寧固."

공자가 말했다. "사치스러우면 공손함을 잃고, 검소하게 살다 보
면 구차하게 된다. 공손함을 잃느니 구차한 삶을 택하겠다."

—《논어》, 〈술이〉

사치스러운 생활은 당연히 문제가 된다. 보통 사람들의 입
장에서 사치는 허세이며 월광족月光族(월급을 그 달에 소비해버리
는 중국의 새로운 소비 계층 – 옮긴이)을 의미한다. 부자에게 사치는
부를 과시하는 수단이며, 사람들의 부러움을 자극하여 위험의
씨앗을 심어놓는 행위다.

우리의 문화는 줄곧 근검절약을 강조해왔다. 그렇다면 근검
절약이 반드시 좋은 일일까? 공자는 절약이 사람을 구차하게
만들기 쉽다고 했다. 가령 인간관계에는 비용이 든다. 여럿이

공자가 내게 인생을 물었다

모여 먹고 마시는 자리에서 남의 신세만 질 수는 없다. 사람들에게 밥 한 번 안 사고 늘 얻어먹기만 하는 사람은 사람들이 점차 따돌리고, 결국 인맥은 좁아지고 구차해진다.

유행하는 것들은 값이 제법 나간다. 상다오 커피 한 잔에 30위안인데 그 돈이면 생수 30병을 살 수 있다. 아이폰도 다른 브랜드보다 훨씬 비싸다. 그런데도 이런 형태의 소비가 점점 늘어나고 있다. 근검절약하려면 이런 상품들에 눈을 돌리지 말아야 하지만 그럴 경우 사람들에게서 소외될 수밖에 없다. 살아가면서 이런 상황에 부닥친다면 무력감을 느낄지도 모른다.

나는 어릴 때 가정형편이 넉넉하지 않아서 근검절약을 생활화했다. 어느 날 학급 과외활동에서 반 친구가 나에게 사이다 한 병을 주었다. 나는 뚜껑을 어떻게 여는지를 몰라 쩔쩔매다가 결국 병을 깨뜨려버렸다. 창피해서 쥐구멍이라도 들어가고 싶은 심정이었다. 그런 경험 때문에 나는 형편이 허락하는 한, 다른 아이들이 하는 경험은 내 아이도 할 수 있게 해준다.

《사기》에도 이 문제를 다룬 이야기가 하나 있다. 부호 도주공陶朱公의 둘째 아들이 초나라에서 사람을 죽이고 사형을 당할 처지에 놓였다. 도주공은 초나라에서 중요한 직책을 맡고 있는 장생蔣生에게 황금 한 수레를 바치고 둘째 아들을 구해오려고 했다. 그는 그 일을 막내아들에게 시켰다. 그러자 큰아들이 아버지가 자기를 무시하고 막내에게 일을 맡기려 한다며 못마땅해했다. 도주공의 부인이 나서서 큰아들을 보내자고 했고, 도주공은 어쩔 수 없이 큰아들을 초나라에 보냈다. 황금을 받은 장생은 초왕에게 청탁하여 모든 죄인들을 사면토록 했다. 그 소식을 듣자, 큰아들은 갑자기 황금이 아깝다는 생각이 들었다. 어차피 대사면이 되면 동생도 풀려날 테니 굳이 황금을 줄 필요가 없다고 생각한 것이다. 큰아들이 황금을 돌려받아 집으로 돌아가자, 장생은 자신이 농락당했다는 생각을 떨쳐버릴 수 없었다. 그는 초왕을 다시 찾아가 설득했고, 결국 초왕은 도주공의 둘째 아들을 죽인 뒤 다른 죄인들을 사면했다.

도주공의 막내아들은 태어나면서부터 부유하게 자랐기에 재산을 아까워하는 마음이 없었다. 그런데 큰아들은 부모와 함께 고생하면서 성장한 터라 재물을 아끼는 마음이 컸고, 그 결과 큰 실수를 저지르게 된 것이다.

근검절약을 하면 구두쇠가 되기 쉽다. 그러면 사람들에게 좋은 평가를 받기 어렵고 결국 큰일을 하기 어렵다. 큰 인물들 중에는 자신에게는 엄격하지만 남에게는 아끼지 않고 베풀어 사업에는 과감하게 투자하는 인물들이 많다.

우리는 삶의 질을 추구해야 한다. 재테크에도 능해야 한다. 하지만 한편으로는 적당한 소비도 필요하며, 무조건 아끼는 것은 지양해야 한다.

중용 속에서
대담하라

子路曰: "子行三軍, 則誰與?" 子曰: "暴虎馮河, 死而無悔
者, 吾不與也. 必也臨事而懼, 好謀而成者也."

자로가 말했다. "선생님께서 만일 삼군의 대장이 되어 출정하신
다면 누구와 함께하시겠습니까?" 공자가 말했다. "맨손으로 호
랑이와 싸우거나 황하를 헤엄쳐 건너다 죽어도 후회가 없다는 사
람은 함께하지 않을 것이다. 반드시 실행하기 전에 신중히 생각
하고 만반의 계획을 세워 성공을 기하는 사람에게 맡길 것이다."
ー《논어》, 〈술이〉

공자는 "자로의 용기는 나보다 낫다. 그런데 그것 말고는 취
할 것이 없다"고 놀린 적이 있다. 한번은 스승과 제자가 설전에
나섰다. 자로가 한 말은 의미가 명확했다. "스승님은 무슨 근거
로 저를 우습게보시는 겁니까? 막상 전쟁에 나가면 스승님이

과연 누구를 데리고 갈까요?" 하지만 공자도 때를 놓치지 않고 자로를 가르쳤다.

"담대하여 맨손으로 호랑이를 때려잡고 큰 강을 헤엄쳐 건너다 죽어도 후회가 없다는 사람과는 함께 일을 도모하지 않을 것이다. 속으로 긴장하고, 실패할까 걱정하면서 신중히 계획을 세워 성공을 기하는 사람을 전쟁터에 데려갈 것이다."

그 후 2천 년이 지나 일개 유생 증국번이 병력을 이끌고 전쟁에 임할 때 심복 장수들에게 늘 강조한 말이 있다. "실행하기 전에 신중히 생각하고 만반의 계획을 세워 성공을 기해야 한다." 그는 스스로 병서를 많이 읽었다고 자처했지만 옛사람들의 병법을 채택하지 않았으며, 유가사상에 입각하여 군사를 이끌었다. 송나라 승상 조보趙普 또한 《논어》를 절반만 읽어도 천하를 손에 넣을 수 있다고 했다. 유가가 인의도덕은 물론이고 실전에도 가치 있는 사상임을 알 수 있는 대목이다.

용감함은 유가의 '삼달덕三達德' 중 하나다. 사람이 일을 도모하려면 반드시 용감하고 담대하게 나서서 위험을 무릅쓰고 미래의 불확실성에 대범하게 맞서야 한다. 텔레비전 드라마 〈량젠亮劍〉은 용감한 정신에 대해 이야기한다. 좁은 길에서 적을 만나면 용감한 쪽이 이긴다. 상대가 아무리 강해도 용감하게 칼을 뽑아야 한다.

하지만 용감함에도 정도가 있어야 한다. 지나치면 모자란 것만 못하므로 중용을 지켜야 한다. 아무것도 두려워하지 않으면 죽음이 다가올 것이다. "신은 그를 죽음으로 이끌기 전에 미치게 만든다"는 서양 속담이 있다. 두려움을 모르는 사람은 무지하거나 미쳐 날뛴다. 대담하려면 식견이 있어야 하며, 세심한 마음도 있어야 한다. 재간이 있으면 대담해진다고 하지만 물에 빠져 죽는 사람들 중에는 수영을 잘하는 사람이 많다.

과학 상식에 따르면 적당한 공포와 긴장감은 아드레날린 분비를 증가시켜 생각을 더 활발하게 하고 반응은 더욱 민첩하게 만든다고 한다. 이는 일을 할 때도 큰 도움이 된다.

쉬지 말고
꾸준하라

子曰: "南人有言曰: '人而無恒, 不可以作巫醫.' 善夫! 不恒
其德, 或承之羞."

공자가 말했다. "남방 사람들이 말하길 '사람이 항심이 없으면 무
당이나 의사도 될 수 없다'라고 했는데, 좋은 말이다. 덕을 변함
없이 지키지 않으면 혹시 수치스럽게 될지도 모른다."

—《논어》, 〈자로〉

子曰: "譬如爲山, 未成一簣, 止, 吾止也. 譬如平地, 雖覆
一簣, 進, 吾往也."

공자가 말했다. "비유컨대 산을 만들 때 한 삼태기가 부족하여
중단했다면 내가 중단한 것이고, 땅을 고름에 있어서 한 삼태기
를 부었을지라도 전진했다면 이는 내가 전진한 것이다."

—《논어》, 〈자한〉

공자가 내게 인생을 물었다

孟子曰：“原泉混混，不舍晝夜，盈科而後進，放乎四海. 有
本者如是.”

맹자가 말했다. “샘이 깊은 물은 용솟음치며 밤낮을 쉬지 않고
흐를 수 있다. 흐르다 웅덩이에 갇히면 가득 채운 후 계속 흘러
바다에 이른다. 본이 있는 사람도 이와 같다.”

─《맹자》, 〈이루 하〉

孟子曰：“有爲者辟若掘井，掘井九軔而不及泉，猶爲棄井
也.”

맹자가 말했다. “어떤 일을 한다는 것은 우물을 파는 것과 같다.
아홉 길이나 파들어갔다 하더라도 물이 있는 곳까지 이르지 못하
고 그만둔다면 우물파기를 포기한 것과 같다.”

─《맹자》, 〈진심 상〉

사람은 하루 만에 자랄 수 없고 농작물도 마찬가지다. 세상
모든 것은 저마다의 발전 주기가 있다. 길고 짧은 과정이 필요
하며 조금만 부족해도 안 된다. 따라서 어떤 일을 할 때는 꾸준
해야 한다. “낙숫물이 댓돌을 뚫는다.”“노끈을 톱 삼아 나무를
자른다.”“정성으로 금석을 빚는다”처럼 꾸준함을 강조하는 말
은 얼마든지 찾아볼 수 있다. 증국번은 꾸준함을 성공의 3대
미덕 중 하나로 삼았다. 우리 회사는 주희의 명언 “꾸준함은 덕
으로 들어가는 문이다”를 사업 철학으로 삼고 있다.

위에 제시한 네 개의 문장은 모두 꾸준함을 강조하고 있지만, 각각 강조하는 점이 다르다.

첫 번째 문장 중 "불항기덕, 혹승지수"는 《주역》 '항恒' 괘 중의 효사爻辭로 "어떤 일을 할 때 꾸준하게 하지 않으면 언젠가 체면이 깎인다"는 의미다. 《예기禮記》에 이르기를 "의불삼세, 불복기약醫不三世, 不服其藥"이라고 하여 "3대를 가업으로 한 의사가 처방한 약만 먹을 수 있다"라고 했다(여기서 '三世'는 3대가 아니라 세 권의 의술서라는 해석도 있다-옮긴이). 꾸준함이 없으면 의사라는 직업을 계속할 수 없다는 뜻이다. 그렇다면 무당은 왜 나왔을까? 중의학 의사에게 들으니 고대에는 무당이 의사보다 높은 직종이었으며, 중의학은 무당에서 발전해온 것이라고 한다. 따라서 더욱 꾸준해야 한다는 의미다.

두 번째 문장은 중도에 포기하면 하지 않은 것과 같으며, 어떤 일은 이제 막 시작했지만 꾸준히 한다는 결심만 있으면 나아갈 수 있다는 뜻이다.

세 번째 문장은 샘물이 용솟음치며 밤낮을 쉬지 않고 흐르며, 도중에 웅덩이를 만나면 가득 채운 뒤 계속 흘러가서 큰 바다에 이른다는 의미다. 여기에는 집착과 성실함, 침착함이 필요하며, 꾸준함에는 '본本'이 전제된다. '본'은 건강, 실력, 목표, 의지, 야심이며, 영원히 고갈되지 않는 정신의 힘을 가리킨다.

마지막 문장은 어느 해 대학 수능시험에 그림을 보고 작문하는 문제로 출제되었다. 한 사람이 샘을 파려고 여러 곳을 파헤쳐놓았다. 한곳에서 20미터를 파다가 자리를 옮겨서 30미터를 파보았지만 물이 보이지 않자, 사람들은 그곳에는 물이 없다며 땅파기를 포기한다. 몇 미터만 더 들어가면 물이 콸콸 쏟아질 수 있었는데 해보지 않았으니 그 사실을 어찌 알겠는가!

《상서》에서는 "흙 한 삼태기가 없어 공을 헛되이 하다爲山九仞, 功虧一簣"라고 했다. "백 리 길을 가는 사람은 구십 리를 반으로 잡는다"는 말도 있다. 어떤 일을 할 때 조금 잘못되었다고 속수무책으로 포기한다면 성공을 눈앞에 두고도 놓치게 된다.

시도해야
성공한다

權, 然後知輕重; 度, 然後知長短. 物皆然, 心爲甚.

달아본 후에야 무거운지 가벼운지 알고, 재본 후에야 긴지 짧은
지를 안다. 사물이 모두 그러하며 마음은 더욱 그러하다.

― 《맹자》, 〈양혜왕 상〉

맹자는 이 말로 제선왕齊宣王을 설득하려 했다. 어진 정치가
어렵다고 여겨 미리 걱정하며 포기하지 않아야 한다는 뜻이다.
물건의 무게는 달아보면 알 것이요, 길이는 재보면 알 것이다.
어떤 일을 하든 시도해봐야 실제로 어떤지 알 수 있으며, 생각
만 해서는 객관적인 답을 얻을 수 없다. '시도, 체험, 현장, 실
천'이 키워드다.

용기 있게 시도해야 한다. 성공한 사람들은 늘 이렇게 말한
다. 사람들이 성공하지 못하는 이유는 두려운 마음을 극복하지

못하기 때문이다. 실패를 두려워하며 시도할 생각조차 못하는 것이다. 마음에 드는 여성에게 용기가 없어 고백하지 못하면 그녀는 다른 사람과 만날 것이다. 아카데미상 수상작 《뷰티풀 마인드》에서 주인공 존 내시Jone Nash는 마음에 드는 여성을 앞에 두고 "시도의 횟수를 늘리면 성공 확률도 높아질 수 있다"며 자신을 격려한다. 나는 직원들을 독려하면서 "업무의 성공 확률은 일정하다. 성공하고 싶다면 고객 방문 횟수를 늘려야 한다"고 말한다.

체험은 인생의 가치 중 중요한 부분을 차지한다. 때로는 성공이나 실패보다 체험 자체가 더 중요한 의미를 지닐 때가 있다. 일본의 유명한 기업가 이나모리 가즈오는 "현장에 답이 있다"며 현장의 중요성을 강조했다. 직접 현장에 가서 분위기를 느끼고, 이론과 실제를 결합해야 문제 해결의 영감을 얻을 수 있다는 뜻이다.

실천해야 진리를 알 수 있다. 이성적 사고와 이론은 객관적 세계와 다르다. 실천만이 객관적 세계와 소통하며 하나로 융합한다. 따라서 실천을 통해 인지해야 믿을 수 있다. 평생 시도하지 않으면 실수도 없겠지만 그것이야말로 인생 최대의 실수다.

세를 발견하고 이용하라

雖有智慧, 不如乘勢; 雖有鎡基, 不如待時.

지혜로움이 있어도 세를 타느니만 못하고, 농기구가 있어도 때를
기다리느니만 못하다.

―《맹자》, 〈공손추 상〉

'세勢'는 중국의 큰 지혜다. 제자백가는 이에 대해 설명하고
있으며, 특히 법가에서는 이를 가장 강조하여 "포법처세즉치抱
法處勢則治", 즉 "법을 껴안고 세력을 얻어 처리하면 다스려진
다"고 했다. 중국문화에서 '세'는 '기氣'와 유사하여 각종 상황
에 활용된다. 가령 서예에서는 세를 크게 강조한다. 세는 느낌
으로 알 수 있으며 설명하기는 쉽지 않다.

증국번은 일찍이 상주문을 올려 태평천국을 평정할 전략을
소개했는데 핵심은 '세'에 있었다. 그는 예로부터 전쟁은 천하

를 평정해야 성공한다면서, 서쪽에서 동쪽을 치거나 북쪽에서 남쪽을 쳐야 하며 그렇지 않으면 성공하기 어렵다고 했다. 서쪽에서 동쪽을 치든 북에서 남을 치든 지형을 이용하여 위에서 아래로 상대의 세를 눌러야 한다는 것이다. 이런 전략을 썼더니 형세가 빠르게 전환되어 청나라 군대는 점차 전쟁을 장악하여 최종적으로는 천경天京(1853년부터 12년간 태평천국의 수도였던 난징의 명칭-옮긴이)을 함락할 수 있었다.

그로부터 수십 년 뒤에 마오쩌둥은 장제스를 공격할 때도 이러한 대세를 이용했다. 병법의 최고 경지는 싸우지 않고 상대를 굴복시키는 것이다. 이때도 세를 이용하게 된다. 탁구선수 덩야핑鄧亞萍이 승리 행진을 이어갈 수 있었던 이유도 기세에서부터 상대를 압도한 덕분이라는 분석도 있다.

설명이 가능한 '세'는 두 가지로 나눌 수 있다. 하나는 기회나 시기로 시대적 흐름, 정책 변화, 시장 형세를 포함한다. 이 기회를 잘 이용하는 사람은 흥하고 이를 거스르는 자는 망한다. "시대가 영웅을 만든다"는 말이 있다. 적절한 시기에 적절하게 행동하면 성공을 움켜쥐기 쉽다.

또 다른 하나는 뒤를 받쳐주는 배경이다. 친지, 고관대작, 부자 또는 직장에서 실권을 쥔 사람이 뒤에서 밀어주면 당연히 일이 쉽게 풀린다. 진나라 재상 이사李斯는 젊은 나이에 지방의 하급관리가 되었다. 어느 날 변소에서 대변을 먹고사는 쥐를 보았는데 그 쥐는 이곳에 드나드는 개나 사람을 보면 놀라 도망가버렸다. 하지만 곡식 창고에 사는 쥐는 하나같이 살이 통통하게 올라 있었고 사람이 드나들지 않아 마음 놓고 곡식을 먹으며 살아갔다. 이를 본 이사는 크게 깨닫는 바가 있었다. "사람이 잘나고 못난 것은 저 쥐와 같으니, 처한 곳에 따라 달라지는구나!" 좌사左思도 이사와 비슷한 심경을 노래했다.

鬱鬱澗底松, 離離山上苗.
以彼徑寸莖, 蔭此百尺條.
世冑躡高位, 英俊沉下僚.
地勢使之然, 由來非一朝.

계곡 아래 소나무 울창하고 산에는 어린 묘목이 가지 드러냈다.
겨우 한 치 둘레의 줄기로 백 척의 소나무 가지를 가린다.
문벌의 자제는 고위직을 차지하고 영특한 관료는 하위직에 그치는구나.
지세가 그렇게 만들었으니 하루아침에 유래된 것이 아니로다.

인터넷에서 유행하는 이야기가 하나 있다. 한 건축설계사가 현장에서 건설노동자와 이야기를 나누다 같은 해에 수능을 보았다는 사실을 알게 되었다. 노동자는 산둥에서 500점을 받았지만 대학에 불합격했고, 건축설계사는 베이징에서 430점을 받고 2지망으로 모 대학 건축학과에 합격했다. '지세가 그렇게 만든' 경우다.

아이작 뉴턴Isaac Newton은 자신의 성공이 "앞서간 거인들의 어깨 위에 서 있을 수 있었던 덕분"이라고 말했다. 성공한 인사들은 대부분 주변의 세를 이용하여 인생을 실현하고 사업을 도약시킨다. 규칙에 순응하여 자기 힘으로 차근차근 살아가서는 평범한 생활을 넘어서기 어렵다. 세를 발견하고 파악하며 이용할 줄 알아야 힘을 덜 들이고도 두각을 나타낼 수 있다.

천지인을
통합하라

孟子曰: "天時不如地利, 地利不如人和."

맹자가 말했다. "하늘의 때는 땅의 이로움만 못하고, 땅의 이로움은 사람의 화합만 못하다.

—《맹자》, 〈공손추 하〉

이 말은 '사람의 화합'과 인본주의를 강조한다. 모든 일의 성패의 관건은 사람에게 있으며, 단결이 힘이며, 사람들이 힘을 모으면 태산도 옮길 수 있음을 강조한 말이다. 역사를 돌아보면 작은 힘으로 큰 상대를 이겨내고, 작은 나라가 큰 나라에 승리하는 전쟁이 수없이 많았음을 알 수 있다. 작은 나라 사람들이 한마음 한뜻으로 화합하면 단결력이 부족한 큰 나라는 질 수밖에 없다.

이 말은 '하늘의 때, 땅의 이로움, 사람의 화합'이 일의 성패를 결정하는 세 가지 요소라는 사실을 말해준다. 다만 셋 중 하나만 골라야 한다면 하늘의 때가 땅의 이로움만 못하고, 땅의 이로움은 사람의 화합만 못하니 사람의 화합이 가장 중요하다 하겠다. 그러나 일반적인 상황에서는 이 세 가지 요소가 구비되어야 안정적으로 성공을 보장할 수 있다.

《삼자경》에서는 "삼재자, 천지인三纔者, 天地人"이라 하여 우주만물의 세 가지 기본 요소로 천지인을 들고 있다. 하늘이 위에 있고, 사람이 가운데 있으며, 땅이 아래 있어서 조합하면 팔괘의 하나인 괘상이 된다. 아마도 옛사람들의 팔괘에 대한 영감이 여기서 비롯된 것 같다. 이것이 바로 중국철학의 출발점이다. 유가의 '천인합일天人合一'이든 도가의 "인법지, 지법천, 천법도, 도법자연人法地, 地法天, 天法道, 道法自然(사람은 땅에서 태어나 땅의 법을 따르고, 땅은 하늘 아래 존재하며 하늘의 법을 따르고, 하늘은 자연의 도를 따르고, 도는 스스로 그러하다)"이든 그 본질은 천지인을 말하고 있다. 중국 사람들의 모든 종교 관념의 기본 원소도 '천당, 지옥, 인간세계'를 벗어나지 않는다.

이러한 천지인의 삼위일체 관념은 크게는 국가, 작게는 개인에 이르기까지 각종 실천 활동을 지도하고 있으며, 훌륭한 결과를 도출하고 있다.

작은 이익을
탐하지 말라

無欲速, 無見小利. 欲速, 則不達 ; 見小利, 則大事不成.

성급하게 서두르지 말고, 작은 이익에 사로잡히지 말아야 한다.
서두르면 달성하지 못하고, 작은 이익에 사로잡히면 큰일을 이루
지 못한다.

―《논어》, 〈자로〉

사람이라면 누구나 큰일을 하고 큰 인물이 되고 싶어 한다.
그러나 현실에서는 대다수 사람들이 평범한 인물로 살아간다.
왜 그럴까? 객관적으로는 운명이 그렇기 때문에 어쩔 수 없는
경우다. 주관적 원인으로는 공자가 든 두 가지 이유 때문이다.
하나는 서두르기 때문이고, 나머지 하나는 작은 이익에 사로잡
히기 때문이다. 이는 인성의 약점으로 시대와 상관없이 개인의
특질이다.

우리는 패스트푸드 시대에 살고 있다. 사람들은 조바심을 내며 살아간다. 모든 일에 속도를 내려 한다. 학습 속도는 빨라야 하고, 승진이 빠르기를, 돈을 빨리 벌기를, 빨리 결혼하기를, 자동차가 빠르기를 바란다. 과정은 생략하고 결과만을 원한다. 그래서 수단과 방법을 가리지 않고 염치를 따지지 않고 정당치 못한 방법을 쓰기도 한다.

무협소설을 보면 사파의 무술은 효과가 신속하나 오래가지 못하는 단점이 있다. 농사를 지을 때도 싹이 나오고 줄기가 자라며 꽃이 피고 열매가 맺는 데 시간이 필요하며, 이 과정은 건너뛸 수 없다. 이는 천지간의 법칙이며 하늘의 도이다. 사람이 일을 할 때도 하늘의 도에 순응하여 차근차근 순서대로 해나가며, 조금씩 축적하고 단점을 보완하여 단계별로 착실히 진행해야 한다. 능력이 안 되는 사람이라도 열심히 하면 좋은 성과를 얻을 수 있다. 인생과 사업은 110미터 허들 경기가 아니라 마라톤이다. 포기하지 않는 것이 가장 중요하며, 이러한 이치를 간과해서는 안 된다.

작은 이익을 탐하는 사람에게는 "장군이 길을 재촉할 때는 토끼를 쫓지 않는다"는 말로 도리를 설명하고 싶다. 토끼를 쫓으면 에너지가 분산되어 큰일을 하는 데 방해가 된다. 기업을 경험하는 데 한 분야에 집중하면 훨씬 경제적이다. 그런데도 모든 기업이 다원화에 뜻을 두고 사업 분야를 다양하게 확장하려고 한다. 기업의 실제 상황과 접목하여 신중히 고려해야 하는데도 말이다.

《사기》에는 유방劉邦이 가족을 돌보지 않았으며, 진평陳平이 가족 부양에 신경 쓰지 않았다고 쓰여 있다. 큰 인물들은 대체로 비슷한 천성을 보이는데, 현실생활의 속박을 초월하여 가족을 부양하는 일에는 소홀하고 자신의 일에만 매진했다.

재물이 없으면 사람이 모이고 재물이 모이면 사람이 흩어진다. 돈벌이에만 혈안이 되면 당신과 함께하고 싶어 하는 사람은 없을 것이다. 다른 사람과 협력할 때 눈앞의 이익만 탐하다가 소탐대실하는 일이 없도록 해야 한다. 재물은 인품을 가늠하는 시금석이다. 작은 이익 때문에 친구의 신뢰와 존중을 저버리는 사람은 아무리 상황을 만회하려고 해도 어렵다.

나는 좋은 사람임을
믿어라

子夏日: "大德不逾閑, 小德出入可也."

자하가 말했다. "큰 덕이 한계를 넘지 않으면 작은 덕은 약간 가
감하여도 좋다."

— 《논어》, 〈자장子張〉

子日: "君子貞而不諒."

공자가 말했다. "군자는 바른 길을 따를 뿐이며, 무조건 신념을
고집하지는 않는다."

— 《논어》, 〈위령공〉

한 사람을 평가할 때는 큰 부분을 봐야 하며, 작은 부분에
얽매여서는 안 된다. 가장 유명한 예가 관중管仲이다. 공자와
제자들은 관중에 대해 여러 차례 토론을 벌였다. 제자들은 관

중이 초기에 부끄러운 짓을 많이 했으나 사람들이 이에 대해 언급하지 않는다고 주장했다. 반면 공자는 관중이 제환공齊桓公을 보좌하여 천하를 태평하게 했고, 백성들에게 혜택이 돌아가게 했다고 주장하면서, 보통 사람의 도덕 기준으로 관중을 평가해서는 안 된다고 덧붙였다. 작은 부분에 속박되지 말아야 하며, 그의 큰 업적이 작은 실수들을 용서하게 한다는 뜻이다. 《사기》에서는 관중에 대해 "작은 일에 부끄러워하지 않고 공명을 천하에 알리지 못함을 부끄러워하였다不羞小節, 而恥功名不顯於天下也"라고 썼다. 이러한 관념은 인성에 대한 유가의 충분한 배려와 용서의 태도를 보여주는 것이다. 인간의 정서에 가장 근접한 태도를 구현한 것이다.

우리는 성현이 아니므로 실수가 전혀 없을 수 없다. 특히 강한 진취성을 가진 사람들은 충동적이고 나서기 쉬워서 실수도 많이 한다. 인생의 여러 상황을 겪으면서 피바람 속을 지나오는데 아무것도 묻히지 않고 깨끗한 사람이 과연 몇 명이나 되겠는가!

베스트셀러 《대부 God Father》의 속표지에는 "거대한 부의 배후에는 늘 죄악이 숨어 있다"라고 쓰여 있다. 몇 년 전에 기업가의 원죄에 대해 대토론이 벌어졌다. 많은 대기업의 경영자들이 창업 초기에 적잖은 잘못을 했다고 털어놓았다. 권력의 배후도 마찬가지다. 보이지 않는 관행들에서 살아남으려면 양심에 꺼리는 일도 부득이 해야 한다. 나의 상사 중 한 사람은

"농작물은 퇴비에서 자라나지만 깨끗하다"라고 말한 적이 있다. 이러한 자기 위로는 필요하다. 그렇지 않으면 원죄가 인생에 부담으로 작용할 것이다.

각 종교는 이런 점을 이용해 교리를 편성하여 신도를 모은다. 불교 선종의 "도륙에 쓰는 칼을 내려놓고 그 자리에서 성불한다"는 말이 가장 유명하다. 아무리 큰 잘못을 했어도 진심으로 회개하면 누구나 성불할 수 있다는 뜻이다. 그러다 보니 사람 죽이는 칼을 든 위험한 인물들이 절에 가서 많은 돈을 시주하기도 한다. 이런 관념은 점점 사람들의 마음속에 파고들었다. "악을 저지르되 형벌을 가까이하지 않고, 선을 행하더라도 명예를 가까이하지 않는다"는 장자의 말과 유사한 생각을 가진 사람들이 많아진 것이다.

역사적으로 걸출한 인물 중에는 행동에 거리낌이 없는 사람들이 많았다. 그들은 술과 여색을 가까이하고 재물을 마다하지 않았으며, 정세의 변화에 따라 임기응변에 능한 사람들이었다. 문천상, 척계광戚繼光, 호림익胡林翼은 사생활이 모범적이지는 않았지만 민족의 대의와 국가의 대사에는 앞장서서 많은 공을 세웠다.

많은 죄를 지었더라도 좋은 사람이 될 기회는 아직 있다. 스스로에게 되뇌이자. 나는 좋은 사람이다.

먼저 신뢰를
얻어라

子夏曰：“君子信而後勞其民，未信則以爲厲己也；信而後
諫，未信則以爲謗己也．”

자하가 말했다. "당신의 위신이 세워지면 사람들이 당신을 신뢰
할 것이며, 그러면 사람들을 이끌고 일하기가 수월해진다. 사람
들은 당신에게 협조할 것이다. 이와 반대로 위신이 없으면 사람
들은 당신의 생각에 동조하지 않고 의심하며 관망만 할 것이다.
어떤 일을 함께 도모하려 해도 사람들이 반감을 갖고 거부하므로
일을 추진하기 어려워진다."

―《논어》,〈자장〉

《한비자韓非子》에는 유명한 군사전략가이자 정치가인 오
기吳起의 일화가 나온다. 당시 그는 위나라 변경 작은 성의 태
수로 있었다. 국경 너머에는 진나라의 작은 성채가 있었는데

진나라 병사들이 자주 침범해서 애써 키운 농작물을 망쳐놓곤 했다. 오기는 이들을 치고 싶었지만 군대를 동원할 수 없어 백성들로 구성된 민병을 동원해야 했다. 그는 사람들이 목숨을 걸고 나서게 할 묘안을 생각했다. 먼저 성의 북문 입구에 커다란 나무토막을 걸어놓고 "이것을 남문 밖으로 옮기는 자에게는 집 한 채와 밭 열 마지기를 상으로 주겠노라"고 방을 붙였다. 관리들은 오래전부터 백성들의 신뢰를 잃었기 때문에 백성들은 그 방을 보고도 "가난한 우리를 갖고 노는군!" 하며 콧방귀만 뀌었다.

하지만 단 한 사람만은 예외였다. 그는 놀고먹는 백수였는데 놀기도 지쳤던 터라 그 나무토막을 남문 밖으로 옮겨놓았다. 오기는 그에게 약속대로 집과 밭을 주었다. 그리고 며칠 뒤 동문에 팥 한 섬을 내놓고 영을 내렸다. "이를 서문 밖으로 옮겨놓는 사람에게 처음과 같은 상을 주겠다." 이번에는 사람들이 서로 다투어 옮기려고 했다. 오기는 마침내 영을 내렸다. "내일은 진의 성채를 치겠다. 가장 먼저 침공한 자에게는 벼슬을 주고 더 큰 상을 내릴 것이다." 성의 모든 백성이 앞을 다투며 뛰어들어 적의 성채를 순식간에 점령했다.

《신음어》에는 이와 관련한 명언이 나온다. "자기 욕심만을 꾀하면 이루기 어렵고 대중이 노하면 범하기 어렵다. 비록 사심 없이 공적인 일로 광명정대한 일을 추진할지라도 인정에 호소하여 일의 이치를 밝히고 대중의 신뢰를 받아야 한다. 그 뒤에 일을 추진해야 성공할 수 있다."

신뢰 여부는 소통의 효과를 결정하기도 한다. 소통과 교류가 없으면 말에 힘이 실리지 않으며, 서로 신뢰가 쌓이기도 전에 상대방에게 당신의 의견을 제시했다가는 반감만 사기 쉽다. 나도 이런 경험이 있다. 한 화가가 내 지인에게 자기 작품에 대한 의견을 물었다. 지인은 솔직하게 몇 군데가 마음에 들지 않는다고 답했다. 그러자 화가의 얼굴빛이 변하면서 분위기는 금새 냉랭해졌다.

《한비자》에는 이와 관련된 다른 이야기도 등장한다. 어느 날 큰 비가 내려 어떤 부잣집의 담이 무너져내렸다. 그 집 아들은 도둑이 들지도 모르니 어서 담을 고쳐야 한다고 말했다. 이웃 사람도 하루빨리 담을 고쳐서 도둑을 막으라고 말을 보냈다. 그러나 부자는 그 말을 듣지 않았고, 다음 날 도둑이 들었다. 부자는 아들을 칭찬하면서 그 도둑은 아마 이웃 사람일 거라고 의심했다. 크게 떠들기 전에 상대방이 어떤 사람인지 혜아리고 자신이 상대방에게 어떤 존재인지 고려해야 한다.

　　　　　　　　　　공자가 내게 인생을 물었다

말을 잘하기 위한
방법론

子曰: "君子欲訥於言而敏於行."

공자가 말했다. "군자는 말을 적게 하고 행동은 민첩해야 한다."

─《논어》,〈이인〉

눈, 귀, 코, 입 중에 가장 수고스러우면서 없어서는 안 될 기관은 입이다. 귀나 눈이 먼 사람, 코를 다쳐 형체가 거의 없는 사람은 있지만 입이 없는 사람이 있다는 말은 들어보지 못했다.

사람이 태어나서 어머니의 젖을 입에 무는 순간 이 세상에 무사히 발을 디뎠다고 볼 수 있다. 먹어야 생존할 수 있기 때문이다. 우리는 입으로 말을 하며, 이를 통해 삶의 질이 결정된다. 병이 입으로 들어와 입을 통해 나간다는 말이 있듯이 자신의 입을 단속하는 것이 인생에 있어 가장 중요한 일이다. 무엇을 말하고 어떻게 말하는가는 무엇을 먹고 어떻게 먹는가보다 쉽게 파악할 수 있다.

한비자는 말더듬이었기에 이에 대한 느낌이 남달랐다. 말을 잘하면 말만 번지르르하고 실속이 없다고 한다. 말을 신중히 하면 말재주가 없다고 한다. 말을 많이 하면 쓸데없는 말을 한다고 한다. 말을 적게 하면 숨기는 것이 있다고 한다. 말을 진심으로 하면 예의를 차리지 않는다고 한다. 말을 수준 높게 하면 잘난 체한다고 생각한다. 솔직히 말하면 아무 생각도 없으며 자질이 낮다고 생각한다. 비위에 거슬리지 않는 말을 하면 아첨한다고 생각한다. 경전을 인용하면 고리타분한 말로 학문을 과시한다고 생각한다.

공자와 노자는 말을 어떻게 할지에 대해 인내심을 가지고 가르쳤으며, 노파심에서 거듭 타일렀다. 이를 몇 가지로 정리해보았다.

첫째, 내용을 제대로 파악하지 않았다면 말하지 말아야 한다.

子不語怪, 力, 亂, 神.

공자는 괴이한 일, 이상한 힘, 인륜을 어지럽히는 일, 귀신에 대해 말하지 않았다.

―《논어》,〈술이〉

공자가 내게 인생을 물었다

子曰: "道聽而塗說, 德之棄也."

공자가 말했다. "길에서 들은 이야기를 그것의 진위를 확인하거나 타당성을 생각해보지 않고 다른 사람에게 전하는 것은 덕을 버리는 일이다."

—《논어》, 〈양화〉

인터넷이나 텔레비전 등 각종 매체에는 "괴이한 일, 이상한 힘, 인륜을 어지럽히는 일, 귀신" 이야기가 넘쳐난다. 개가 사람을 무는 것은 뉴스가 되지 않지만 사람이 개를 물면 뉴스거리다. 그래서 모든 언론매체에는 "사람이 개를 물었다"와 유사한 일들이 자주 등장한다.

'이상한 힘, 인륜을 어지럽히는 일'은 매우 음란하고 폭력적이다. 텔레비전이나 영화에도 이런 소재가 넘쳐나며, 그렇지 않으면 사람들이 보지 않는다. 중국 CCTV 뉴스 프로그램 〈신원렌보新聞聯播〉는 끝날 때마다 지구촌 곳곳에서 벌어지는 다툼들을 보도한다.

신선이나 요정은 중국 사람들이 즐겨 찾는 소재다. 고대의 무속과 신화에서부터 진한 시대의 방술方術을 거쳐 《서유기西遊記》, 《요재지이聊齋志異》, 《열미초당필기閱微草堂筆記》에 이르기까지, 위로는 황제부터 아래로는 백성들까지 이런 이야기에 빠져들었다. 십수 년 전에는 초능력에 관한 이야기가 크게 유행한 적도 있다. 공자는 위와 같은 내용을 절대 입에 올리지 않왔다. 그런 것들이 생활의 주류가 아니며, 심지어 살아가면서 전혀 나타나지 않는 일이라고 여겼기 때문이다. 그는 상식과 경험, 객관적이고 실질적인 것을 중시했다. 공자가 하는 말은 성실한 태도에서 비롯되었으며, 아는 것은 안다고 하고 모르는 것은 모른다고 했으며, 다른 사람의 말에 부화뇌동附和雷同하지 않았다. 또한 현실에서 가장 중요한 일은 소통이라고 밝혔다. 제대로 된 말도 다 못하는데 그런 한담에 정신을 쏟을 여유가 없다고 생각한 것이다.

이런 면에서 도교와 불교는 다르다. 그들은 '괴력난신怪力亂神'을 내세워 그들의 영향력을 키우는 수단으로 삼았다.

둘째, 본고장 말씨를 써야 한다.

子所雅言：《詩》,《書》, 執禮, 皆雅言也.

공자가 고아한 언사를 쓴 것은 《시》,《서》를 읽을 때와 중요한 의례를 집행할 때였으며, 이때는 모두 고아한 언사를 썼다.

―《논어》, 〈술이〉

공자는 시를 암송하거나 책을 읽을 때, 공적인 장소에서 말을 할 때는 표준어를 썼다. 이 사실로 볼 때 그가 평소에는 산둥지방 사투리를 썼음을 알 수 있다. 산둥 사투리로 《논어》를 읽는 것은 상상만 해도 부자연스럽다. 고향 사람을 사석에서 만났을 때는 사투리를 써야 훨씬 친근하다. 외지에 나가 학교

공자가 내게 인생을 물었다

를 다니거나 군대에 다녀와 표준어 사용이 익숙해진 사람이라
도 고향에서 계속 표준어를 사용하면 웃음거리가 된다. 중국
사람들 대부분은 사투리와 표준어를 모두 구사할 수 있다. 어
떤 장소에서 어떤 말투를 쓰는가도 상당히 중요하다. 이는 때
때로 권력의지를 표출하는 목적으로 이용되기도 한다. 가령 특
정 상황에서 특정 지역의 말을 사용하여 세를 과시하는 것이
다. 물론 더 많은 곳에서는 영어의 위세가 훨씬 두드러진다.

셋째, 겸손하게 말해야 한다.

> 子曰: "孟之反不伐, 奔而殿; 將入門, 策其馬, 曰: '非敢後
> 也, 馬不進也.'"
>
> 공자가 말했다. "맹지반은 자기 공을 내세우지 않았다. 싸움에
> 져서 후퇴하자 맨 뒤에서 적을 막고, 성문에 가까이 이르자 말
> 을 채찍질하며 '일부러 뒤처져오려던 것은 아닌데 말이 달리지
> 않았다'고 하였다."
>
> ─《논어》, 〈옹야〉

이는 공자가 해준 이야기다. 맹지반孟之反(춘추시대 노나라 사
람으로 대부를 지냈다─옮긴이)은 자기 공을 내세우지 않는 인물
이었다. 한 번은 싸움에 져서 후퇴하게 되었는데, 맨 뒤에서 대
열을 엄호했다. 이는 생명의 위험을 무릅쓴 용감한 행동이다.
그래서 그 대열을 유지하면서 성문에 이르자 사람들은 그를

뜨겁게 환영했다. 그는 말을 채찍질하며 환호하는 군중들 속을 빠르게 뚫고 지나가면서 웃으며 이렇게 말했다. "내가 대열의 뒤에서 온 것은 용감해서가 아니라 이 말이 너무 느려서라오."

《논어》의 매력은 여기서도 나타난다. 이야기를 통해 맹지반의 사랑스러움을 생생하게 그리고 있다. 겸손의 미덕에 대한 선현들의 칭송은 무수히 많다. 공자는 이 일화를 통해 겸손의 미덕을 칭송하고 있다.

넷째, 언행일치를 보여야 한다.

言顧行, 行顧言.

말을 할 때는 행동을 돌아보고, 행동할 때는 말을 돌아보라.

—〈중용〉

古者言之不出, 恥躬之不逮也.

옛날 사람들이 말을 함부로 하지 않았던 것은 그 말을 실천하지 못하게 되는 것이 부끄러워서였다.

—《논어》, 〈이인〉

子曰: "君子恥其言而過其行."

공자가 말했다. "군자는 말이 행동보다 앞서는 것을 부끄럽게 여긴다."

—《논어》, 〈헌문〉

人而無信, 不知其可也. 大車無輗, 小車無軏, 其何以行之
哉?

사람에게 신의가 없다면 그 쓸모를 알 수 없다. 큰 수레에 소의
멍에를 맬 데가 없고, 작은 수레에 말의 멍에를 걸 데가 없다면
어떻게 그것을 끌고 가겠는가?

—《논어》, 〈위정〉

이 문장들은 공통적으로 단 한 글자 '신信'을 이야기한다. 글
자의 형태로 알 수 있듯이 '신'은 사람人이 하는 말言, 즉 사람
이 말하는 것에 관한 원칙이며, 자기가 한 말에 책임을 지는 언
행일치를 실천하라는 뜻이다. 말을 할 때는 자기가 그것을 지
킬 수 있는지 고려해야 하며, 어떤 일을 할 때는 자신이 애초에
어떻게 말했는지 고려해야 한다. 지킬 수 없는 일은 말을 꺼내
지 말고, 해냈을 경우에도 내색하지 않아야 한다. '신'은 신의,
성실, 신용이다. 이는 단순한 도덕의 문제를 떠나 자신에게 유
리한 일종의 생존 지혜다. 유가의 고명함은 도덕과 이익, 이타
와 이기를 하나로 통일하는 데 있다. 사람은 왜 성실해야 하고
신의와 신용을 지켜야 할까? 이런 것이 없다면 타이어 없는 자
동차처럼 한 걸음도 앞으로 나아가기 어렵기 때문이다. 공자는
"신의가 있으면 남들이 믿고 일을 맡긴다"고 했다. 기업도 마찬
가지이며, 성실함은 기업 브랜드의 기초다.
　《한비자》에는 증자가 돼지를 잡은 이야기가 나온다. 증자는

공자가 아끼는 제자였다. 하루는 그의 아내가 시장에 가려고 하는데 아이가 따라가겠다고 떼를 쓰기 시작했다. 이럴 때 어머니들은 맛있는 것을 사오겠다며 아이를 달래곤 한다. 그런데 증자의 아내는 "얌전히 놀고 있으면 엄마가 돼지를 잡아 맛있는 음식을 해줄게"라며 아이를 달랬다. 아내가 돌아왔을 때 증자는 정말 돼지를 잡아 고기를 삶고 있었다. 그리고 아내에게 이렇게 말했다. "어머니가 아이를 속이면 아이가 어머니를 믿지 않을 텐데, 장차 아이를 어떻게 가르친단 말이오?"

고사성어 '동엽봉제桐葉封弟'는 유가의 시조 주공이 어린 성왕成王에게 "천자에게는 장난으로 하는 말이 없다"는 가르침을 준 일화에서 비롯되었다(성왕이 동생 숙우叔虞와 소꿉놀이를 하며 오동나무 잎을 따 "이것으로 너를 제후로 봉한다"라고 말했고, 이 말을 지키기 위해 숙우를 당唐에 봉했다는 이야기 – 옮긴이).

그러나 현실에서는 말을 함부로 하는 사람들이 너무 많다. 눈 하나 깜박하지 않고 거짓말하는 사람들 또한 많다. 심지어 정치가나 변호사는 거짓말을 잘한다는 꼬리표가 붙을 정도다. 할리우드의 코미디 배우 짐 캐리Jim Carrey는 영화《라이어 라이어Liar Liar》에서 악질 변호사 역을 맡았다. 이 변호사는 어느 날 마법에 걸려 24시간 동안 거짓말을 할 수 없게 되었고, 자신의 의지와는 상관없이 정직한 말만 튀어나오는 바람에 생활은 엉망이 되어버린다. 이런 현실에서 우리는 혜안을 가져야 한다. 다른 사람이 어떻게 하든 스스로 남을 속이지 않아야 하며, 거짓에 넘어가지 않는 방어 태세를 갖춰야 한다.

다섯째, 때로는 말과 행동이 일치하지 않을지라도 융통성을 발휘해야 한다.

言必信, 行必果, 硜硜然小人哉!

말은 반드시 지키고 행동은 반드시 결과를 보려는 사람은 융통성
이 없는 소인이라 하겠다!
—《논어》, 〈자로〉

大人者, 言不必信, 行不必果, 惟義所在.

큰 사람은 말을 하면서 다른 사람이 믿어주기를 요구하지 않으
며, 행동을 하면서 좋은 결과만을 바라지 않는다. 오직 의로움이
있는 바를 말하고 행동에 옮긴다.
—《맹자》, 〈이루 하〉

유가는 원칙을 강조하지만 교조주의에 빠지지 않으며, 상황
과 대상에 따라 융통성을 발휘한다. 《논어》에 이런 장면이 나
온다. 공자가 포 땅을 지나게 되었는데 그곳 사람들이 그를 붙
잡고 놓아주지 않았다. 공자는 위기에서 벗어나기 위해 그들의
요구를 들어주겠다고 약속했다. 그러나 무사히 풀려난 공자는
약속을 곧장 파기해버렸다. 제자들이 의아해하자 공자는, 강요
된 약속은 신도 듣지 않을 테니 당연히 지킬 필요가 없다고 말

했다. 《공자가어》에서 공자는 신의를 지켜야 할 때와 그렇지 않아도 될 때를 판단하여 융통성을 발휘해야 한다고 했다.

유가는 융통성을 발휘해야 한다고 강조한다. 가령 공자는 중용을 강조하면서 양 끝을 잡고 중간을 취하라고 했다. 맹자는 한 걸음 더 나아가 '중간'도 절대적인 것이 아니며, 융통성을 발휘해야 한다고 주장했다. "가운데를 잡아도 가늠할 저울추가 없으니 결국 한 가지를 고집하는 것이 된다執中無權, 猶執一也"는 것이다. 맹목적으로 중용만 고집하는 태도는 결코 진정한 중용이 아니다. 융통성의 원칙은 곧 맹자가 강조하는 '의義'에 있다. 즉 정의에 부합하고 그 동기가 선의에서 나온 것이어야 한다. 이른바 선의의 거짓말이 여기 해당된다.

간단한 예를 더 들어보자. 조조가 대군을 거느리고 행군을 하고 있었다. 병사들은 목이 타서 힘들어했고, 대열은 사기가 뚝 떨어졌다. 이때 조조가 조금만 더 가면 매실 숲이 나오니 그늘에서 쉬면서 매실을 따먹으라며 병사들을 독려했다. 즙이 많은 매실을 먹을 생각에 병사들은 저절로 입안에 침이 고이며 기운이 났다. 하지만 매실 숲은 없었다. 조조는 이를 어떻게 해명했을까? 사실 해명할 필요도 없는 일이다. 병사들은 그의 고충을 이해했을 것이며, 이는 '의'에 부합되는 행동이다.

병법에서는 적을 속이는 꾀도 꺼리지 않는다. 전쟁은 어차피 적을 속여야 유리한 게임이다. 역사서에는 적에 의리를 지켰다가 전쟁에 패한 사례가 무수히 기록되어 있다. 그 주인공

들은 임기응변 능력이 떨어지는 우둔함으로 천하의 웃음거리
가 되었다.

여섯째, 말은 적게, 느리게 해야 한다.

君子欲訥於言而敏於行.

군자는 말을 어눌하게 하고 행동을 민첩하게 하고자 한다

一《논어》, 〈이인〉

子曰: "仁者其言也訒."

공자가 말했다. "어진 사람은 그 말이 무디다."

一《논어》, 〈안연〉

마오쩌둥은 두 딸의 이름을 공자의 가르침 "군자욕눌어언
이민어행君子欲訥於言而敏於行"에서 따와 '리너李訥', '리민李敏'
으로 지었다. 공자 사상의 타도를 부르짖던 그의 태도와 배치
되는 행동이 아닐 수 없다. 게다가 두 딸의 성이 '리'인 것도 이
해가 가지 않는다. 위인의 행동은 보통 사람이 이해할 수 없는
부분이 많으며, 이 또한 삶의 큰 전략이 아닐까 싶다. 학자들은
상술한 공자의 말에 대해 말을 적게 하고 신중하게 하며, 행동
을 민첩하고 성실하게 하라는 의미로 해석한다. 하지만 나는
'욕欲'에 중점을 두어야 한다고 생각한다. 즉 사람은 자신의 욕

망과 생각을 쉽게 드러내지 말고 기민하게 실천에 옮겨야 한
다. 이렇게 이해하고 보니 마오쩌둥의 의도에 공감이 간다.

'눌訥'과 '인訒'은 말을 적게 하고 느리게 하라고 강조한다.
일반적으로 자신 있을 때는 침착한 목소리로 느리게 말한다.
"사랑해요"라는 말도 진심이 담겨 있을 때는 느리게 말한다. 반
면 자신이 없고 상대의 반응에 확신이 없을 때, 사람들은 긴장
하여 빠른 속도로 얼버무리며 말하곤 한다. 상대가 긍정적인
반응을 보이면 그제야 마음을 놓고 다시 한 번 또박또박 "사,
랑, 해!"라고 강조한다.

긴장하거나 화가 나는 등 부정적 감정에 처했을 때는 말의
속도가 빨라지며, 이는 결국 자신에게 불리하게 작용한다. 일
관적으로 느리게 말하는 사람은 대체로 정서를 잘 통제하는
사람이거나 지위가 높은 사람들이다. 오죽하면 "귀인은 말을
느리게 한다"는 속담이 있을 정도겠는가. 원자바오 총리는 자
신의 말이 느린 이유로 "타고난 습관이자 정확함을 기하고, 온
화한 말투를 위해서"라고 말했다. 그러나 리더 또는 정치인 중
에는 말이 지나치게 느리고, 말의 마디마다 멈추는 시간이 지
나치게 긴 사람들이 있다. 그러다 보니 사람들이 말이 끝난 줄
알고 박수를 치는 등 웃지 못 할 일이 벌어지곤 한다. 배우 자
오번산趙本山은 이를 소재로 재미있는 이야기를 들려준다. 식
당에서 종업원이 값비싼 양주를 들고 오더니 물었다. "열까
요?(開嗎? 카이마?)" 당황한 그가 대답했다. "열—지 말아요!(開—

玩笑, 카이—완샤오)" 말을 마치고 나니 양주병 뚜껑은 이미 열린 후였다는 우스갯소리다.

《사기》에 따르면 석분石奮, 위관衛綰, 주인周仁, 장숙張叔은 특별한 공을 세우지 않았으나 높은 자리에 올랐다. 정중하고 듬직한 언행으로 황제의 총애를 받았기 때문이다. 사람들은 이들이 간신에 가깝다고 생각했지만 태사공太史公은 이들이야말로 "말은 어눌하게 하고 행동은 민첩하게 하는" 진정한 군자라고 평가했다.

일곱째, 말을 하기 전에 심사숙고해야 하며, 말에는 구체적인 내용과 중점이 있어야 한다.

子曰: "夫人不言, 言必有中."

공자가 말했다. "저 사람은 좀처럼 말을 하지 않지만, 말을 하면 반드시 사리에 맞는 말만 한다."
—《논어》, 〈선진〉

發而皆中節.

발하여 모두 절도에 맞는다.
—《중용》

아무 말이나 나오는 대로 하지 말고 사리에 맞는 말만 해야 한다. 또한 객관적이고 적절한 말을 해야 하며, 생각 없이 말하거나 사실을 과장해서는 안 된다. 무례한 말, 환심을 사기 위한 말, 선동하는 말을 삼가야 한다. 증국번은 언행이 가벼운 사람의 말은 들을 필요가 없다고 했다. 말을 하기 전에 심사숙고하여 신중한 태도로 말해야 한다. 이를 지킬 수 없다면 말을 하지 말아야 한다.

여덟째, 상대와 상황에 따라 정도가 지나치지 않게 말해야 한다.

子曰：“可與言而不與之言，失人；不可與言而與之言，失言. 知者不失人，亦不失言.”

공자가 말했다. "더불어 말할 만한데 함께 말하지 않으면 사람을 잃는 것이요. 더불어 말할 만하지 않은데 함께 말하면 말을 잃는 것이다. 지혜로운 자는 사람과 말을 다 잃지 않는다.

—《논어》, 〈위령공〉

공자가 강조하는 '신중한 말'이란 소극적인 침묵이 아닌 적극적인 표현을 가리킨다. 공자는 여러 나라를 다니며 각국의 왕들을 상대로 자신의 정치사상을 설파했다. 맹자도 왕들을 만나 자신의 주장을 폈다. 두 사람 모두 자신의 생각을 전하는 데 적극적이었다. 도구로써의 말은 양날의 검이다. 잘 사용하면 친구와 자원과 지지를 얻고, 잘못 사용하면 이를 잃는다. 지혜로운 사람과 보통 사람의 차이가 여기에 있다.

孔子曰："侍於君子有三愆: 言未及之而言, 謂之躁; 言及之而不言, 謂之隱; 未見顏色而言, 謂之瞽."

공자가 말했다. "군자를 모시는 데 있어서 저지르기 쉬운 세 가지의 허물이 있다. 첫째, 말할 차례가 자기에게 돌아오지 않았는데도 말하는 것이니 이것을 조급하다고 한다. 둘째, 말할 차례가 자기에게 돌아왔는데도 말하지 않는 것이니 이것을 숨긴다고 한다. 셋째, 안색을 살피지도 않은 채로 말하는 것이니 이것을 눈치 없다고 한다."

—《논어》, 〈계씨〉

상사에게 제안을 할 때 범하기 쉬운 세 가지 실수가 있다. 성급하게 제안하면서도 내용이 없는 조급함, 할 말이 있으면서도 하지 않으며 숨기는 행동, 상사가 지금 어떤 상황인지, 기분이 어떤지 살피지 않고 무작정 자기 할 말만 하는 눈치 없는 행동이 그것이다.

惡訐以爲直.

타인의 실수를 비방하는 것을 정직한 행동인 양 여긴다.

—《논어》, 〈양화〉

친구 사이에 솔직함도 정도가 있어야 한다. 상대가 간과하고 있는 문제를 지적하여 개선이 된다면 긍정적인 지적이지만 당신이 지적한 문제가 그의 약점이거나 숨기고 싶은 면이라면 상대에게 상처만 줄 뿐이다.

時然後言, 人不厭其言.

마땅한 때가 된 후에 말하면 사람들이 그 말을 싫어하지 않는다.

─《논어》, 〈헌문〉

말을 할 때는 시기를 고려해야 한다. 밀농사를 지을 때 수확이 끝난 밭에 비가 내리면 농부가 기뻐한다. 땅이 촉촉해져서 늦가을 작물을 파종하기 좋기 때문이다. 그러나 비가 조금만 일찍 내렸다면 아직 수확이 끝나기 전의 밀은 수확량이 절반으로 줄어든다. 말을 하는 것도 이와 같아서 시기에 따라 그 효과는 달라진다.

事君數, 斯辱矣 ; 朋友數, 斯疏矣.

임금을 섬기면서 자주 간언을 하면 욕을 당한다. 친구 사이에 자주 충고하면 사이가 소원해진다.

─《논어》, 〈이인〉

상사에게 아이디어를 제안하거나 참모 역할을 할 때 상대는 급할 것이 없는데 내가 조급하여 나서는 것은 금물이다. 당신은 온갖 지혜를 동원하여 새로운 제안을 하지만 정작 상대는 시큰둥하고 자기 방식을 고집한다. 이런 일을 당하면 실망하기도 하고 화도 나서 상사에게 반감을 갖기 쉽다. 하지만 그 제안이 반드시 최선이 아닐 수도 있으며, 이 세상은 어차피 그렇게 돌아가므로 심각하게 생각할 필요 없다. 공자는 "죽음을 각오하고 간언하는" 것은 어리석은 충성이라고 주장했다. 친구 사이도 마찬가지다. 진심으로 충고했다면 그 이후는 순리에 따라야 한다. 당신이 지나치게 나서면 좋은 마음으로 한 말이라도 서로 상처만 입기 쉽다.

中人以上, 可以語上也; 中人以下, 不可以語上也.

중급 이상의 사람에게는 상급의 말을 해줄 수 있지만, 중급 이하의 사람에게는 상급의 말을 해줄 수 없다.

一《논어》, 〈옹야〉

상대가 어떤 사람인가에 따라 말의 내용도 달라진다. 어려운 일이 아니다. 우리는 날마다 어린아이, 노인, 동료, 상사, 고객에 따라 말투나 사용하는 단어를 적절히 조정한다. 코미디에도 이런 내용이 나온다. 어떤 사장이 부인에게는 "식사합시다", 애인에게는 "자기야, 밥 먹자", 친구에게는 "밥이나 먹자"라고 하는데 자기 회사 직원에게는 "뭘 먹었든 야근해!"라고 말한다는 것이다.

아는 간부 한 분이 주민들의 민원을 상대할 때의 경험을 말해주었다. "가장 어려운 점은 상대의 수준에 맞춰 대화하는 거라네. 사람들의 얼굴에 학력이나 교양 수준이 쓰여 있지 않기 때문이지."

"소귀에 경 읽기"라는 말이 있다. 노자는 "수준 낮은 사람이 도를 들으면 크게 비웃는다"고 했다. 아무리 좋은 말도 상대가 이해하지 못하면 허튼소리로 들릴 뿐이다. 또한 상대방과 친밀한 정도를 판단하여 말의 수위를 조절해야 한다. 친하지 않은 사이에 지나치게 솔직하거나 심오한 말을 해서는 안 된다.

> 孟子日: "說大人則藐之, 勿視其巍巍然."
>
> 맹자가 말했다. "대인을 설득하려면 그를 작게 여기고, 그의 위세를 보지 말아야 한다."
>
> —《맹자》, 〈진심 하〉

상사나 중요한 사람 앞에서 긴장되고 떨렸던 경험이 있을 것이다. 여자 친구나 남자 친구의 부모 앞에서도 무척 긴장이 된다. 맹자에게도 이와 유사한 경험이 있었던 모양이다. 그는 이를 극복할 방법으로 상대를 작게 보는 방법을 택했다. 강한 상대 앞에서는 이렇게 생각해보는 것이다. '당신이 돈과 권력이 있는 것은 운이 좋아서일 뿐이다. 나는 당신보다 젊으니 가능성은 얼마든지 있다. 관 뚜껑을 덮기 전까진 끝난 것이 아니다.' 때로는 '저 사람은 개똥 무더기에 불과하다'라고 속으로 몇 번을 외쳐보자. 효과가 금방 나타날 것이다.

대부분의 남성들은 아름다운 여성 앞에서 긴장한다. 여색을 좋아하기로 유명한 명나라 사람 이어李漁가 이런 식의 말로 용기를 냈다고 한다. 석가모니도 그랬다. 성불을 하기 위해 석가모니가 선정에 들었을 때 마왕이 보낸 미녀들이 옆에서 춤을 추며 그를 유혹하자 '피를 채운 가죽주머니'에 불과하다며 조금도 동요하지 않았다. 여자를 피와 살로 채운 가죽주머니에 불과하다고 보았으니 성욕은커녕 구역질만 났던 것이다. 불가에서는 모든 것이 허황하니 마음을 가다듬으면 자연히 담담해진다고 가르친다.

아홉째, 말은 간단명료하게 해야 한다.

子曰: "辭達而已矣."

공자가 말했다. "말이란 내용을 전달하면 그만이다."
―《논어》, 〈위령공〉

말을 길게 늘어놓거나 지나치게 꾸미지 말고 의미를 명백히 밝히라는 뜻이다.

당나라 문인 손과정孫過庭은 서예를 논하면서 "옛날에는 소박하였으나 요즘은 화려함을 추구한다古質而今妍"고 했다. 소박했던 서예가 시간이 갈수록 화려해지고 과장되어지면서 내용보다는 형식을 추구하게 된 현상을 꼬집은 것이다. 명·청의

팔고문八股文이나 현대의 당팔고黨八股가 대표적이며, 당팔고는 배비구排比句(두개의 구로 한 의미를 이루는 것-옮긴이), 가령 "한 명의 고상한 사람, 한 명의 순수한 사람, 한 명의 저속한 취미를 벗어난 사람" 같은 중복되는 방식을 즐겨 사용한다.

마오쩌둥은 이런 식의 문장에 꽤 심취했다. 그런데 이제는 이렇게 관료적이고 선동적인 배비구 형식이 일상생활까지 파고들었다. 나는 첫 직장의 상사에게 '배비구'라는 별명을 붙여준 적이 있다. 그런데 문서를 작성하면서 보니 나도 다를 바 없었다. 오랫동안 내려온 방식과 습관으로 당팔고식의 표현은 관료체제의 DNA로 거의 굳어졌다. 내용에서 혁신과 개성을 추구할지라도 글을 풀어가는 방식은 여전히 경직되고 선동적인 당의 관료적 습관에 따르고 있었던 것이다.

하지만 대다수 상황에서는 간결함이 강조된다. 특히 수다스러운 경향이 있는 사람은 늘 이를 의식하며 조심해야 하고, 말솜씨를 뽐내는 경향이 있는 사람은 될 수 있으면 말을 줄여야 한다. 말을 많이 하면 허점이 드러날 수밖에 없다. 부끄럽지만 나 역시 말이 많은 편이다. 한 번은 문화행사에 초대되었는데 중간에 주최 측에서 한마디해달라고 부탁했다. 나는 거창하게 말을 늘어놓았고, 말을 끝내고 보니 무려 30분이 지나 있었다. 후회가 막심했다. 내가 나설 자리가 아닌 곳에서는 절대 말을 많이 하지 말아야겠다고 다짐한 계기였다.

열 번째, 말은 신중하게 해야 한다.

子貢曰：“君子一言以爲知，一言以爲不知，言不可不愼也.”

자공이 말했다. "군자는 말 한마디로 지혜로운 사람이 되기도 하지만 말 한마디로 무지한 사람이 되기도 하니 말이란 신중하지 않을 수 없다."

—《논어》, 〈자장〉

子曰：“有德者必有言，有言者不必有德.”

공자가 말했다. "덕이 있는 사람은 반드시 좋은 말을 하지만, 말을 잘하는 사람이라고 해서 반드시 덕이 있는 것은 아니다."

—《논어》, 〈헌문〉

《논어》에는 "일언가이흥방, 일언가이상방一言可以興邦, 一言可以喪邦"이라는 내용이 나온다. 말 한마디로 나라를 흥하게 할 수도, 망하게 할 수도 있다는 의미다. 이 말을 나처럼 평범한 사람에게 적용할 수는 없지만, 한마디 말이 사람의 운명을 좌우하는 일은 흔하게 일어난다.

부서 내에서도 가장 눈에 안 띄는 사람이 있었다. 어느 날 거물급 간부를 모시고 현장 시찰을 나가야 할 일이 생겼다. 때마침 일 잘하는 비서들이 다른 일로 자리를 비워 할 수 없이 그 사람이 가게 되었다. 거물급 간부는 관련 상황을 정리하여 문서로 작성하라고 지시했고, 그는 10분 동안 문서를 작성했다. 간부가 보더니 크게 기뻐하며 얼마 뒤 그를 자신의 수행비

서로 파격 발탁했다. 몇 마디 되지 않는 짧은 문서지만 간단명료하게 요점이 정리되어 있었기에 간부가 그의 총명함과 능력을 알아본 것이다. 이와 반대의 경우도 있다. 안톤 체호프Anton Chekhov의 소설에 등장하는 공무원은 작은 잘못으로 상사가 꾸짖을까 걱정하다가 결국 자살해버린다. 용기 없는 겁쟁이라고 비웃기는 쉽지만 솔직히 이런 성향은 누구에게나 있다.

우리는 어떤 사람의 말 한마디만 듣고 그의 됨됨이와 능력 유무를 단정해버리곤 한다. 당신의 말 한마디가 다른 사람들이 당신을 판단하는 기준이 되기도 한다. 이렇게 한 번 형성된 선입견은 바꾸기가 좀처럼 쉽지 않다. 그러니 말을 할 때는 신중을 기해야 하며, 특히 다른 사람에게 자신에 대해 이야기할 때는 더욱 그렇다. 다른 사람을 평가하여 발생하는 장단점에 대해서는 많은 사람들이 알고 있기에 대체적으로 이를 의식한다. 반면 자신을 평가함으로써 오는 결과에 대해서는 의외로 둔감하다. 물론 허세를 떨어서는 안 되지만 겸손의 미덕을 보일 때도 상대에 따라 말의 내용이 달라져야 한다. 특히 솔직한 태도로 상대에게 자기 약점이나 고민을 털어놓고 보니, 어느 날 실제보다 부풀려져서 사람들의 입에 오르내리는 상황이 일어나지 않도록 경계해야 한다. 솔직함 때문에 좋은 기회를 놓칠 수도 있으니 말이다.

열한 번째, 언어의 최고 경지는 말을 하지 않는 것이다.

공자가 내게 인생을 물었다

子曰：“予欲無言.”子貢曰：“子如不言，則小子何述焉？”
子曰：“天何言哉？四時行焉，百物生焉，天何言哉？”

공자가 "나는 말을 하지 않겠다"라고 하자 자공이 물었다. "스승님께서 말씀을 하지 않으시면 제자들은 어떻게 가르침을 따를 수 있겠습니까?" 공자가 대답했다. "하늘이 말을 하더냐? 사계절이 운행하고 만물은 생겨나는데 하늘이 뭐라고 말한 적이 있느냐?"

—《논어》, 〈양화〉

天不言, 以行與事示之而已矣.

하늘은 말이 없으며 행동과 일로써 보여줄 뿐이다.

—《맹자》, 〈만장 상〉

이 문장들은 언어철학에 대한 유가의 생각을 반영하고 있다. 공자가 앞으로 말을 하지 않겠다고 하자, 제자 자공이 "스승님께서 말씀을 하지 않으시면 저희는 공부를 어떻게 합니까?"라고 물었다. 공자는 이 질문을 철학의 차원으로 끌어올렸다. 사계절이 바뀌고 만물이 생겨나지만 하늘은 묵묵히 있을 뿐이라고 답한 것이다. 맹자는 여기서 한 발 더 나아가 하늘은 말이 없으나 행동과 일의 자취로 그 뜻을 표현한다고 했다.

노자는 "도가도, 비상도道可道, 非常道"라고 하여 도는 말로 묘사할 수 없다고 주장했다. 불교 선종은 '언어도단言語道斷'이라 하여 가장 고명한 사상은 말이나 문자로 표현할 수 없으며,

그 흔적을 찾을 수 없기에 아예 문자로 쓰지 않는다고 했다. 현대 심리학에서도 명확하고 단순한 의식 차원의 경험은 말로 표현할 수 있으나, 확실하지 않고 무의식적인 경험은 말로 표현할 수 없고 마음으로 깨달을 뿐이라고 했다.

결론적으로 우리는 언어의 한계를 의식하고, 언어를 초월한 표현방식을 배우고 활용해야 한다. 우리의 표정이나 몸짓언어가 여기에 해당하며, 각종 문서에 동영상, 이미지, 도표 등의 형식을 혼용하는 것도 정보의 효과적 전달에 도움이 된다. 이 밖에 요즘 유행하는 확장 훈련, 체험식 교육 같은 활동 프로그램을 통해 참가자가 그 안에 담긴 삶의 지혜를 스스로 체험하게 할 수도 있다. 이는 전형적인 '불언지교不言之教'다. 우리는 말보다 행동으로 보여주는 교육이 효과적이며 사회는 하나의 학교라고 말한다. 여기서 강조하는 것도 '불언지교'다. 이를 통해 언어의 최고 경지는 말을 하지 않는 것임을 알 수 있다.

다른 사람의 말을
경청하기 위한 방법론

巧言令色, 鮮矣仁!

말을 교묘하게 하고 얼굴빛을 보기 좋게 꾸민 사람 중에 어진 이
가 드물다

─《논어》, 〈학이〉

경청은 상대의 호감을 사서 소통의 목적을 달성하는 데 의
의가 있다. 상대방이 어떤 말을 하는가는 중요하지 않다. 어차
피 듣는 사람이 본능적으로 여과해서 듣기 때문이다. 다른 사
람의 말을 듣는 태도에 관해 주의해야 할 점 몇 가지를 이야기
해보자.

첫째, 듣는 것마다 맹목적으로 믿어서는 안 된다.

始吾於人也，聽其言而信其行；今吾於人也，聽其言而觀其行.

처음에 나는 사람을 대할 때 그의 말을 듣고 그 행동을 믿었는데,
지금은 사람을 대할 때 그 말을 듣고 그 행동을 살피게 되었다.
―《논어》, 〈공야장〉

젊을 때는 사람들이 하는 말을 그대로 믿는다. 하지만 나이
가 들어가면서 거짓말을 하는 사람도 있다는 사실을 알게 된
다. 나는 최근 들어서야 이 점을 인식했는데, 이런 면에 늦된
내 자신이 조금 부끄러웠다. 그러나 나보다 더 늦은 아흔 살이
되어서야 이 세상에 나쁜 사람이 있다는 사실을 알게 되었다
는 지셴린의 말에 마음이 편해졌다.

인간의 거짓말은 연구할 가치가 충분하다. 거짓말에는 선의
의 거짓말, 악의의 거짓말 그리고 무의식적으로 하는 거짓말이
있다. 거짓말은 우리 삶에 퍼져 있으며, 어떤 거짓말은 너무도
그럴듯하여 눈을 보는 것만으로는 알아챌 수 없다. 따라서 참
을성을 가지고 상대를 일정 시간 관찰해야 한다.

둘째, 말하는 것과 사람 됨됨이는 완전히 다를 때가 많다.

子曰: "君子不以言舉人, 不以人廢言."

공자가 말했다. "군자는 말을 잘한다고 해서 그 사람을 등용하지
않으며, 사람 됨됨이가 나쁘다 하여 그의 좋은 말까지 버리지 않

는다."

—《논어》, 〈위령공〉

글솜씨가 좋고 사상과 지식이 풍부한데 실제 행동은 이에 따르지 못하는 사람이 있다. "사상은 거인, 행동은 난쟁이", '지상담병紙上談兵' 같은 말은 이런 사람을 두고 하는 말이다. '지상담병'은 종이 위에서 병법을 말한다는 뜻으로, 실제로는 소용이 없음을 비유하는 성어다. 그 배경에는 40만 조나라 대군이 산 채로 매장당한 비극이 있다. 말로써 사람을 등용한 결과가 얼마나 참담한지 보여주는 교훈이다. 온갖 듣기 좋은 말로 맹세하는 사람은 어느 날 등 뒤에서 칼을 겨눌지도 모른다. 이와 반대로 보잘것없고 품행이 훌륭하지 않은 사람이라도 사상과 철학만은 훌륭하여 받아들일 수밖에 없는 경우도 있다.

베이컨은 비열한 인품으로 소문난 사람이지만 그가 세계적인 사상가라는 사실에는 변함이 없으며, 그의 지혜는 세계 문명에 자양분을 제공했다. 프랑스 작가 프랑수아 드 라 로슈푸코François de La Rochefoucauld는 건달이었지만 그의《잠언과 성찰Réflexions ou Sentences et maximes morales》은 전 세계를 풍미했다. 명 말의 안습재顏習齋는 생전에 시골 의사에 불과했지만 후세에 와서 고염무顧炎武, 황종희黃宗羲, 왕부지王夫之에 비견되는 대사상가로 존경받고 있으며, 중화민국대총통 쉬스창徐世昌은 그의 사상으로 중국을 구할 것을 주장했다. 안습재의 중요한 사상은 젊었을 때부터 형성된 것이다.

셋째, 다른 사람의 논평은 근거 삼을 수 없다.

孟子曰: "有不虞之譽, 有求全之毀."

맹자가 말했다. "때로는 별일 하지 않았는데 예기치 않은 명예를 얻을 수 있으며, 열심히 했는데 가혹한 비판을 받을 수도 있다.

―《맹자》, 〈이루 상〉

사람의 마음은 알 수 없다. 같은 이불을 덮고 자는 사이라도 각자의 사생활이 있다. 인정이 점점 메말라가는 이 시대에 사람들은 남을 이해하려 들지 않으며, 각자 가면을 쓰고 살아간다. 어떤 사람을 평가해야 할 때는 사실보다 상상이 더 많이 작용할 때가 많다.

그러나 사람들은 남의 말 하기를 좋아한다. 멀게는 스타에 대한 소문이나 고위관료의 비밀스런 이야기에서부터 가깝게는 주변의 평범한 지인에 이르기까지, 남 이야기에 지칠 줄을 모른다. 세 사람이 잘 지내다가도 A가 자리를 비우면 B와 C가 A의 험담을 하기 시작하며, B가 자리를 비우면, A와 C는 B의 험담을 늘어놓는다. 그러나 진실이 무엇인지 아무도 모른다. 때로는 사실보다 과장해서 칭찬하며, 어떤 때는 터무니없는 험담을 하기도 한다. 근거 없는 남의 이야기를 삼가고, 남의 말을 듣고 옮기지 않으며, 남이 뭐라고 하든 자기 길을 가야 한다.

넷째. 허풍을 떠는 사람은 하찮은 사람이다.

孟子曰:"人之易其言也, 無責耳矣."

맹자가 말했다. "사람이 그 말을 쉽게 바꾸는 것은 질책을 받지 않아서이다."

—《맹자》,〈이루 상〉

인간이 허풍을 잘 떠는 이유는 그 말에 책임지지 않아도 되기 때문이다. 아무 근거 없이 큰소리를 치고 쓸데없는 공론을 펴는 사람은 보잘것없는 사람이다. 어떤 말을 해도 어깨에 진 짐이 없으며 어떤 영향이나 책임을 고려할 필요도 없기에 함부로 말하는 것이다. 책임이 가장 큰 사람은 당연히 천자나 황제처럼 정치적으로 큰 인물들이다. 그들은 신중하게 말을 꺼내야 한다. 천자는 우스갯소리를 하지 않는다. 우스갯소리를 했다가는 국가의 안위가 위험해질 수도 있다. 신중한 말을 오랫동안 하다 보면 그것이 금과옥조가 되며, 더 오래되면 벙어리가 되어버린다. 그러니 큰 인물 노릇하는 일은 결코 쉽지 않다. 따라서 허풍을 떠는 사람은 하찮은 사람이다. "시끄럽게 지저귀는 참새 먹을 것이 없다"는 속담처럼 말이다.

다섯째, 말을 지나치게 잘하는 사람 중에 어진 이는 드물다.

剛, 毅, 木, 訥, 近仁.

강직하고 의연하며 질박하고 어눌한 태도는 인에 가깝다.

—《논어》, 〈자로〉

子曰：“巧言, 令色, 足恭, 左丘明恥之, 丘亦恥之.”

공자가 말했다. “말을 교묘하게 하고 얼굴빛을 보기 좋게 꾸미고
지나치게 공손히 하는 것을 좌구명은 수치스럽게 여겼다. 나 역
시 이를 수치로 여긴다.”

—《논어》, 〈공야장〉

말과 행동은 실제에 맞게 해야 한다. 사람 됨됨이가 엄숙하
고 진중하며, 그 말은 신중하다 못해 어눌하기까지 한 사람 중
에 나쁜 사람은 별로 없다. 이와는 달리 말솜씨가 좋고 상대의
비위를 맞추며 권력에 아부하는 사람 중에 진정으로 어진 이
는 드물다. 그들이 상대의 환심을 사려는 이유는 자기 이익을
챙기기 위해서다.

얼마 전 온라인상에 모 유명대학교 총장이 가식적으로 웃
는 사진이 올라왔다. 그러자 '가식적인 웃음의 총장님'이라는
댓글이 달렸다. 교묘한 말과 가식적으로 아부하는 모습은 많은
사람들이 경멸하는 일이다.

4장

어떻게 좋은 리더가
될 것인가

자신을 먼저
바르게 하라

政者, 正也. 子帥以正, 孰敢不正?

정치란 바로잡는 것인데 당신이 바르게 통솔한다면 누가 감히 바르지 않게 하겠소?

—《논어》, 〈안연〉

其身正, 不令而行; 其身不正, 雖令不從.

자신이 바르면 명령하지 않아도 행해지고, 자신이 바르지 못하면 명령을 해도 따르지 않는다.

—《논어》, 〈자로〉

擧直錯諸枉, 能使枉者直.

곧은 사람을 추천하여 굽은 사람 위에 놓으면 굽은 사람을 곧게 고칠 수 있다.

—《논어》, 〈안연〉

공자가 내게 인생을 물었다

有大人者, 正己而物正者也.

대인이라 불리는 사람이 있으니, 그는 자기를 바르게 한 후에 사물을 바르게 하는 사람이다.

─《맹자》, 〈진심 상〉

上有好者, 下必有甚焉者矣.

위에서 어떤 것을 좋아하면 아래에서는 따라서 좋아하며, 정도가 더 심해진다.

─《맹자》, 〈등문공 상滕文公 上〉

사서는 원나라 때부터 과거시험의 교재로 채택되었다. 과거시험은 나라의 일꾼을 뽑는 시험이다. 따라서 사서는 정치 관료를 겨냥한 내용이 대부분이었다. 이른바 《논어》 반 권으로 천하를 통치한다'는 말은 이 점을 강조한 것이다. 오늘날에는 사회 형태에 거대한 변화가 발생했고, 이러한 관료사상은 각종 그룹과 조직 관리에도 적용되어 리더가 어떤 역할을 할 것인가에 많은 지침을 제공한다.

각종 단체와 조직이란 크게는 국가와 사회부터 기관과 기업을 거쳐, 작게는 가정이나 학교의 학급을 아우른다. 모든 사람은 이런 단체와 조직에서 리더의 역할을 맡을 수 있다. 가령 한 집안의 가장도 리더다.

리더로서 단체를 이끌 때 가장 주의할 점은 무엇일까? 공자와 맹자는 지도자 자신을 바로잡는 일이라고 주장했다. 시진핑習近平 국가주석의 말처럼 쇠를 두드리려면 먼저 자신부터 단단해져야 한다.

리더가 바로 서지 않으면서 어떻게 아랫사람이 바르기를 기대하겠는가. 아랫사람이 모두 바르지 않아도 리더가 바르게 버티고 있으면 조직 내에 영향을 미쳐서 바르게 만들 수 있다. 사람들은 리더의 행동을 따라하는 경향이 있다. 풀들이 바람 부는 방향으로 눕듯이 사람들은 리더가 좋아하는 것을 따라하며, 심지어 그 정도가 더 심해진다. 초나라 왕이 허리가 가는 여자를 좋아하니 궁중의 여자들이 모두 굶어 죽었다는 이야기도 이런 심리에서 나온 것이다. 마오타이주 가격이 점점 비싸지는 이유는 지도자들이 좋아하기 때문이며, 서화가 값나가는 이유도 리더들이 좋아해서다. 따라서 리더는 사람들 앞에서 늘 바른 이미지를 유지하고 흐트러지지 않아야 한다. 바르다는 것은 과연 무엇일까? 지도자와 그 조직이 공동으로 추구하는 가치관과 행위규범에 따라 행동하는 것이다. 초등학교 교과서에는 블라디미르 레닌Vladimir Lenin과 위병의 이야기가 소개된다. 규정을 준수한 레닌의 행동 때문에 아랫사람도 감히 안 지킬 수 없었다는 이야기다.

내 친구 중 한 명은 작은 기업을 경영하고 있다. 그런데 과중한 업무 때문에 너무 힘들다며 괴로워하길래 아랫사람에게 일을 넘기고 좀 편하게 살라고 충고했더니 그럴 수는 없다고 했다. 직원들이 그토록 고생하는데 사장이 편하게 있으면 직원들에게 나쁜 영향을 미친다는 것이다.

남송의 유학자 주희는 조정에서 평생 40여 일 일한 게 고작이었다. 그 기간에 그는 상주문을 올려 나라에 문제가 있음을 지적하고, 황제 주변에 소인배들이 가득하기 때문에 문제가 발생한다고 지적했다. 그러면서 근본적인 문제는 황제 자신이라고 간하였다. 황제는 화가 나서 그를 지방으로 보내버렸다. 주희의 논리에 문제가 있었을까? 사실 그의 논리는 어느 시대에 갖다 놓아도 그대로 들어맞는다. 중국처럼 지도자의 의지로 나라를 다스리는 인치 위주의 국가에서는 더욱 그렇다.

우리 주변에서 발생하는 각종 문제는 대부분 리더가 바르지 않아 일어난다. 부패문제만 봐도 그렇다. 상하이 시위원회 서기 천량위陳良宇가 부정부패를 저질렀는데 그 밑에서 일하는 관리들이 청렴하기를 기대할 수 있을까? 도시 미화를 위해 거리에 설치한 화분을 집에 들고 가는 사람들을 단죄할 명분이 있을까? 가정교육도 마찬가지다. 부모가 모범을 보여주는 것이 말로 하는 교육보다 훨씬 효과적이다. 날마다 술과 도박에 빠져 방탕한 생활을 하는 아버지, 남을 속이는 어머니가 자녀를 정직하고 선량한 인간으로 키울 수 있을까?

자신을 먼저 바르게 하는 것은 모든 리더가 명심할 가장 중요한 덕목이다.

바른 명분을
세워라

子路曰: "衛君待子而爲政, 子將奚先?" 子曰: "必也正名
乎! …… 名不正, 則言不順; 言不順, 則事不成."

자로가 말했다. "위나라 임금이 스승님을 정치에 모신다면 스승
님은 무엇을 먼저 하시겠습니까?" 공자가 말했다. "반드시 명분
을 바로잡겠다! …… 명분이 바르지 않으면 말이 순조롭지 않고,
말이 순조롭지 않으면 일이 이루어지지 않는다."

─《논어》, 〈자로〉

옛사람들은 '정명正名'의 의미를 놓고 의견이 갈렸다. 나는
동한東漢의 마융馬融이 주장한 "만사의 이름을 바르게 하는 것"
이라는 의견에 동의한다. 공자는 정치란 먼저 각종 업무에 대
해 확실한 직무를 설명하고 확실한 규범과 등급의 질서를 세
워 정치를 위한 법을 세우는 것이라고 했다. 그 말을 들은 자로

가 그렇게 하면 너무 번거롭지 않을까 걱정하면서, 일은 그냥 하는 것이 더 효율적이지 않냐고 질문했다. 그러자 공자는 법이 없으면 규범이 없으니 어떤 일에 좋고 나쁜 기준이 없을 것이고, 그렇게 되면 평가하고 판단할 수 없으니 일을 추진할 수 없다고 설명했다.

"명분이 정당하지 않으면 말이 이치에 맞지 않는다"는 말은 오늘날 모든 일이 명실상부하고 책임 소재가 분명해야 지휘 체계가 잡혀서 실무를 효율적으로 처리할 수 있다는 의미로 해석된다. 따라서 리더의 입장에서 사람을 썼으면 신뢰해야 하며, 신뢰할 수 없는 사람은 쓰지 않아야 한다. 또한 사람을 쓸 때는 권한을 충분히 주고 확실한 명분과 직위를 부여해야 한다. 공무원들 사이에 모 국장의 자리가 비면 부국장이 국장의 직무를 대행하는 일이 흔하다. 이런 상황에서는 업무가 제대로 전개되기 어렵다. 부하직원들이 불복하고, 부국장 자신도 의욕이 없기 때문이다.

인재를 적재적소에
써라

子曰: "君子易事而難說也, 說之不以道, 不說也, 及其使人
也, 器之. 小人難事而易說也, 說之雖不以道, 說也, 及其使
人也, 求備焉."

공자가 말했다. "군자는 일은 쉽게 하여도 말하기는 어렵다. 도
로써 말하지 않으면 말을 하지 않기 때문이다. 군자는 사람을 부
리는 데 있어 사람들의 그릇 크기에 따라 자유롭게 부린다. 그런
데 소인은 일은 어렵게 하나 말은 쉽게 한다. 도로써 말을 하지
않아도 말을 하기 때문이다. 이런 소인이 사람을 부릴 때는 오히
려 완벽함을 요구한다.

ㅡ《논어》, 〈자로〉

人人有貴於己者, 弗思耳矣.

사람은 저마다 고귀함을 품고 있다. 단지 그것을 생각하지 못할
뿐이다.

—《맹자》,〈고자 상〉

공자의 말은 '사람을 부리는' 데 초점을 맞추고 있다. 군자
는 사람을 부릴 때 그 그릇에 따라 부리며, 소인은 사람을 부릴
때 완벽함을 요구한다는 내용이다. 가령 펜은 글씨를 쓰는 데
사용하며 항아리는 물을 담을 때 쓴다. 이런 물건은 각자 쓰임
새가 있다. 사람을 쓸 때도 그 사람이 잘하는 것을 취해야 한
다. 그런데 소인의 처사는 한 가지 물건으로 글씨도 쓰고 물도
담아놓겠다고 하는 격이다.

내 어머니는 평소 근검절약이 몸에 밴 분이다. 우리가 보기
에는 쓰레기에 지나지 않는 물건을 주워와 사용하신다. 그러면
서 우리가 물건을 보는 눈이 없다고 걱정하신다. 이 재료가 어
떤 곳에 쓰일 수 있는지 판단하는 눈이 있어야 한다는 것이다.
이것이 바로 공자의 사상이다.

맹자의 말도 같은 의미다. 사람은 저마다 타고난 재주가 있
고, 그것을 적당한 곳에 사용해야 한다. 그런데 그 재료를 제대
로 판단하지 못하고 엉뚱한 일을 시키면 일을 그르친다.

증국번도 비슷한 생각을 밝혔다. "좋은 약이라도 해당하는
병에 쓰지 않으면 소용이 없으며, 아무리 인재라도 그에 맞는

일에 사용하지 않으면 평범한 사람이 되어버린다." 합리적으로 사용해야 그 효과가 극대화된다.

류바오루이劉寶瑞가 공연한 유명한 상성에 이런 이야기가 나온다. 어떤 현의 태수가 일꾼 세 명을 모집했다. 그중 성격이 느긋한 사람은 아기를 잘 돌보았으며, 성질이 급한 사람은 가마를 메고 빠르게 다녔고, 나머지 하나는 공짜를 좋아하는 사람이었는데 관을 사오라고 시켰더니 관을 파는 점포를 덤으로 얻어왔다.

《사기》에는 맹상군孟嘗君에 대한 이야기가 나온다. 맹상군은 선비들을 좋아하여 집 안에 각양각색의 식객이 끊이지 않았다. 그중 개구멍으로 물건을 훔치는 데 능한 사람과 수탉 우는 소리를 똑같이 흉내 내는 사람이 있었다. 이 두 사람이 들어오자 다른 식객들은 그들과 섞이는 것을 부끄러워했다. 그러나 맹상군이 위기에 처했을 때 이 두 사람이 재능을 발휘하여 맹상군은 죽음의 문턱에서 탈출할 수 있었다. 상대의 재주를 판단하는 것을 예견 능력이라고 할 수는 없지만 뜻밖의 효과는 신기할 정도였다. 결론적으로 인재를 알아보고 그 능력에 따라 사람을 쓰라는 것이 유가의 인재관이다.

이 주제를 다룬 시 한 수를 소개한다. 청나라 시인 고사협顧嗣協이 쓴 〈잡흥雜興〉이라는 시다.

駿馬能歷險, 犁田不如牛,
堅車能載重, 渡河不如舟.
舍長以取短, 智高難爲謀.
生材貴適用, 勿復多苛求.

준마는 고생을 감당할 수 있으나 소처럼 밭을 갈지는 못한다.
견고한 수레는 무거운 짐을 실을 수 있으나 배처럼 강을 건너지
는 못한다.
장점을 버리고 단점을 취하면 아무리 뛰어난 머리로도 전략을 짜
내지 못한다.
재목의 귀함을 적당한 곳에 쓰는 데 있으니 신중히 선택하되 까
다로운 요구를 하지 않아야 한다.

지혜가 높다고 하여 반드시 좋은 성과가 따라오지는 않는
다. 타고난 재능은 반드시 쓸모가 있으니 절대로 가혹하게 요
구해서는 안 된다.

교육과 훈련에
투자하라

子曰：“不教而殺謂之虐.”

공자가 말했다. "교화시키지 않고 죽이는 것은 잔인하다."

—《논어》, 〈요왈〉

子曰：“以不教民戰, 是謂棄之.”

공자가 말했다. "가르치지 않은 백성으로 전쟁하는 것은 그들을 버리는 것이다."

—《논어》, 〈자로〉

유가는 '유교'로 불리기도 하는데 유교라는 말에는 두 가지 의미가 포함되어 있다. 그중 하나는 종교이며, 나머지 하나는 교화다. 공자는 누구보다 위대한 교사라는 데서 그 의미를 찾아야 한다. 2천여 년의 전통에 따라 아이가 입학하기 전에는

공자가 내게 인생을 물었다

공자의 위패에 예를 올렸는데, 현재 타이완에서는 여전히 이를 지키고 있다. 또한 대륙이 아닌 외국에 사는 화교 지역에서는 공자의 생일인 9월 28일을 스승의 날로 정했다.

공자는 하나의 완벽한 교화와 교육체계를 구축했다. 교육의 주제(문文, 행行, 충忠, 신信, 예禮, 악樂, 사射, 어禦, 서書, 수數), 교재(육경), 교육의 형식(《논어》에는 수업하는 장면들이 기재되어 있다) 그리고 학생의 수준에 맞는 교육 방법까지 다양한 내용들을 포함하고 있다. 이를 통해 유가는 도가, 불교 및 기타 사상 유파에 비해 사상을 전파하는 데 비교할 수 없는 우위를 갖추고 중국 전통문화의 주류로 자리 잡았다.

교육을 강조한 유가의 정신은 여러 측면에서 반영되었다. 공자는 국가 차원에서 일정한 인구와 경제 발전 수준이 갖춰지면 사람들에게 교육을 실시하여 문화교육사업을 발전시켜야 한다고 주장했다. 구체적인 관리 측면에서는 교화와 훈련을 강조했다. 이 가르침은 오늘날 사회 관리와 기업 경영에서 매우 큰 의미를 지닌다.

아는 선배가 유전의 물자를 훔친 죄로 중형을 선고받았다. 그는 그런 짓을 저지르면서도 잡히지 않을 거라는 요행을 바랐으며, 혹시 잡히더라도 며칠 구류를 살고 나오면 될 것이라고 여겼다. 엄중한 법의 심판을 받게 될 줄은 꿈에도 생각하지 못한 것이다. 그를 보면서 "교화시키지 않고 죽이는 것은 잔인하다"는 공자의 말이 떠올랐다.

국가는 법률 지식 교육을 실시할 의무가 있다. 무지하여 죄를 저지른 사람들에게 엄하게 죄를 묻는 것은 불공평한 처사다. 내가 아는 한 기업은 이런 면에서 모범적이다. 〈벼락지대雷區〉라는 소책자를 제작하여 직원들에게 회사에서 금지하는 특정 행위에 대해 설명하고, '벼락지대' 주변에 눈에 띄는 지시등을 설치하여 직원들을 주의시켰다.

전쟁에 내보내는 병사에게 군사훈련을 시키지 않으면 죽으라는 소리다. "훈련을 받지 않은 직원은 기업 최대의 비용"이라는 말도 있다. 직원들이 업무 요령을 모르니 효율이 떨어지고, 그러다 보니 고객의 불만을 초래하기도 한다. 기업의 자원을 낭비할 뿐만 아니라 직원 자신에게도 좋을 리가 없다. 사실 직원뿐 아니라 기업 내부의 임원도 마찬가지다. 가르치지 않고 전쟁에 내보내면서 잘 싸우라는 것은 기만 행위다. 따라서 서양의 관리학자들은 학습형 조직 구축을 주장한다. 일부 기업은 이러한 이념을 현지 사정과 접목하여 새로운 학습형 조직을 추진, 기업 전체에 반영하여 큰 성과를 내기도 했다.

직무의 범위를
넘어서지 말라

子曰: "不在其位, 不謀其政."

공자가 말했다. "그 직위에 있지 않으면 그 직무를 논하지 않아
야 한다."

―《논어》, 〈태백〉

曾子曰: "君子思不出其位."

증자가 말했다. "군자는 그 지위에서 벗어나지 않도록 생각한다."

―《논어》, 〈헌문〉

人病舍其田而芸人之田.

사람의 병폐는 자기 밭을 버려두고 남의 밭에서 김매는 것이다.

―《맹자》, 〈진심 하〉

君子素其位而行, 不願乎其外.

군자는 현재의 자기 위치에 맞게 행하고 내 분수 밖의 것은 바라
지 않는다.

―《중용》

"그 직위에 있지 않으면 그 직무를 논하지 않아야 한다"는
말은 현대 민주주의 정치와 상반되는 이념이다. 야당이 집권당
보다 나라를 위해 더 열심히 정치하는 게 현실이다. 유가에서
도 "천하의 일을 자신의 소임으로 삼아야 한다以天下爲己任",
"천하의 흥망은 모두에게 책임이 있다天下興亡匹夫有責"라고 강
조하지 않았던가.

가정이나 집안일, 천하의 일에 관심을 갖는 것은 유가의 삶
에서 주장하는 이상적인 정신이다. 요즘 음식점이나 술자리에
서 가장 큰 화젯거리는 상무위원회의 새로운 임기 교체이며,
얼마 전에는 댜오위다오 문제였다. 이 영토 분쟁은 자동차마다
중국 국기와 반일 표어를 달고 다닐 정도로 큰 반향을 일으켰
다. 국가의 대사에 관심을 보이는 건 당연한 일이다. "그 지위
에서 벗어나지 않도록 생각하는" 것은 일처리의 행위 준칙이
며, 온건하고 착실한 업무 기풍이다.

"그 직위에 있지 않으면 그 직무를 논하지 않아야 한다"는
말은 맹자의 표현처럼 자기 밭에 무성한 잡초는 버려두고 남
의 밭 김을 매주는 오지랖을 지적한 것이다. 좀 더 통속적인 말

공자가 내게 인생을 물었다

로 하자면 황제는 급하지 않은데 환관이 조급해하는 격이다. 이런 행동은 사람을 귀찮게 하는 것을 넘어 목숨이 위험해질 수도 있다.

《한비자》에 이런 이야기가 나온다. 임금님의 모자를 담당하는 관리가 있었다. 그는 임금님이 감기에 걸릴까 봐 잠든 임금님에게 다가가 옷을 덮어주었다. 얼마 뒤 그는 사형을 당했다. 그런 일은 마땅히 의복을 담당하는 관리가 할 일인데 그가 나섰기 때문이다. 직권의 범위를 벗어난 죄로 죽임을 당한 것이다.

"당사자보다 제삼자가 더 잘 안다"는 말은 극소수 상황에서만 적용된다. 일반적으로는 당사자가 사정을 가장 잘 파악하고 있다. 외부 사람들이 보기에는 불합리한 것 같지만 당사자로서는 최선인 상황이 많다. 따라서 그 직위에 있는 사람을 바보 취급하면서 함부로 지적해서는 안 된다. 그들이 당신의 의견을 듣는 것 같은가? 그저 예의상 그렇게 받아주는 것뿐이다.

화웨이 회장 런정페이任正非는 신입사원들에게 "작은 제안은 큰 격려를 받지만 큰 제안은 삼가라"는 당부를 한다고 한다. 거창한 제안은 신입사원이 감당할 수 있는 일의 범위가 아니기 때문이다.

조직의 효율을 높이는 비결은 단순하다. 각자 자기 위치에서 맡은 일을 열심히 하면 된다. 각자의 작업 효율이 모여서 조직 전체의 효율이 되는 것이다. 직능이 중복되거나 자기 일을 제쳐놓고 다른 사람의 일을 한다면 소모되는 에너지가 많으며 조직이 삐걱거린다. 그러나 이런 이치를 잘 모르는 리더들이 꽤 많다. 부하직원이 담당하는 업무에 마음이 놓이지 않아 몸소 처리하는 것이다. 결과적으로 자신도 힘들고 부하직원이 성장할 기회 또한 잃게 된다. 제갈량도 이런 사례에 해당한다.

"자기 집 앞의 눈만 쓸고 남의 집 기와의 서리는 상관하지 말라"는 속담이 있다. 지나친 개인주의를 조장하는 말처럼 들리지만 조금만 생각해보면 자기 일에 충실하라는 의미라는 걸 알 수 있다. 다른 집 지붕 위의 눈까지 쓸어주는 사람이 있다면 제정신이 아니라고 할 것이다. 궁하면 자신만을 올바르게 하고, 그 지위에서 벗어나지 않도록 생각하며, 자기 위치에 맞게 행하고, 분수를 벗어나지 않아야 한다.

성공하기 위한
3단계

子路問君子. 子曰: "修己以敬." 曰: "如斯而已乎？" 曰:
"修己以安人." 曰: "如斯而已乎？" 曰: "修己以安百姓."

자로가 군자란 무엇이냐고 질문하자 공자가 말했다. "스스로 수
양하여 경건해져야 한다." 자로가 물었다. "그렇게만 하면 됩니
까?" 공자가 말했다. "자신을 수양하여 사람들을 편안하게 해주
는 것이다." 자로가 물었다. "그렇게만 하면 됩니까?" 공자가 말
했다. "자신을 수양하여 백성을 편안하게 해주는 것이다."

—《논어》,〈헌문〉

"자신을 수양하여 사람들을 편안하게 해주는 것"은 유가사
상의 주제로 통한다. 또한 이 사상은 '내성외왕'의 사유 방식을
구현했으며, '수신, 제가, 치국, 평천하'의 사상구조를 창조했
다. 이렇게 중요한 주제지만 간단하게 정리하자면, 이는 성공

하는 사람의 3단계라고 할 수 있다.

첫 번째 단계, 스스로 수양하여 경건해진다. 사람과 일과 천지자연에 대해 경건해져야 하며, 왕래하는 모든 사람을 공경으로 대하고, 일과 생활에서 발생하는 각종 문제에 진지하게 임한다. 이렇게 함으로써 훌륭한 인간관계를 형성하면 사람들로부터 상처받지 않을 수 있으며, 동시에 일과 생활도 비교적 순조롭게 풀릴 것이다. 자신의 수양에 힘써서 열심히 살면 삶의 질이 높아질 것이며, 비록 사회에 이바지하는 바가 없을지라도 최소한 사회에 해악을 끼치지는 않을 것이다. 인생의 도리는 너무 많아서 모든 것을 소화하기는 힘들다. 그러므로 다른 것을 다 잊더라도 '경敬'만은 명심하여 날마다 속으로 몇 번씩 새긴다면 인생이 달라질 것이다. 이러한 의식이 없으면 처신에 실패할 것이다.

두 번째 단계, 자신을 수양하여 주변 사람들을 편안하게 해준다. 이는 사람들을 안락하고 안전하며 편안한 마음을 갖게 해주고 편안하게 살게 하는 것이며 가족, 친척, 친구, 이웃, 동료 들을 행복하게 해주는 것이다. 관리나 기업가를 포함한 우리 주변의 능력자들은 누구나 이런 의식을 가져야 한다. 옛날 향신 계층이 이에 해당한다. 그들은 많은 자원을 장악하고 경제적으로 윤택하여 기부나 교육에 힘쓰고 소외계층을 도왔으며, 다리를 놓거나 도로를 건설하여 일자리를 창출함으로써 사람들을 편안하게 해주었다.

세 번째 단계, 자신을 수양하여 백성을 편안하게 해준다. 백성을 편안하게 함은 국가와 사회에 이바지하는 일이다. 국가 공무원과 기업가, 학자들이 이런 일을 할 수 있는 사람들이다. 학자는 사상을 제공하고 좋은 기풍을 주장하는 데서 그 존재 의미를 찾아야 한다. 이는 국가와 사회 발전에 실질적인 의미가 있다.

인생 단계의 수준은 삶의 성취나 성공의 수준과 분명 상관관계가 있다. 성취와 성공은 운명의 요소가 개입되어 있기에 자신의 힘만으로는 이룰 수 없다. 자기 힘으로 되는 일은 자신을 수양하는 일이다. 이를 통해 자신을 업그레이드하고 발전시켜야 한다. 이것이 다른 사람과 사회 전체를 편안하게 하는 기초가 된다. 이런 기초가 없으면 그동안 쌓아올린 것이 공중누각이 되어 산산이 흩어져버릴 것이다.

리더의 다섯 가지
수양 방식

聰明睿知, 足以有臨也; 寬裕溫柔, 足以有容也; 發強剛毅,
足以有執也; 齊莊中正, 足以有敬也; 文理密察, 足以有別也.

총명함과 슬기로움으로 충분히 백성에 임할 수 있다. 너그럽고
온유함으로 넉넉히 포용할 수 있으며 강인한 의지로 충분히 뜻을
지킬 수 있다. 단정함과 정중함으로 받들 수 있으며 학문의 이치
가 치밀하여 충분히 선악을 변별할 수 있다.

─⟨중용⟩

이 문장은 원래 성인의 인격을 묘사하는 것으로 우아하고
고전적인 문체를 자랑한다. 이를 단순화하여 리더가 갖춰야 할
다섯 가지 수양으로 정리해보았다.

첫째, 총명함과 슬기로움. 총명하고 견문이 넓으며 학식과
경험, 지능을 모두 갖춰야 복잡한 각종 국면을 해결하고 대중

공자가 내게 인생을 물었다

을 설득할 수 있다.

둘째, 너그러움과 온유함. 재상의 뱃속에서는 배도 저을 수 있다는 말이 있다. 그만큼 리더에게는 넓은 아량과 온화한 태도가 요구된다. 수용 능력과 무던한 태도는 경박하고 민감한 태도와 상반된다. 사람의 마음은 칼날과도 같아서 지나치게 날카로우면 다치기 쉽다. 작은 일에 과도하게 민감하면 마음의 부담을 가중시켜 침착하게 대응하기 어렵다. 온유함은 단단함과 비교되는 말이다. 사람과 사람이 교류하는 데 있어 이익이 단단한 뼈라면 감정은 부드러운 살이다. 이익이 쇠로 된 너트와 볼트라면 감정은 그 사이에 끼워진 고무 패킹이다. 이것이 온유함의 의미다. 인간은 누구나 개성과 결점이 있다. 이를 포용해야 하나의 팀이 되며 한 팀으로 융합할 수 있다.

셋째, 끝까지 버티는 강인한 의지. 후세 사람들은 증국번의 사상을 '정挺'이라는 한 글자로 표현했다. 몸을 곧게 세워 어떤 일에 용감하게 임하며, 어떤 압박과 시련에도 포기하지 않고 끝까지 버틴다. 강직하고 과감하며 생각한 일은 실천에 옮기고 과감히 돌진한다. 이 세상을 살면서 어떤 일 하나는 성취해야 삶이 헛되지 않다. 그러나 어떤 일을 하든 어려움과 시련은 피할 수 없다. 강한 의지와 진취적 정신, 거대한 열정, 끝까지 버티는 끈기가 없다면 아무 일도 성취할 수 없다.

넷째, 단정함과 정중함. '제장중정齊莊中正'의 '제齊'는 '재齋'와도 통하여 몸과 마음을 깨끗이 하는 '재계齋戒'의 의미가 있다. 즉 경건하게 임하라는 것이다. '장莊'은 장중하고 정중하게 정성을 다해야 하며, 대수롭지 않게 여겨서는 안 된다는 뜻이다. '중정中正'은 적당하고 정직하며 공평해야 한다는 의미다. 이렇게 도에 맞아야 도와주는 사람이 많다.

다섯째, 학문의 이치가 치밀하다. 진지하고 치밀하며 신중하게 접근해야 한다. 세심한 곳까지 살펴야 성공할 수 있다. 진지하게 열심히 하는 사람은 못 당한다. 대충하다가는 일을 그르치기 십상이다.

공자가 내게 인생을 물었다

정신적 리더가
되는 길

子曰：“無爲而治者，其舜也與？夫何爲哉？恭己正南面而
已矣.”

공자가 말했다. “하는 일 없이 다스린 사람은 순 임금밖에 없지
않겠는가? 무엇을 하였을까? 스스로 삼가고 다만 남쪽으로 향
하였을 뿐이다.”

— 《논어》, 〈위령공〉

노자는 《도덕경道德經》의 10여 곳에서 '무위無爲'를 논함으
로써 '무위'로 국가를 다스린다는 하나의 사상 체계를 형성했
다. 정부의 간섭을 줄여 사회를 안정시키고 활력을 회복하는
효과를 강조했다. 이런 사상을 배경으로 한나라는 '문경지치文
景之治(한문제漢文帝와 한경제漢景帝가 선정을 베풀어 민심을 안정시킨
치세 - 옮긴이)'의 태평성세를 열었으며, 그 뒤 역대 왕조가 나라

를 다스릴 때도 그 영향을 받았다. 심지어 오늘날 세계적으로 통용되는 자유시장경제를 열었다.

그러나 공자의 이 말에서 우리는 '무위이치無爲而治'가 도가의 전유물이 아님을 알 수 있다. 뿐만 아니라 내가 보기에는 유가의 무위이치가 더 활용성을 갖는 것 같다. 가령 덕으로 정치를 하고, 예법과 음악으로 교화하며, 직무를 정해주고 작은 실수는 눈감아주며, 현명한 인재를 등용하라는 공자의 가르침에서 이를 알 수 있다. 이러한 국가 경영의 틀을 세울 수 있다면 그 국가라는 기계는 자동으로 운행되고 스스로 최적화할 것이며, 국가 원수는 '하는 일 없이 남쪽을 향해' 있으면 큰 잘못을 하지 않는 한 그 자리에 앉아 천하를 다스릴 수 있을 것이다.

지금도 세계에는 입헌군주제도를 실시하는 국가가 많다. 영국, 일본, 태국 등의 군주는 실제 통치권이 전보다 약화되었지만 여전히 지고지상의 권력을 대표하며 사실상 무위이치의 경지에 있다. 2차 세계대전 후 미국은 일본 천황을 전범으로 판결하여 천황제를 폐지하려고 했지만 일본 국민의 심리를 연구한 학자가 천황은 일본 사람들의 정신적 리더이기 때문에 천황을 유지해야 일본의 전후 국면을 통제하는 데 유리하다고 결론을 내리면서 천황제를 유지시켰다. 사실 동서고금을 막론하고 무위이치에 도달한 제왕들은 모두 이러한 정신적 리더 역할을 했다.

정신적 리더는 국가 차원에만 국한되지 않으며, 기업과 여러 조직에도 존재할 수 있다. 정신적 리더는 그냥 탄생하는 것이 아니라 '유위有爲'에서 '무위'로 가는 긴 과정을 거치며, 앞장서서 일하고, 사람들로 하여금 일하게 하며, 게으름을 부리지 않고 꾸준히 노력해야 한다. 이를 통해 거대한 권위와 카리스마가 구축되어야 한다. 무수한 시도와 도전, 평가와 개선을 거쳐 효과적이고 강력한 사상 체계를 형성하여 발전을 이끌어야 마침내 '무위이치'가 가능해진다.

개성 강한 부하직원을 수용하라

將大有爲之君, 必有所不召之臣, 欲有謀焉則就之.

큰일을 이루고자 하는 임금에게는 반드시 불러내기 어려운 신하
가 있는 법이어서, 의논하고 싶은 일이 있으면 찾아가서 만나야
한다.

—《맹자》, 〈공손추 하〉

이 문장이 나온 배경은 무척 흥미롭다. 맹자가 제왕齊王을
알현할 준비를 하고 있었다. 이때 제왕이 보낸 사자로부터 제
왕이 병이 났으니 다음 날 오라는 전갈을 받았다. 부아가 난 맹
자는 자기도 병이 나서 내일은 갈 수 없겠노라고 대답했다. 이
튿날 맹자는 어떤 사람의 장례에 참석하기 위해 외출을 했다.
그런데 뜻밖에도 제왕이 맹자의 병을 보라며 의사를 보낸 것
이 아닌가. 집안 식구들은 하는 수 없이 맹자가 병이 나아 제왕

공자가 내게 인생을 물었다

을 알현하러 가는 중이라고 얼버무렸다. 그러고는 맹자에게 사람을 보내 당장 제왕을 만나러 가라고 전했다.

한 친구가 맹자의 행동이 지나치다고 하자, 맹자는 그 자리에서 상나라 탕왕湯王이 이윤伊尹을, 제나라 환공桓公이 관중管仲의 집까지, 그것도 여러 번 찾아갔던 일을 이야기해주었다. 맹자의 자부심이 느껴지는 대목이다. 그러나 한편으로는 제왕의 체면을 살려주는 태도이기도 하다. 즉 제왕이 맹자의 행동을 용인할 수 있었던 것은 그가 "큰일을 이루고자 하는 임금"이기에 가능하다는 것이다.

그런데 맹자도 미처 생각하지 못한 것이 있다. 이토록 급하게 둘러댄 거절의 말이 '덕으로 직무를 거절한다'는 가치관으로 발전하여 무수한 사람들의 생명을 구했다는 사실이다. 원나라와 명나라는 이민족이 집권한 왕조로, 많은 한족 지식인들이 반감을 가지고 집권자를 위해 일하기를 거부했다. 원나라 세조 쿠빌라이忽必烈는 인재들을 조정으로 불러 관직을 맡기고자 했다. 당시의 문인 유인劉因은 몸이 아프다는 핑계로 이를 거절했으나 쿠빌라이는 화를 내기는커녕 "예로부터 불러내기 어려운 신하가 있다고 하였으니 이 사람이야말로 함께 일을 도모할 인재로다!" 하며 칭찬했다. 청나라 초기에는 명나라 출신의 학자와 명망 있는 인사들이 북경으로 끌려와 조정의 관직을 맡을 것을 강요받았으나 그들은 타협하지 않고 저항했다. 이들이 죽음을 면할 수 있었던 것도 맹자의 이 말 덕분이었다.

오늘날 리더들은 개성 강한 부하직원을 포용하는 법을 배워야 한다. 인재를 중시하는 넓은 가슴으로 그들을 품고, 필요할 때 적당히 풀어주어야 한다. 물론 당신이 품어주는 부하직원은 인품과 능력에서 모두의 인정을 받아야 한다. 그렇지 않으면 상대가 당신의 포용을 만만하게 생각하여 악용할 수도 있기 때문이다.

리더의 자격

道千乘之國: 敬事而信, 節用而愛人, 使民以時.

제후국을 다스릴 때는 일을 신중하게 처리하여 신뢰를 얻어야 하며, 씀씀이를 절약하고 백성들을 사랑해야 하며, 백성들을 동원할 때는 시기를 가려서 해야 한다.

—《논어》, 〈학이〉

이 문장은 임금에게 나라 다스리는 큰 방안을 제시한다. 기업과 다른 조직의 리더도 큰 틀을 세워 경영하면 좋을 것이다.

"일을 신중하게 처리하라"는 사업에 최선을 다해 임하며, 어정쩡하게 해서는 안 된다는 뜻이다. 기업을 보면 많은 사람이 함께 노력하여 일하는 것처럼 보이지만 실상은 대표가 결정적인 힘을 쓰는 경우가 많다. 대표가 한 손만 떼도 그 기업은 틀림없이 쓰러질 것이다. 기업을 경영하면서 스스로가 기업에 신

경 쓰지 않는다면 과연 어떤 직원이 리더를 위해 애써주겠는
가. 역사를 돌아볼 때 망한 나라들은 조정과 황제에서부터 망
조의 기운이 시작된다.

리더가 게으름을 피우면 아랫사람들도 따라서 게으름을 부
린다. 따라서 리더가 성실해야 한다. 신뢰는 자기 말을 지킬 때
온다. 사장과 직원 간에는 모종의 계약관계가 존재하며, 이 계
약을 지키는 일은 매우 중요하다. 계약의 가장 기본은 돈을 준
만큼 일해달라는 것이다. 월급이 적다고 생각하면 이 회사에
들어오지 않으면 그만이지만 이왕 들어왔으면 이 계약을 인정
하고 최선을 다해 일해야 한다. 직원이 열심히 일하면 사장은
약속한 금액을 한 푼도 부족함 없이 제때에 지급해야 한다. 사
장이 약속을 지키는데도 직원이 일을 제대로 하지 않는다면
그건 당사자의 책임이기에 사장은 그를 벌하거나 심지어 내보
낼 수도 있다. 이 모두가 리더의 신뢰 확보에 의해 따라오는 것
들이며 신뢰가 확보되어야 당당하게 나설 수 있다.

'절약'은 두 가지 측면으로 나눌 수 있는데, 그중 하나는 돈
을 아껴 쓰는 일이다. 원가를 절감해야 한다. 돈을 쓰는 데 열
중하는 일부 업종의 행태는 따라하지 말아야 한다. 그런 경우
는 특별한 사례이므로 당신에게는 적합하지 않다. 방송에 소개
되는 사람들은 당신과 무관하며, 수입에 따라 지출하는 것은
당연하다. 절약할 뿐만 아니라 저축에도 힘써야 한다. 건강한
기업은 현금에 여유가 있다. 마쓰시타 고노스케는 유명한 '저

수지 이론'으로 기업에 현금 유동성이 있어야 각종 돌발 상황에 대처할 수 있다고 했다.

또한 리더는 사람을 아낄 줄 알아야 한다. 직원을 지나치게 가혹하게 대하지 말고 자본가가 노동자를 착취하는 경영을 해서는 안 된다. 자신에게 지나치게 가혹한 것도 금물이다. 리더가 건강해야 기업도 경영할 수 있다는 사실을 잊어서는 안 된다. 그런 가운데 직원을 아끼는 마음을 가져야 한다. "자신을 세우고자 하면 남을 세우고, 자기가 도달하고자 하면 남을 도달하게" 하여 직원의 성장을 격려하고 그들의 성공을 도와야 한다. 부모형제를 대하듯 아랫사람을 대하라는 증국번의 교훈을 명심해야 한다.

"백성들을 동원할 때는 시기를 가려서 해야 한다"는 말은 임금이 병력이나 노동력을 동원할 때 농번기를 피하라는 의미가 담겨 있다. 기업의 경우 합리적인 업무시간을 지키라는 뜻으로 이해하면 된다. 지나친 야근을 피하고 직원들의 사생활을 보장해줘야 한다.

이밖에 일을 할 때 좋은 시기를 파악하는 것도 중요하다. 시기를 포착했으면 직원들을 독려하여 전력을 다해 일해야 한다. 시기가 오지 않았다고 판단되면 맹목적으로 추진하지 말고 적당히 여유를 가지고 기다릴 줄도 알아야 한다.

리더의
네 가지 무기

知及之, 仁不能守之, 雖得之, 必失之; 知及之, 仁能守之,
不莊以涖之, 則民不敬; 知及之, 仁能守之, 莊以涖之, 動之
不以禮, 未善也.

지혜가 그에 미쳤더라도 어진 덕으로써 능히 지키지 못하면 그것
을 얻었더라도 반드시 잃고 말 것이다. 지혜가 그에 미치고 어진
덕으로써 그것을 지키더라도 장중한 태도로 대하지 않는다면 백
성들이 존경하며 따르지 않을 것이다. 지혜가 미치고 어진 덕으
로써 그것을 지키며 장중하게 대하더라도 백성들을 동원함에 있
어 예로써 하지 않으면 여전히 부족함이 있다.

— 《논어》, 〈위령공〉

이 문장은 리더의 네 가지 무기로 '지知, 인仁, 장莊, 예禮'를
들고 있다. 이는 유가에서 내세우는 통솔의 덕목으로, 법가에

서 강조하는 '법法, 술術, 세勢'와 대동소이하다.

'지知'는 지혜와 재능이며, 이는 리더의 첫 번째 무기다. 이 덕목이 없으면 창업자는 성공할 수 없으며 공직자는 고위직으로 승진하기 어렵다. 재능이 있어야 리더 자리에 오를 수 있다. 그러나 재능만으로는 그 자리를 지키기 어려우며 다른 덕목이 필요하다.

이럴 때 필요한 덕목이 '인仁'이다. 인은 사람들을 단결시킬 수 있는 어진 덕이다. 상사에게 충성하고 부하직원에게는 관대하며 동료 간에 공경하면 사람들을 자기 주변으로 모아 지지를 얻을 수 있으며, 그래야 당신의 지위를 안정적으로 지킬 수 있다. 그러나 리더는 사람들을 이끌고 어떤 일을 완성해야 하며, 이 과정에서 단결력만으로는 부족하다.

그래서 필요한 덕목이 '장莊'이며, 이는 곧 권위다. 당신이 진정으로 권위가 있다면 당신이 정색할 때 아랫사람들은 긴장할 수밖에 없다. 이런 분위기를 만들려면 행동이 장중하고 점잖아야 한다. 평소 직원들에게 실없는 소리나 건네며 노닥거리다가 갑자기 정색하면서 일을 지시하면 권위가 서지 않는다. 공정함에서 총명함이 나오며, 청렴함에서 권위가 나온다. 누구에게도 치우치지 않아야 자신의 손도 깨끗하며, 누구에게도 약점을 보이지 않아야 당당한 태도로 상대를 설득할 수 있다.

이 세 가지로는 아직 부족하다. '지, 인, 장'은 리더에 대한 개괄적인 요구에 속한다. 복잡하게 얽힌 문제에 직면했을 때

막연한 소양만으로는 결단을 내릴 수 없으며 구체적인 일 처리 규범이 있어야 한다. '예禮'가 곧 규범이다. 자신의 언행에 규범이 있어야 하며, 직원을 지휘할 때 규범에 따라 일을 처리해야 하며, 직원들에 대한 상벌에도 규범이 필요하다. 이러한 규범들은 사실 모종의 계약이다. 계약을 준수하면 모두에게 공평하기 때문에 설령 누군가 손해를 보더라도 원망할 수 없을 것이다.

리더가 갖춰야 할
궁극의 지혜

子曰: "尊五美, 屛四惡, 斯可以從政矣." 子張曰: "何謂五美?" 子曰: "君子惠而不費, 勞而不怨, 欲而不貪, 泰而不驕, 威而不猛." …… 子張曰: "何謂四惡?" 子曰: "不敎而殺謂之虐; 不戒視成謂之暴; 慢令致期謂之賊; 猶之與人也, 出納之吝, 謂之有司."

공자가 말했다. "다섯 가지 미덕을 존중하고 네 가지 악덕을 물리치면 정치에 종사할 수 있다." 자장이 물었다. "무엇을 다섯 가지 미덕이라고 합니까?" 공자가 말했다. "군자는 베풀되 낭비하지 않고, 일하되 원망하지 않으며, 추구하되 탐내지 않고, 너그럽되 교만하지 않고, 위엄이 있으되 무섭게 보이지 않아야 한다." …… 자장이 물었다. "무엇을 네 가지 악덕이라고 합니까?" 공자가 말했다. "미리 교화하지 않고 함부로 죽이는 것은 학정이고, 사전에 훈계하지 않고 결과만 보는 것은 폭정이며, 명령은 늦게 해놓고 기한을 독촉하는 것은 도둑놈 심보이며, 마땅히 나누어줄 것을 망설이며 지출에 인색한 것은 유사와 같은 쩨쩨한 짓이다."

—《논어》, 〈요왈〉

이 다섯 가지 미덕과 네 가지 악덕을 리더가 갖춰야 할 궁극의 지혜라고 하는 이유는 무엇일까? 요, 순, 우 임금과 공자의 정치사상을 종합한 말이기 때문이다. 그러나 원문 중 다섯 가지 미덕을 직접 해석한 부분은 《논어》에서 일관해온 미니멀리즘에 위배되는 것으로, 이는 공자의 원래 의도가 아닌 듯하다. 다섯 가지 미덕을 직설적으로 설명해보자.

하나, 베풀되 낭비하지 않는다. 리더는 재물이 없으면 사람이 모이고 재물이 모이면 사람이 흩어진다는 의식을 가지고 장려와 격려의 수단을 잘 이용해 직원을 보살펴야 한다. 그러나 베풀 때도 원칙과 규정을 따라야 한다. 남발하거나 베풀면 안 되는 대상에게 베푼다면 나쁜 행동을 조장하게 된다.

둘, 일하되 원망하지 않는다. 이 말은 노동에 중점을 둔 말이 아니다. 엄격하게 자신을 단속하고 타인에게는 관대한 태도를 강조하는 말이다. 리더 또는 리더 의식이 있는 사람은 다른 사람보다 당연히 더 많이 일해야 한다. 남보다 부지런하고 책임감도 있어야 한다. 직원과 동료들은 상대적으로 느슨할 수밖에 없다. 그렇다고 불편하게 생각하거나 원망하고 질책해서는 안 되며 그들과 단결해야 한다.

셋, 추구하되 탐내지 않는다. 리더는 야심과 투지를 가지고 적극적으로 개척하고 혁신해야 한다. 그러나 과분한 욕심을 내서는 안 되며 리스크를 대비하여 절제하는 의식이 있어야 한다. 유명한 '바둑의 10대 비결' 중 첫 번째가 이기려는 욕심을 버리라는 것이다.

넷, 너그럽되 교만하지 않는다. 대범하되 오만한 태도는 금물이다. 리더는 높은 곳에서 먼 곳을 내다보는 안목이 있어야 하며 전체를 보는 큰 가슴으로 침착하고 담담하게 임해야 한다. 그러나 이 모든 것은 내재된 역량으로 일부러 드러내서는 안 된다. 자칫하면 교만으로 흐르기 쉽기 때문이다. 증국번은 고금의 재주 있는 사람 중에는 교만하여 실패한 경우가 많다고 했다. "신은 그를 죽음으로 이끌기 전에 미치게 만든다." 사람이 자만하여 모든 것을 잊어버리고 자기가 누구인지도 모르면 끝이 멀지 않았다는 신호다.

다섯, 위엄이 있으되 무섭게 보이지 않아야 한다. 리더는 자기 권위를 유지해야 한다. 이를 위해 능력과 실적으로 상대를 설복하며, 엄격한 징벌 조치를 실시하여 상대가 두려워하게 해야 한다. 호들갑을 떨어 겁을 주라는 뜻이 아니다. 직원을 처벌할 때는 반드시 근거가 있어야 하며, 절대 지나치거나 불공평하게 처리해서는 안 된다.

'네 가지 악덕'은 리더가 자주 범하는 잘못이다. 첫째는 교육 항목인데, 특정한 잘못은 절대로 범해서는 안 된다는 점을 부하직원들에게 강조해야 한다. 두 번째는 지도 항목으로, 이는 수시로 제때에 진행해야 한다. 세 번째는 감독 항목이며, 업무 진도 등의 상황을 수시로 검사해야 한다. 네 번째는 징벌 항목이며, 엄격하면서도 제때에 집행해야 한다.

'리더'라는 말에는 여러 사람을 이끈다는 의미가 담겨 있다. 리더의 지혜는 결국 부하직원과 함께하는 지혜이며, 여기서 언급한 것만으로 그쳐서는 안 된다.

5장

—

돈을 어떻게
인식할 것인가

돈 이외의 것에
의미를 두어라

子曰: "富而可求也, 雖執鞭之士, 吾亦爲之. 如不可求, 從吾所好."

공자가 말했다. "부를 구하여 얻을 수 있다면 비록 마부의 일이라도 하겠다. 만약 구해도 얻을 수 없다면 나는 내가 좋아하는 것을 하겠다."

—《논어》, 〈술이〉

子曰: "飯疏食, 飲水, 曲肱而枕之, 樂亦在其中矣. 不義而富且貴, 於我如浮雲."

공자가 말했다. "나물밥에 물 마시며 팔 베고 눕더라도 그 속에 즐거움이 있다. 부정한 수단으로 얻은 재물은 내게 뜬 구름과 같다."

—《논어》, 〈술이〉

언젠가 누군가 나에게 이상이 뭐냐고 물었다. 나는 용기를 내서 "출세하고 돈 버는 것"이라고 대답했다. 솔직한 심정이었는데도 말하고 나니 왠지 찜찜한 기분이 들었다. 공자는 부에 대한 자신의 갈망을 거침없이 표현했다. 그는 부자가 될 수 있다면 마부의 일이라도 하겠다고 했다. 이는 우리 노동자들의 마음의 소리다. 《상서》에서는 사람에게 다섯 가지 복이 있으며, 그중 부를 두 번째 복이라 했다. 그러니 부를 추구하는 것은 당연하며 부끄러워할 일이 아니다.

한 학자가 독서에 빠진 사람들을 '독서교讀書敎'라고 부른 적이 있다. 이런 논리대로라면 세계 최대의 종교는 단연 '배금교拜金敎'이며, 최대의 신은 '재물신', 최대의 신앙은 '배금주의'가 될 것이다. 오늘날의 영웅은 주로 재물을 많이 모은 사람들이다. 그들은 '배금교'의 '대부'이며 '성현'이다.

그러나 부를 갈망하고 그것을 얻기 위해 일을 한다고 해서 반드시 부자가 되는 건 아니다. 물론 온갖 고생을 무릅쓰고 희생하여 부자가 될 수도 있다. 하지만 그 뒤에는 무엇을 할 것인가? 부자가 되든 아니든 자기가 좋아하는 일을 해야 의미를 찾을 수 있다.

공자는 공부와 성현의 말씀, 사람들 교화하기를 좋아했다. 그래서 공부하고 공부를 가르쳤던 것이다. 하지만 이런 일을 해서는 부자가 되기 어려우니 안빈낙도安貧樂道를 실천했다. 가난 속에서도 즐거움을 발견했다. 팔을 베고 누워 흘러가는 구름을 쳐다보는 것도 즐거움이다. 더 즐거운 일은 날마다 자신이 좋아하는 일, 의미 있는 일을 하는 것이다. 이런 일을 하는 데는 돈이 들지 않는다. 좋은 집과 좋은 차를 통해 얻는 심리적 안정감을 갈망하는 사람도 있지만, 이 세상에서 가장 부유한 사람이라도 이런 것들을 통해 완벽한 만족감을 느끼지 못한다는 사실을 알아야 한다.

빌 게이츠와 워런 버핏은 각자의 일을 하면서 한편으로는 자선을 실천한다. 그들이 좋아하는 일이기 때문이다. 공자가 좋아하는 일과 빌 게이츠가 좋아하는 일은 본질적으로 같다. 인생에서 의미를 찾고 싶은 것이다. 부는 생존과 생리적 측면의 문제를 해결해줄 뿐이다. 인생의 의미는 여기서 그치지 않는다. 삶에서 의미를 찾지 못한다면 부귀함도 눈앞을 스쳐가는 연기와 다를 바 없다.

돈을 버는 것은
자신을 수행하는 일

仁者以財發身, 不仁者以身發財.

어진 이는 재물로 자신을 발전시키고, 어질지 못한 자는 몸을 바
쳐 재물을 일으킨다.

—《대학》

사람은 먹기 위해 사는 것이 아니라 살기 위해 먹는다. 돈벌
이도 더 나은 삶을 위한 것이다. 그러나 많은 사람들이 돈은 많
이 벌었지만 건강을 잃어버려, 결국 돈은 은행에 있는데 사람
은 천국에 있는 상황에 처한다.

'신身'은 물리적인 몸 외에 '수신修身'의 '신'이라는 의미도
있다. 두웨이밍 교수가 재미있는 이야기를 했다. "어떤 사람이
'불교는 마음을 수양하고 유가는 몸을 수양한다'고 하여 몸과
마음을 갈라놓았다. 누가 들으면 유가에서 사람들에게 운동선

수가 되라는 줄 알겠다."

유가에서 말하는 '신'은 신체와 정신의 결합체이며, '수신'은 심신의 조화를 실현하여 내재된 덕성과 역량을 쌓는 일이다. 수신의 최고 경지는 "백성을 새롭게 하며 지극한 선의 경지에 이르는 것", 즉 인류의 행복이다. 재물로 자신을 발전시키는 최고의 경지도 이와 같다.

증국번은 "목숨을 바쳐 국가에 보답하며 몸을 편안히 두지 않고 행실을 닦는다拼命報國, 側身修行"고 했다. 부를 추구하는 과정에서 누구나 병행하는 주제가 있다. 수행과 수신이다. 당사자가 확실히 의식하지 못할 뿐이다. 돈을 버는 일에는 많은 어려움이 따르기 때문에 심신의 시련을 겪는다. 이 과정에서 의식하지 못한 채로 행실을 닦는 수행이 진행된다.

돈은 몸 밖의 것이다. 돈을 버는 과정에서 갖가지 어려움을 겪을 때 그것이 자신을 갈고 닦는 수련의 과정이라고 생각하면 마음이 편안해질 것이다. 돈 버는 목표에 도달했을지라도 이 돈은 더 많을 일을 위해 사용할 수 있고, 자신을 발전시키는 데 쓸 수 있다는 의식을 가지면 더욱 담담해질 것이다.

돈을 추구할 때의
의로움과 이로움

君子喩於義, 小人喩於利.

군자는 의로움에 밝고 소인은 이로움에 밝다.

─《논어》, 〈이인〉

富與貴, 是人之所欲也. 不以其道得之, 不處也.

부와 귀는 사람들이 바라는 것이나, 합당한 방식으로 얻은 것이
아니면 누리지 말아야 한다.

─《논어》, 〈이인〉

不義而富且貴, 於我如浮雲.

의롭지 않으면서 부귀한 것은 나에게 뜬 구름과 같다.

─《논어》, 〈술이〉

仁義而已矣, 何必曰利?

인의면 그만이지 어찌 이익을 말하는가?

—《맹자》, 〈양혜왕 상〉

行一不義, 殺一不辜而得天下, 皆不爲也.

조금이라도 불의를 행하거나, 무고한 사람을 죽이면서까지 천하
를 차지하는 짓은 저지르지 않을 것이다.

—《맹자》, 〈공손추 상〉

유가는 재물 추구에 반대한 적이 없다. 심지어 정치가 깨끗
한 사회에서 가난하다면 불가항력적 요인이 아닌 한 그것은
부끄러운 일이라 여긴다. 유가는 "군자가 재물을 좋아하지만
도리를 지켜 그것을 얻는다"고 주장하여 돈을 벌 때 도의와 도
덕에 어긋나지 않아야 함을 강조했다. 맹자는 도의에 어긋나면
황제 자리도 거부한다고 하지 않았던가.

그러나 현실적으로 황제의 영광 뒤에는 수많은 사람의 희
생이 있다. 사람들은 부를 추구하는 과정에서 치열한 경쟁을
치러야 한다. 토끼는 급하면 사람을 물고, 개는 급하면 담을 뛰
어넘는다. 사람은 급하면 수단을 가리지 않으니 도의를 저버리
는 것쯤은 아무것도 아니다. 그러다 보니 부자를 보는 사람들
의 시선이 부정적으로 변한 것이다. 여기에 "군자는 의로움에
밝고 소인은 이로움에 밝다"는 말까지 더해지면서 중국 사람

들은 돈에 대해 일종의 모순된 심리를 갖게 되었다. 속으로는 좋아하지만 표현하지 못하게 된 것이다. 사람들의 눈에 돈만 밝히는 소인으로 비치는 걸 꺼려해서다.

　이러한 문화배경 때문에 명청시대 이전에는 상인들의 지위가 매우 낮았으며 상공업 발전에도 제약을 받았다. 유가사상의 영향을 많이 받은 일본도 상황은 비슷했다. 그러나 메이지유신 이후 근대공업이 대대적으로 발전하면서 근대공업의 아버지 시부사와 에이이치는 《논어와 주판論語と算盤》이라는 책을 통해 부에 대한 사람들의 편견을 바꾸려고 노력했다. 무사의 정신과 상인의 재능을 겸비한다는 '사혼상재士魂商才' 이념을 제시한 것이다. 여기서 그는 유가사상이 상공업 발전에 불리하지 않으며, 실업의 발전에 중요한 지도적 의미가 있음을 강조했다.

　사실 서한시대에 동중서董仲舒는 "군자는 의로움에 밝고 소인은 이로움에 밝다"를 주해하면서 "군자는 관리를 가리키고 소인은 백성을 가리키며, 옳고 그른 것에 대한 가치 판단이 아니라 관리의 책임을 강조한 말"이라고 밝혔다. 그는 다음과 같은 역사적 사실을 인용하기도 했다. 춘추시대 노나라의 재상 공의휴公儀休는 부인이 베를 짜고 텃밭에 채소를 기르는 것을 보고 칭찬은커녕 크게 화를 내며 베틀을 버리고 채소밭을 짓밟아버렸다. 관리는 백성들과 이익을 다투지 않아야 한다는 것이 그 이유였다. 이것이야말로 "군자는 의로움에 밝다"는 말의 본질이다. 국가로부터 고정적으로 봉록을 받는 관리는 자기 직무에 충실하면 그만이다. 재물에 욕심을 부린다면 문제가 생길 것이다. 국가도 마찬가지로 고정된 세수가 있기에 공정함과 자유와 안정을 확보할 책임이 있다. 맹자의 말처럼 "인의면 그만이지" 기업을 차려 백성의 돈을 벌면 안 된다.

그러나 보통 사람은 돈을 벌어야 먹고산다. 따라서 돈을 좇는 것은 당연한 이치다. 불교 사찰과 도교의 관, 심지어 공자의 사당에서도 재물신을 모신 곳이 많다. 모시지 않았더라도 사람들은 향을 올리며 부자가 되게 해달라고 소원을 빈다. 이는 현세의 인생을 중시하는 유가의 관념을 반영한 것이다.

다만 돈을 버는 과정에서 이익이 되는 일이 있어도 의리를 잊지 않아야 하며, 도덕적인 구속이 없어서는 안 된다. 또한 유가는 "이익을 좇아 행하면 원한을 산다"고 했다. 돈만 따라다니느라 그 밖의 것들을 돌아보지 않는다면 사람들의 원한을 사게 되어 안정적인 사업의 기초를 다질 수 없다. 결국 그렇게 해서 얻는 이익은 오래가지 못한다.

베풀면
사람이 모인다

財聚則民散, 財散則民聚.

재물을 움켜쥐면 백성이 흩어지고, 재물을 뿌리면 백성이 모인다.

—《대학》

아마 청년들은 알리바바 그룹 회장 마윈을 통해서 "재물을 뿌리면 백성이 모인다"는 말을 처음 들어봤을 것이다. 2007년 알리바바가 홍콩에서 상장할 때 거의 모든 중문 매체가 이 말을 소개했다. 마윈이 주식 대부분을 직원들에게 나눠주고 작은 지분만 소유한 것을 두고 한 말이었다. 유가사상이 여전히 의미 있는 이념의 지표가 되고 있음을 보여주는 예라고 할 수 있다. 이 글귀를 통해 몇 가지를 생각해볼 수 있다.

첫째, 유가는 이익 추구를 인정한다. 사람들은 돈을 주는 사람에게 모여들게 되어 있다. "젖을 주면 어머니다"라는 말은 듣기 거북하지만 사실이 그렇다. 공자는 "혜택을 주면 사람을 부릴 수 있다"고 하여, 좋은 것을 주면 사람을 쓸 수 있으며, 돈으로는 귀신도 부릴 수 있다고 했다. "재물을 뿌리면 백성이 모인다"는 말은 사장과 직원 같은 상하관계뿐 아니라 친구, 동료, 고객처럼 수평관계에도 적용된다. 물론 뇌물을 주라는 이야기가 아니다. 그저 자신이 이런 관계를 처리할 때 도덕과 정서에 부합하는 한도 내에서 좀 더 대범하고, 좀 더 민첩하게 임하라는 뜻이다.

둘째, 이익을 공정하게 분배해야 한다. 돈을 버는 과정에서 고생한 사람들을 충분히 고려하여 공평하게 수익을 분배해야 한다. 그래야 후에도 협력을 유지할 수 있다. 수익이 나기 전에 미리 분배하면 효과는 더 좋아진다.

셋째, 주식제도는 "재물을 뿌리면 백성이 모인다"는 이념을 제도화한 것이다. 성장 중인 기업은 주식제도의 선택에 직면하게 되고, 회사가 일정 수준까지 성장했을 때는 필수적인 사항이 된다. 그러나 사람을 모으되 돈은 덜 쓰고 싶은 것이 모든 리더들의 고민이다. 돈을 뿌렸는데 사람이 모이지 않으면 골치가 아프니 말이다.

넷째, 이 말의 원뜻은 국가적인 측면에서 나왔다. 백성을 위해 부를 축적해야 한다는 뜻이다. "산택에 관한 금령을 폐지하고 관시의 세금을 낮추어 그 혜택을 백성에 돌려주었다廢山澤

之禁, 弛關市之稅, 以惠百姓"라는 말은 유가가 집권자에게 적극적으로 호소한 말이다. 중국은 세계에서 세금 부담이 가장 큰 나라라고 한다. 모든 공무원이 어떻게 하면 재정 수입을 늘릴까 혈안이 되어 있다. 나는 간부에게 '세수 위주의 재정 정책'에서 탈피해야 한다고 건의한 적이 있다. 세금으로 국가와 지방 재정을 충당하면 돈 없는 기업이 어떻게 성장할 수 있단 말인가. 기업 경영이 어려운데 세금은 어떻게 내며, 직원들에 대한 대우를 어떻게 개선할 수 있겠는가. 이는 물고기를 잡겠다고 연못의 물을 다 퍼내는 것이며, 알을 얻겠다고 닭을 죽이는 격이다. 부자들이 외국으로 이민을 떠나는 이유도 세금 부담 때문이다. 스위스의 상속세가 가장 낮다고 하니 나이 든 부자들이 모두 스위스로 몰려가는 실정이다.

다섯째, 사람이 있어야 재물도 있다. 사람이 있는데 어찌 돈이 없는 것을 걱정하겠는가. 그래서 증국번은 관직과 군대 경험을 정리하면서 사람을 얻는 것이 의지할 수 있는 유일한 비결이라는 결론을 얻었다. 자수성가한 창업자들은 어릴 때부터 생활이 어려워서 돈을 목숨처럼 여기는 경향이 있다. 이런 사람일수록 돈을 뿌려야 사람이 모인다는 관념을 수립해야 한다. 그렇지 않으면 대다수 창업자들이 몇 년 뒤 문을 닫거나 여전히 구멍가게 수준에 머물러 있거나, 기껏해야 시골 부자 수준에 머물고 만다.

부자에 대한
편견을 버려라

由君子觀之, 則人之所以求富貴利達者, 其妻妾不羞也, 而
不相泣者, 幾希矣!

군자가 볼 때 부귀와 이익, 영달을 추구하는 방법 치고 그 아내와
처가 창피해서 서로 붙잡고 울지 않는 사람이 드물 것이다.

─《맹자》, 〈이루 하〉

陽虎日: "爲富不仁矣, 爲仁不富矣."

양호가 말했다. "부자가 되려면 어진 일을 못할 것이요, 어진 일
을 하려면 부자가 못 된다.

─《맹자》, 〈등문공 상〉

부자에 대한 편견은 몇 가지 이유에서 비롯된다.

첫째, 우리는 부자가 더 많은 자원과 기회를 차지한다고 생

각한다. 그런 이유로 부자들은 부러움과 질투의 대상이 된다.

둘째, 부자에 대해 너무 많은 기대를 한다. 그랬다가 그것이 충족되지 않을 때 실망이 원망으로 바뀐다. 시부사와 에이이치는 자신의 책에서 모르는 사람들에게 매일 편지를 받는다고 털어놓았다. 그들은 각자의 처지를 하소연하며 도움을 청하지만, 모두에게 만족할 만한 대답을 줄 수는 없는 일이다. 나는 부자들과 접촉할 기회가 있을 때마다 나도 모르게 그 사람이 나를 조금만 도와주면 얼마나 좋을까 하는 생각을 하곤 한다. 그럴 때마다 스스로에게 경고한다. 그렇게 되면 아무것도 얻지 못할 뿐만 아니라 나와 친구가 될지도 모르는 사람마저 잃게 된다고 말이다.

셋째, 일부 부자들이 부를 과시하는 행동 때문이다. 그것은 덕을 잃는 행위다.

부자에 대한 편견은 후대에 와서 관습처럼 굳어졌다. 유가는 도에 뜻을 둔 사람들이 대부분이었으며 가난한 자들이 많았다. 그러다 보니 부를 축적하는 일과 가깝지 않았다. 어쩌면 부자들의 부정한 수단을 직접 목격했을 수도 있다. 그런 부정적인 상황에 직면해보지 않았더라도 자신이 가질 수 없는 부에 대해 일종의 정신승리 심리가 작동했을 수도 있다. 아울러 유가 출신은 지식인으로 발언권을 쥐고 있었으며 정치권력을 쥔 사람들도 많았다. 부자들에 비해 정치적으로 우위에 있었기 때문에 부자들을 억누르고 적대시하거나 노골적으로 탄압하기도 했다.

중국 고대에는 상업이 가장 천한 직업군에 속했다. 그러나 이런 상황은 공산혁명시대에 와서 완전히 뒤바뀐다. 지주와 자본가 같은 부자들은 하루아침에 죄인으로 전락하고 가난한 사람들이 빛을 보는 시대가 된 것이다. 맹자는 이런 이야기를 들려준다. 제나라에 돈이 많아 보이는 사람이 있었다. 첩까지 둔 그는 날마다 아침 일찍 나가 밤늦게 술에 취해 돌아왔다. 그러고는 잔칫집에 다녀왔다고 둘러댔다. 하루는 처와 첩이 그 뒤를 몰래 따라가 살폈더니 잔칫집이 아니라 남의 상갓집에 가서 밥과 술을 먹고 있었다. 맹자는 이에 대해 이런 견해를 밝혔다. 부자의 배후에는 입에 올리지 못하는 상황이 있다는 것이다. 그러나 다른 관점에서 볼 때 이 이야기는 부자에게도 남에게 말하지 못하는 괴로움이 있다는 뜻이기도 하다.

누군들 떳떳하게 정도를 걷고 싶지 않겠는가. 또 누군들 도덕적으로 높은 경지에 오르고 싶지 않겠는가. 그러나 현실은 잔혹하다. 노력과 수고는 물론이고 지혜도 필요하다. 그러나 이것만으로는 부족하다. 재산이 많은 나의 지인은 사업 때문에 자존심을 내려놓고 모욕을 견뎌야 할 때도 있다고 말했다.

부자가 되더니 친구를 멀리 한다고 느끼는 경우도 있다. 그의 재산이 늘어난 것만 생각하고 그가 상대하는 사람과 처리할 일이 더 많아졌다는 생각은 하지 못하는 것이다. 그러다 보니 서로 생각하는 방식과 가치관에 거리가 생길 수밖에 없다. 서로 달라진 환경을 인정하고 담담하게 받아들여야 한다.

돈을 버는
크고 넓은 길

生財有大道: 生之者衆, 食之者寡, 爲之者疾, 用之者舒, 則
財恒足矣.

재물을 만드는 데 대도가 있으니, 그것을 생산하는 사람이 많고,
그것을 먹는 사람이 적으며, 그것을 생산하는 사람이 빠르게 움
직이고, 그것을 쓰는 사람이 느리면 재물은 항상 풍족할 것이다.

—《대학》

이 말은 국가 재정에 관한 것으로 생산을 장려하고 정부 조
직을 간소화하며, 생산에 대한 정부의 간섭을 최소화하고, 재
정 지출을 엄격히 통제해야 국가 재정을 충분히 확보할 수 있
다고 주장한다.

이 말은 오늘날 상황에 대입해도 전혀 이질감이 없다. 미국
에서 서브프라임 위기가 발생했을 때 전문가들은 미국 경제가

금융 등 서비스형 산업에만 중점을 두고 농업이나 공업 등 생산형 산업 발전을 등한시한 것이 병폐라고 지적했다. 중국의 정부 기구는 지나치게 비대하여 인원수를 거짓 보고하고 남는 급료를 착복하는 경우도 흔하다. 조직 간소화를 외친 지 오래되었지만 전혀 효과가 나타나지 않는다. 보도에 따르면 총인구에서 공무원이 차지하는 비율이 세계에서 가장 높은 나라가 중국이라고 한다. 이런 점에서는 옛날이 더 나았다. 명나라는 중앙정부의 관리가 몇 만 명에 지나지 않았고, 인구 수십 만에 달하는 현에서는 십수 명의 관리들이 업무를 처리했다.

'위지자질爲之者疾'은 정부가 지나치게 많은 사람들을 동원하지 말고 발 빠르게 움직여서 일을 처리하라는 말이다. 올림픽 개최를 예로 들어보자. 런던올림픽 개막식을 불과 며칠 앞두고도 런던 시내는 아무 일도 없는 것처럼 평온했다. 체면만 생각하여 비용을 고려하지 않는 행태는 고쳐야 한다.

중국은 국가 재정에는 문제가 없으나 지방 재정은 위험한 지경에 빠진 곳이 많다. 국유기업과 토지를 매각하며 돌려막기 식으로 운영하다 보면 조만간 큰 문제가 터진다. 국가 재정과 관련된 이야기는 이쯤에서 접어두고 개인이나 기업 재정에 대해서 이야기해보자. 돈을 많이 벌고 적게 쓰면 당연히 돈이 남는다. 이처럼 간단한 이치야말로 진리에 가장 근접한 것이다.

비즈니스모델은 단순할수록 돈을 벌 수 있다. 차이나텔레콤은 통신설비를 구축한 다음 그 회선을 이용해 전화 이용자로부터 이용료를 받는다. 중국석유천연가스그룹도 사업 모델은 단순하기 그지없다. 휘발유 1리터당 원가가 6위안인데 주유소에서 리터당 7위안에 판다. 은행은 낮은 금리로 예금을 유치해서 높은 금리로 대출을 해주며 금리 차익을 벌어들인다. 월마트는 모든 상품을 싸게 사서 비싸게 판다. 맥도날드는 단순한 메뉴 몇 가지만 취급한다. 햄버거를 팔아 현상을 유지하고 음료수를 팔아 돈을 버는 구조다. 점포가 하나라면 버는 돈에 한계가 있겠지만 그것도 걱정할 필요가 없다. 프랜차이즈를 통해 '규모화'를 실현하면 된다. 투자의 신 워런 버핏에게 특별한 자기만의 비결이 있는 것도 아니다. 그저 회사 가치보다 가격이 낮은 주식을 사들이면 된다. 전문가들은 이를 '가치이론'이라는 그럴듯한 이름으로 부르지만, 사실 회사를 헐값으로 사들이는 것뿐이다. 규모를 확대하고 효율을 제고하여 원가를 절감하는 것, 이것이 바로 돈을 버는 방법이다.

가난과 부유함을
어떻게 대할 것인가

子貢曰："貧而無諂, 富而無驕, 何如？"子曰："可也. 未若
貧而樂道, 富而好禮者也."

자공이 말했다. "가난해도 아첨하지 않고, 부유해도 교만하지 않
으면 어떻습니까?" 공자가 말했다. "훌륭하다. 그러나 가난해도
도를 좋아하고, 부유하면서도 예를 좋아하는 사람만 못하다."

―《논어》,〈학이〉

子曰："士志於道, 而恥惡衣惡食者, 未足與議也."

공자가 말했다. "선비가 도에 뜻을 두고도 나쁜 옷, 나쁜 음식을
부끄러워한다면 함께 토론할 수 없을 것이다.

―《논어》,〈이인〉

子曰: "賢哉, 回也! 一簞食, 一瓢飮, 在陋巷. 人不堪其憂,
回也不改其樂. 賢哉, 回也!"

공자가 말했다. "안회는 훌륭하도다! 밥 한 그릇, 물 한 바가지
에 누추한 오두막에 살면서, 다른 사람이라면 그 근심을 견디지
못하거늘, 안회는 그 즐거움을 바꾸려 하지 않는다. 안회는 훌륭
하구나!"

—《논어》, 〈옹야〉

子曰: "貧而無怨難, 富而無驕易."

공자가 말했다. "가난하며 원망하지 않기는 어려우나, 부유하며
교만하지 않기는 쉽다."

—《논어》, 〈헌문〉

　　단도직입적으로 말해 인간의 생존은 가난한 상태와 부유한
상태로 나눌 수 있다. 빈부문제는 줄곧 모든 사회문제와 인생
문제의 근원이었다. 역대 왕조가 무너진 배경에는 지독히 가난
한 사람들이 있었다. 그들은 굶어 죽으나 반역하다 죽으나 어
차피 죽는 것은 마찬가지라는 생각으로 반역을 일으켰다. 먹고
살 만한 사람들이 뭐가 아쉬워서 위험을 무릅쓰고 나서겠는가.
옛말에 "천하가 왁자지껄하니 모두가 이익을 위해 오고, 천하
가 어지러우니 모두가 이익을 위해 간다天下熙熙, 皆爲利來; 天下
攘攘, 皆爲利往"고 했다. 오늘날 시장경제에서 돈은 자원 배치의

요소로 작용한다. 사람들이 열심히 일하는 이유도 돈을 더 많이 벌어 가난에서 벗어나기 위해서다. 그렇다면 가난하거나 부유한 생존 상태에 처했을 때 어떻게 행동해야 할까? 우선 가난할 때는 다음의 네 가지에 주의해야 한다.

첫째, 가난해도 아첨하지 않아야 한다. 줏대를 잃지 말고 인격적으로 독립해야 하며, 부자의 비위를 맞추느라 영합하지 않아야 한다. 상대가 금송아지를 가지고 있다 해도 나와는 무관하며, 내가 구걸을 하더라도 네 집으로는 가지 않겠다고 마음먹어야 한다.

둘째, 가난해도 도를 지켜야 한다. 도를 논하라는 것이 아니라 도에 뜻을 두고 이를 행하라는 뜻이다. 가난해도 기죽지 않아야 하며 삶과 타협해서도 안 된다. 이상과 신념을 지키고 꾸준히 노력해야 한다.

셋째, 그 즐거움을 바꾸려 하지 않는다. 즐거움은 물질과 무관하며 정신에서 비롯된다. 가난한 생활에서 즐거움을 찾고, 낙관적이고 진취적인 마음을 가져야 한다.

넷째, 원망하지 않는다. 가난하면 어려운 일도 많으니 가난이 결코 좋은 것은 아니다. 그렇다고 원망하면 무슨 소용이 있겠는가. 남 탓을 하고 세상을 원망하면 시간만 낭비되고 기운만 빠진다. 부자를 미워한다고 내가 부자가 되지는 않는다. 그럴 시간에 묵묵히 열심히 일하는 것이 낫다.

부유함에도 두 가지 경지가 있다. 낮은 경지는 부유하며 교만하지 않는 것이다. 겸손한 태도로 낭비하지 않아야 오랫동안 부를 유지할 수 있다. 사람들이 부자를 싫어하는 이유는 벼락부자들이 부를 과시하며 대중의 심사를 자극하기 때문이다. 이런 부자는 언젠가 호된 대가를 치를 것이다. "군자에게는 큰 도리가 있으니, 정성과 신뢰를 다하면 그것을 얻고, 교만방자하면 그것을 잃게 된다." 재물을 얻는 것이 쉽지 않기에 선조들은 겸손함으로 이를 지켰다.

좀 더 높은 부자의 경지는 부유하면서도 예를 좋아하는 것이다. 《공자가어》에 이와 관련된 이야기가 있다. 남궁경숙南宮敬叔은 부를 축적하다가 노나라 정공定公의 미움을 사 위나라로 도망쳤다. 위나라 임금이 그를 돌려보내려고 하자 수레에 보물을 싣고 왔다. 공자가 이를 듣고 "부유하면서 예를 좋아하지 않으면 반드시 재앙이 있을 것"이라고 했다. 남궁경숙이 공자를 찾아가 재앙을 피할 방법을 묻자 "예를 따라 재물을 베풀라"고 했다. 가난한 사람에게만 재물을 나눠주라는 말이 아니었다. 예로부터 부자가 통치자의 미움을 사는 일은 셀 수 없을 정도로 많았다. 부자는 통치자에 대한 위협이라는 말이 있을 정도였다. 따라서 부자가 예를 지키는 것은 목숨을 부지하는 수단이었다.

당신이 "가난해도 도를 지키고 있다면貧而樂道" 이를 통해 느끼는 바가 있을 것이다.

6장

가정을 어떻게
지킬 것인가

가족 간의 사랑이
가장 오래가는 행복이다

天下之士悅之, 人之所欲也, 而不足以解憂; 好色, 人之所
欲, 妻帝之二女, 而不足以 解憂; 富, 人之所欲, 富有天下,
而不足以解憂; 貴, 人之所欲, 貴爲天子, 而不足以解憂. 人
悅之, 好色, 富貴, 無足以解憂者, 惟順於父母, 可以解憂.

천하 선비들이 기꺼이 따라주기를 바라지만 그것으로는 근심을
풀기 어려웠다. 색을 좋아하는 것은 사람의 욕심이다. 요 임금이
두 딸을 처로 주었지만 그것으로는 그의 근심을 풀 길이 없었다.
부유함은 모든 사람들이 바라는 것인데 순 임금은 천하를 소유했
다. 그러나 그것으로 그의 근심을 풀기는 부족했다. 귀하게 되는
것은 모든 사람들이 바라는 것인데 순 임금은 천자에 올랐다. 그
러나 그의 근심을 풀기에는 부족했다. 사람들이 자신을 좋아하는
것과 여색과 부귀는 그의 근심을 해결하기에 부족했다. 오직 부
모를 따르는 것만이 그의 근심을 풀 수 있었다.

─《맹자》, 〈만장 상〉

공자가 내게 인생을 물었다

사람들은 명예와 이익, 권력, 사랑을 원한다. 그것을 얻기 위해 열심히 노력하지만 막상 원하는 것을 손에 넣었다고 해서 다 행복해지지는 않는다. 이것이 불가사의한 인생의 역설이다. 사람은 허영을 좇고 명예를 원한다. 그러나 유명해지고 나면 그 만족감이 오래가지 않으며 번뇌와 스트레스가 뒤를 따른다. 연예인들 중 약물을 복용하거나 자살하는 사람이 많은 이유도 화려함 뒤에 무한한 처량함을 감추고 있기 때문이다. 동전은 한쪽 면만 있지 않다. 하늘은 금전과 권력을 주지만 동시에 사람들이 원치 않는 것과 묶어서 준다.

이렇게 얻은 행복이 오래갈 수 있을까? 이 세상에서 가장 오래가는 행복은 가족의 사랑에서 비롯된다. 자녀가 부모에게서 느끼는 행복을 떠올려보라. 부모와 함께하는 자녀는 행복하며 마음이 안정된다. 사람들이 불행한 이유는 명예와 사랑, 부귀를 얻은 뒤에 이것을 잃을까 걱정하기 때문이다. 하지만 부모는 언제까지나 우리를 버리지 않으며, 무조건 지지하고 사랑해준다.

부모가 자녀를 사랑하는 것은 일종의 본능이다. 아이의 일거수일투족, 웃거나 찡그리는 것 모두가 부모에게 무한한 행복을 준다. 나는 매일 아침, 두 딸을 유치원에 바래다주는 시간이 하루 중 가장 즐겁다. 가족 간의 사랑이란 가족과의 소통을 통해 얻는 즐거움이며, 이것이야말로 가장 오래가는 행복이다.

결혼은
큰 학문이다

君子之道, 肇端乎夫婦. 及其至也, 察乎天地.

군자의 도는 부부 사이에서 비롯되며, 그 지극함에 이르러 천지
에 드러난다.

—《중용》

"군자의 도는 부부 사이에서 비롯된다." 그렇다면 결혼을 하
지 않으면 군자의 도를 이해하거나 실천할 수 없을까? "여든
살이 되어도 결혼하지 않으면 여전히 아이다"라는 속담처럼
과연 그럴까? 나는 확실히 일리가 있다고 생각한다.

결혼이라는 주제는 너무 방대하여 《홍루몽》 100권쯤 되는
시간을 들여도 다 쓰지 못한다. 결혼 관계는 성애에서 시작되
며, 본능을 기반으로 하는 가장 자연 속성의 관계다. 자연계에
오류가 있는가? 사자들 사이에 군신, 친구, 부자, 형제 같은 관

계가 있는가? 있을 수도 있지만 최소한 인간과는 차이가 있다. 그 차이가 가장 적은 것이 부부관계다.

중국의 선조들은 결혼을 통해 자연규칙을 생각했다. 팔괘도八卦圖에 표시하는 음양 부호는 남녀 생식기의 형태를 참조했다. 《주역》이 "천지의 큰 덕은 생명력"이며 생존, 생육, 발전은 자연계에서 제시하는 최고의 도덕이라고 주장한 것도 결혼에서 모티브를 따온 것이다.

유가에서 말하는 군자의 도는 내재된 자아 수양과 외재된 각종 인간관계의 처리를 강조한다. 결혼은 인생을 더 깊이 이해하게 만들고, 자아를 완전히 개조시킨다. 베이컨은 남자는 결혼하면 7년은 늙는다고 말했다. 결혼 전에는 혼자만을 위해 자유롭게 살지만 결혼하여 가정을 꾸리면 여러 가지가 달라지기 때문이다. 경제력을 강화하고, 정서적으로 안정을 기해야 하며, 조화로운 관계를 유지하고, 생리적으로나 심리적으로 건강해야 한다. 이렇게 여러모로 공을 들이지 않으면 결혼생활에 문제가 생긴다.

모든 인간관계 중에서 부부관계가 가장 복잡하다. 각자 떨어져 살던 남녀가 한 이불을 덮고 평생을 살아가다 보니 아무리 사랑하는 사이라도 싫증을 느낄 수 있다. 둘 사이는 슬픔과 기쁨, 이별과 만남, 신뢰와 배반, 투쟁과 타협, 열정과 냉담 같은 감정 변화가 그칠 새가 없다.

황제가 내 마음에 안 들면 관직을 뿌리치고 귀향하면 그만이고, 친구가 싫으면 절교하면 그만이다. 아버지와 사이가 좋지 않으면 찾아뵙는 횟수를 줄이면 되고, 형제와 사이가 좋지 않으면 왕래를 덜하면 그만이다. 부인과 사이가 좋지 않으면 이혼할 수도 있다. 그러나 둘 사이에서 낳은 자식은 어떻게 되겠는가. 뼈가 부러져도 살은 그대로 붙어 있는 법이다. 원나라의 대서예가 조맹趙孟은 첩을 들이려고 했다가 부인이 쓴 시 한 수에 마음을 돌렸다.

你儂我儂，忒煞情多；情多處，熱似火. 把一塊泥，撚一個你，塑一個我. 將咱兩個一齊打破，用水調和. 再撚一個你，再塑一個我. 我泥中有你，你泥中有我. 與你生同一個衾，死同一個椁.

그대와 나 아주 정이 많지요.
정이 넘쳐 불처럼 뜨겁네요.
진흙 한 덩어리로 그대를 빚고 또 나를 빚어요.
그 둘을 함께 무너뜨려 물로 섞지요.
다시 그대를 빚고 나를 빚어요.
나의 흙 속에 그대가, 그대의 흙 속에 내가 있지요.
살아서는 같은 이불 덮고, 죽어서는 같은 널에 눕지요.

중국에서는 예부터 정략결혼이 매우 흔해서 부부관계 뒤에는 각자가 대표하는 가족, 심지어 국가 간의 관계가 존재했다.

가정 내부에는 고부, 동서, 시누이와 올케 관계가 있고, 이 모든 관계를 효, 제, 충, 신, 예, 의, 렴廉 등의 전통 가치관이 지배하고 있었다. 이 모든 것을 다 수행하려면 박사학위 이상의 연구가 필요하다. 따라서 결혼은 큰 학문이라고 할 수 있다. 그러니 열심히 공부하여 배우고 또 배워야 한다.

효는
인생의 근본이다

孟武伯問孝, 子曰:"父母唯其疾之憂."

맹무백이 효에 대해 묻자 공자가 말했다. "부모는 오로지 자식의
병을 근심한다."

—《논어》, 〈위정〉

子遊問孝. 子曰:"今之孝者, 是謂能養, 至於犬馬, 皆能有
養; 不敬, 何以別乎?"

자유가 효에 대해 묻자 공자가 말했다. "오늘날의 효는 물질적으
로 봉양하는 것을 말한다. 그러나 개와 말조차 먹이를 주며 보살
피는데 부모를 공경하지 않는다면 무엇으로 구별하겠는가?"

—《논어》, 〈위정〉

子夏問孝. 子曰："色難."

자하가 효도에 대해 묻자 공자가 말했다. "얼굴 표정을 밝게 하기가 힘들다."

—《논어》, 〈위정〉

父母在, 不遠遊. 遊必有方.

부모님이 살아 계실 때 멀리 나가지 않으며, 나갈 때는 반드시 가는 곳을 알려야 한다.

—《논어》, 〈이인〉

世俗所謂不孝者五: 惰其四支, 不顧父母之養, 一不孝也; 博弈好飮酒, 不顧父母之養, 二不孝也; 好貨財, 私妻子, 不顧父母之養, 三不孝也. 從耳目之欲, 以爲父母戮, 四不孝也; 好勇鬪狠, 以危父母, 五不孝也.

"이른바 세속의 불효에는 다섯 가지가 있다. 사지를 게을리 하여 부모의 봉양을 제대로 하지 않음이 첫 번째 불효요, 장기나 바둑을 두며 술 마시기를 좋아하여 부모의 봉양을 제대로 하지 않음이 두 번째 불효요, 재물을 좋아하며 처자식만을 사랑하여 부모를 제대로 봉양하지 않음이 세 번째 불효요, 귀와 눈의 욕망을 좇느라 부모를 욕되게 하는 것이 네 번째 불효요, 나서기 좋아하며 잘 다투고 성내어 부모를 위태롭게 하는 것이 다섯 번째 불효다.

—《맹자》, 〈이루 하〉

시어머니가 실수로 벽에 머리를 부딪쳤다. 그런데 발을 부여잡고 "아이고, 아파 죽겠네!" 하는 것이다. 며느리는 이해가 가지 않았다. "어머니, 머리를 부딪쳤는데 왜 발을 부여잡으세요?" 시어머니가 쌀쌀하게 대답했다. "예로부터 내리사랑은 있어도 치사랑은 없는 법이다."

이 세상에서 우리가 가장 의지할 수 있는 사람은 당연히 부모님이다. 그분들은 무조건 우리 편이다. 이 세상에서 당신이 가장 빚을 많이 진 사람도 부모님이다. 부모님의 사랑은 바다처럼 넓고 계곡물처럼 마르지 않는다. 열 달 동안 뱃속에 품는 수고는 더 말할 필요도 없으며, 유치원, 초중고, 대학교, 혹은 대학원을 마칠 때까지 20년 이상을 부모에게 의지한다.

학교를 졸업하고 직장에 들어가면 돈을 벌어 부모님에게 효도할 수 있겠다 생각하지만 그 돈으로는 제 앞가림하기도 바쁘다. 무슨 돈으로 결혼하고 집을 살 것인가. 당연히 부모님의 주머니에서 나온다. 그 돈은 부모님이 앞으로 여생을 보내기 위해 모아놓은 돈이다. 결혼하고 집도 마련했으니 아이를 낳는다. 길어야 3개월인 출산휴가가 끝나면 누가 아이를 돌볼 것인가. 베이비시터를 쓸 수 있을 만큼 넉넉한 집이 얼마나 될까. 게다가 남의 손에 맡기려니 안심이 되지 않는다. 결국 부모님이 아이 보는 일까지 떠맡는다.

부모님은 이제 더는 젊지 않으며, 대부분 갱년기에 접어든 나이로 몸과 마음의 상태가 예전만 못하다. 게다가 이때쯤 고

부관계는 막 삐걱거리기 시작한다. 두 집안의 문화가 다르고 세대 간의 생각도 다르니 갈등은 피할 수 없다. 일과 가정사로 바쁘게 살던 우리는 어느 날 문득 부쩍 노쇠한 부모님의 모습을 발견하지만 그동안 아무것도 해드린 것이 없다. 이런 마음의 빚은 모든 사람에게 아픈 응어리로 남아 있을 것이다.

효도를 미뤄서는 안 된다. 《공자가어》에 이런 이야기가 나온다. 공자가 제자들과 여러 나라를 두루 다니던 중 길에서 울고 있는 사람을 만났다. 그 사람은 자기가 타지에서 공부하고 벼슬까지 하느라 오랫동안 부모님을 찾아뵙지 못했으며, 이제 돌아와 보니 부모님은 이미 고인이 되었다고 한탄했다. "나무는 고요하고자 하나 바람이 그치지 않고, 자식은 봉양하고자 하나 부모님은 기다려주시지 않네." 남자는 이 말을 남기고 강에 뛰어들어 자살해버린다. 공자의 제자들 중 한 명은 이 이야기를 듣고는 스승을 따라 외국에 가려던 계획을 취소하고 집으로 돌아가 부모님을 모셨다. 그렇다면 어떻게 효도해야 할까? 유가에서 강조하는 몇 가지가 있다.

"부모는 오로지 자식의 병을 근심한다"는 말이 있다. 우리가 직장과 가정에서 처신을 잘하면 부모님은 마음을 놓는다. 그래도 한 가지는 늘 걱정거리로 남으니 바로 자식의 건강이다. 부모님의 걱정은 한결같다. 건강을 지키는 것으로도 효도의 기본은 하는 셈이다.

행실이 나빠서 사고를 일으키는 자식은 부모의 큰 걱정거리다. 부모는 자식이 거창한 공을 세우길 바라지 않는다. 편안한 마음으로 행복하게 사는 모습을 보고 싶어 할 뿐이다. 나도 언젠가 회사에서 나온 건강검진 이용권을 아버지께 건네며 건강검진 한 번 받아보시라고 한 적이 있다. 아버지는 버럭 화를 내셨다. "너는 집안의 기둥인데 당연히 네가 받아야지. 자식의 건강이 가장 큰 효도야."

효도는 공경하는 태도로 해야 한다. 상사를 대하듯 부모님을 대하면 그것이 공경이다. 이렇게 말하면 발끈하는 독자들이 많을 것이다. 상사를 감히 부모님과 비교할 수 있느냐고 말이다. 하지만 스스로 반성해보면 내 말이 틀리지 않다고 인정할 것이다. 우리는 늘 부모님의 말씀을 거역하지 않는가. 걸핏하면 말대답하고 말을 듣지 않아서 부모님을 힘들게 한다. 상사에게도 이렇게 할 수 있는가? 때로는 부모님의 생각이 맞지 않을 수도 있으며, 아이처럼 유치한 말을 할 수도 있다. 이럴 때라도 우리는 부모님의 권위를 지켜드려야 한다. 이것이 공경이고 효도다.

세상에서 가장 못된 며느리는 시어머니 앞에서 인상을 구기는 며느리다. 흔하게 등장하는 이혼 사유이기도 하다. 요즘은 '며느리가 시댁에 효도하는 것이 아니라 시어머니가 며느리에게 효도하는 시대'라고 푸념하는 노인들이 많다. 얼굴 표정을 밝게 하는 것 또한 효도다.

부모님이 살아계실 때 멀리 나가지 않는 것도 효도다. 많은 외동아들과 외동딸들이 다른 도시로 나가 살거나 심지어 외국으로 이민을 가버리기도 한다. 그러면 부모는 허전하다. 요즘에는 외국으로 이민 가는 것이 성공의 상징처럼 되어버렸는데, 이는 위로는 국가에 불충하고 아래로는 부모에게 불효하는 일이다. 충과 효를 다하지 않는데 어찌 성공이라고 할 수 있겠는가. 물론 요즘 같은 시대에 고향에서 부모님 곁을 지키는 것은 비현실적이다. 하지만 부모님을 모시고 갈 수도 있는 일 아닌가. 그분들이 새로운 환경에 적응하지 못하면 그때 가서 다시 생각해도 될 일이다.

지금까지는 효도하는 방법에 관해 이야기했으니 이제부터는 맹자의 말을 통해 어떤 행위가 불효인지 살펴보자.

맹자는 불효를 다섯 가지로 정리했다. 게을러서 부모의 봉양을 제대로 하지 않는 행위, 술과 도박에 빠져 부모를 돌보지 않는 행위, 결혼하더니 부모를 등한시하고 처자식만 돌보는 행위, 미풍양속을 해치는 짓을 하여 자신의 명예를 잃고 부모님을 욕되게 하는 행위, 걸핏하면 싸우고 남의 미움을 사서 자신을 보전하지 못하고 부모님을 위태롭게 하는 행위가 그것이다.

나는 효의 본질이 감사와 책임이라고 생각한다. 부모님이 길러준 은혜를 모르고 부모를 책임지지 않는다면 인간의 근본을 잃어버리는 것이다. 이미 사람이 아닌데 다른 일을 어떻게 도모할 수 있겠는가.

그러나 효도가 형식으로 흘러서는 안 되며 무조건 순종하는 것도 곤란하다. 시부사와 에이이치는 자신의 관점을 이렇게 전한다. "효의 근본은 자연스러움에 있다. 부모에게 아무것도 시키지 않고, 듣기 좋은 말만 들려 드리는 것이 효도가 아니다. 부모님이 할 수 있는 일을 하도록 해야 한다. 부모님과 대화할 때는 솔직해야 하며, 모든 것을 자연스럽게 내버려두는 것이 효도다."

우리 마을의 어떤 집 아들들은 돈을 잘 번다. 그런데 늙은 아버지는 여든 살이 넘어서도 나귀가 모는 쟁기로 밭일을 했다. 아들들은 체면이 깎인다고 생각하여 나귀 쟁기를 몰래 팔아버리고 아버지를 집에 모셨다. 그 뒤 아버지는 반년 만에 세상을 떠나버렸다.

중국은 심각한 고령화 사회에 진입하고 있다. 효도를 국가 이데올로기에 다시 포함시켜야 할 시점이다.

형제간의 우애를
소중히 여겨라

仁人之於弟也, 不藏怒焉, 不宿怨焉, 親愛之而已矣.

어진 사람은 아우에게 분노를 감추지 않고 원망을 묵혀두지 않으니, 그를 가깝게 사랑할 뿐이다.

―《맹자》, 〈만장 상〉

증국번도 이와 비슷한 말을 했다. "부모 자식 간에는 세대차이가 있어서 자식은 어른을 공경하고 예의를 지켜야 한다. 대화를 나눌 때도 말을 삼가야 한다. 그런데 형제간에는 숨기는 것 없이 솔직해야 한다. 화나는 일이나 이해 가지 않는 것도 남김없이 말해야 한다. 형제간의 사랑을 기초로 자연스럽게 지내면 된다."

동서고금을 막론하고 형제간의 우애를 다룬 미담은 정말 많다. 몇 가지 소개해볼까 한다.

증국번과 증국전曾國荃은 허물없는 형제였다. 증국번의 가서家書 중 많은 부분이 아홉째 동생 증국전에게 쓰는 편지였다. 그들은 서로 정보와 경험을 공유하며 격려와 충고를 아끼지 않았다. 증국번은 심지어 상소문 교재를 직접 출판하여 이미 봉강대리封疆大吏가 된 증국전의 문서 작성 수준을 높여주기도 했다. 증국전은 젊은 시절 한때 반항아로 속을 썩이기도 했다. 경성에 있는 큰형 집에 머물면서 과거시험을 준비했으나 증국번 부부와 불화가 생겨 집으로 돌아갔다. 그러나 훗날 형제는 화해했고 뜻을 같이하여 대업을 완성했다.

소식蘇軾과 소철蘇轍 형제는 시문의 천재로 조정의 관리였고, 예술과 정견에서도 동지의 길을 걸었다. 소식의 유명한 작품 〈수조가두水調歌頭〉 중 "오직 바라건대 그 사람 오래 살아 천리 밖에서도 고운 달 함께 보기를但願人長久, 千里共嬋娟" 부분은 동생 소철에게 보내는 구절이다. 흑백이 분명하고 개성이 강한 소식은 조정 권세가들의 미움을 사 몇 번이나 좌천당했다. 소철도 이에 연루되어 욕을 당했으나 한 번도 형을 원망하지 않았다. 소식이 오대시안烏臺詩案 사건(소식이 쓴 시들에 임금과 정부를 모욕하고 비방하는 내용이 있다는 신법당의 참소로 일어난 필화사건 -옮긴이)으로 하옥되자 소철은 자신의 관직을 내놓고 소식을 위해 속죄했다. 그 결과 관직은 몇 등급이나 강등되었다. 말년에 형제는 한 사람은 해남도에, 한 사람은 바다 건너 뇌주로 귀양을 갔다. "한가위 외로운 저 달빛을 누구와 함께 바라볼까? 잔을 들고 북녘을 바라보노라 中秋誰與共孤光? 把盞淒然北望."
형제가 이별하면서 얻은 마음의 상처를 담은 시구에 보는 사람의 눈시울도 뜨거워진다.

화가 빈센트 반 고흐Vincent van Gogh는 생활이 어려워 도처를 떠돌며 살았다. 말년에는 심각한 정신병에 걸려 그야말로 철저히 외로운 사람으로 살았다. 그가 그린 그림은 아무도 인정해주지 않았으며 팔리지도 않았다. 하지만 동생 테오Theo van Gogh만은 그의 곁에 있었다. 테오는 고흐를 떠나지 않고 평생 그를 도왔다. 고흐가 죽고 약 6개월 뒤 테오도 그의 뒤를 따라갔다.

아카데미상 최우수영화상에 빛나는 〈레인맨Rain Man〉과 〈가을의 전설Legends of the Fall〉은 형제간의 뜨거운 정을 그린 영화로 깊은 감동을 안겨주는 작품들이다.

유가에서는 형제간의 위계질서를 강조한다. 형은 아우에게 양보하고 아우는 형을 존경하며, 가족 중 연장자가 우선해야 한다는 것이다. 이러한 주종의 질서가 형제간의 이익 분쟁을 줄이는 데 도움이 된다.

사랑의 중용을
지켜라

古者易子而教之.

옛사람들은 자녀를 서로 바꿔서 가르쳤다.

―《맹자》,〈이루 상〉

정도는 다르지만 많은 사람들이 이미 '역자이교'를 실천하고 있다. 부모나 조부모가 교육할 시간과 능력이 되는데도 아이를 유치원에 보내는 이유는 아이가 유치원에서 더 말을 잘 듣고 적극적이며 독립적인 경향을 보이기 때문이다. 부모나 조부모는 아이에게 과잉 사랑을 베풀기 때문에 산만한 행동을 보이고 제멋대로 굴지만 유치원 선생님 앞에서는 아무래도 긴장하게 된다. 이 적당한 긴장감은 아이를 더 어른스럽게 만든다.

전통적인 중국의 가정교육은 엄격함을 강조하며 사랑에 대해서는 강조하지 않는다. 이는 우리 성현들이 자식 사랑은 본능적이라는 점을 알고 있었기 때문이다. 엄격함은 과잉 애정을 조절해주는 중용의 장치라고 할 수 있다. 엄격함은 여러 방면에서 표현되지만 여기서는 세 가지만 강조하자.

첫째, 부모는 자신에게 엄격해야 한다. 부모가 된 뒤에는 행동을 조심하여 자녀에게 좋은 모범을 보여야 한다. 윗물이 맑지 않은데 아랫물이 맑기를 기대할 수 없다.

둘째, 아이가 잘못을 저지르면 매질을 하고 책임을 지게 한다. 가정에서는 회초리 끝에서 효자가 나오며, 학교에서는 교사의 엄벌이 있어야 제대로 교육시킬 수 있다. 아이들은 부모나 선생님을 대할 때 어느 정도 두려움을 가져야 한다. 두려움을 갖고 신중하게 행동하는 것은 절대적으로 좋은 일이다. 요즘에는 체벌을 걱정하는 사람도 있는데, 특별히 심리적인 문제를 가지고 있는 사람이 아니라면 아이를 지나치게 때려서 정서에 악영향을 미치지는 않을 것이다.

셋째, 아이에게 심부름을 시켜야 한다. 아이가 할 수 있는 집안일은 될 수 있는 한 제 힘으로 마치게 하며, 숙제가 있다는 핑계로 대신해줘서는 안 된다. 집안일을 하는 아이가 더 부지런하고 적극적이다.

가정교육은 부모의 인생관과 세계관에 따라 결정되며 한마디로 정의할 수 없다. 우리의 이상적 교육 목표가 정확한지 진지하게 생각해보는 자세도 필요하다.

7장

—

어떻게
수양할 것인가

스스로 수양하여
경건해져라

自天子以至庶人, 壹是皆以修身爲本.

천자로부터 서인에 이르기까지 한결같이 수신을 근본으로 삼는다.

—《대학》

有斐君子, 如切如磋, 如琢如磨.

문채가 빛나는 군자여. 마치 자르고 갈며 쪼고 닦은 듯하구나.

—《대학》

古之得志, 澤加於民；不得志, 修身見於世. 窮則獨善其身,
達則兼善天下.

예로부터 훌륭한 선비는 뜻을 얻어 세상에 나아가게 되면 그 은
택이 골고루 백성에게 미쳤고, 뜻을 얻지 못하면 세상에 나아가
지 않더라도 홀로 그 몸을 닦아 고덕의 위인으로 그 모습이 세상

에 널리 알려졌다. 곤궁하면 홀로 그 몸을 닦아 아름답게 만들고,
영달하면 천하 사람들과 함께하며 천하를 아름답게 만든다.
—《맹자》, 〈진심 상〉

나는 《중국변의 이해》 서문에 이렇게 썼다. "수신은 중국식
자기계발의 주제다. 수신은 중국 전통문화 중 가장 핵심적인
가치 중 하나다." 여기서는 수신에 대해 간단하게 몇 가지만 이
야기하려고 한다.

'수修'는 수리하고 다듬는 것이다. 마치 정원사가 전지가위
로 무성하게 자란 나무를 말끔하게 다듬는 것과 같다. '신身'은
우선 신체를 가리키며, 신체를 건강하고 건장하게 '수리하고
다듬어修' 정精, 기氣, 신神이 발현되게 하는 것이다. '신'은 자
아, 내심內心을 지칭하기도 하며 의지, 감정, 지혜를 포함하여
더욱 중요하다. 신체를 '수리'하는 것은 어렵지 않다. 신체의
크기는 정해져 있으며, 신체에 장착된 '부품'들도 유한하다. 반
면 내심을 수리하는 일은 끝이 없다. 사람의 마음이 무한하고
인성의 약점을 극복하는 것도 끝이 없으며, 뇌의 잠재력도 무
한대로 개발할 수 있기 때문이다. 따라서 더 좋은 것은 있어도
가장 좋은 것은 없다.

수신의 과정은 옥석을 다듬는 것과 같다. 먼저 전기톱으로
잘라내서 대충 다듬어 어느 정도 모양을 만든 뒤 섬세한 공예
단계로 들어간다. 주희의 말에 따르면 수신의 과정은 고기를

삶을 때 처음에 센 불에 끓이다가 약한 불로 오래 삶는 것과 같다. '센 불에 끓이기'는 증국번이 전형적인 사례다. 그는 수신12과修身十二課를 세워 수련 계획으로 삼고 장기간 엄격히 이행했다. '약한 불로 삶기'란 삶 전체를 통해 꾸준히 반성하고 깨닫고 향상하는 과정이다. '자르고 갈며 쪼고 닦는' 것은 처음에는 빠르고 과감하게 하다가 나중에 섬세하게 다듬는 수신의 과정을 나타낸다.

수신하려면 다음 두 가지를 갖춰야 한다. 첫째, 먼저 자신을 바르게 하고 다른 사람을 관리해야 한다. 스스로 수련해야 다른 사람을 편하게 해줄 수 있다. 둘째, 다른 사람을 관리하지 않고 자신만 수련하여 평생 순탄하게 살고자 하면 수련이 제대로 안 될 것이다. 최소한 스스로 수양하여 경건해져야 한다. 장중하고 엄숙하며 진지하고 신중하며 공경하는 태도로 천지자연과 타인과 일을 대해야 한다.

스스로
반성하라

吾日三省吾身: 爲人謀而不忠乎? 與朋友交而不信乎? 傳不
習乎?

나는 날마다 세 번 스스로 반성한다. 다른 사람을 위해 일을 도모
함에 있어 불충하지 않았는가? 벗과 사귐에 있어 신의를 지키지
못한 것은 없는가? 배운 것을 꾸준히 익히지 않은 것은 없는가?

—《논어》,〈학이〉

子曰: "德之不修, 學之不講, 聞義不能徙, 不善不能改, 是
吾憂也."

공자가 말했다. "덕을 닦지 않고 배운 것을 말하지 않으며, 의로
움을 듣고도 따르지 않고, 선하지 않은 것을 고치지 못함은 바로
내가 걱정하는 것이다."

—《논어》,〈술이〉

증자는 세 가지 측면에서 날마다 반성했다. 일에 충실했는지, 사람을 신의로 대했는지, 학업을 꾸준히 익혔는지.

"다른 사람을 위해 일을 도모함에 있어 불충하지 않았는가?"라는 글귀에서 '다른 사람'은 당연히 고용주다. 모든 사람에게는 고용주가 있다. 직원에게 고용주는 사장이고, 관리에게 고용주는 국가와 국민이다. 사장에게 고용주란 주주와 고객이다. 우리는 날마다 고용주를 위해 일해야 하며, 충실하게 전력을 다했는지 반성해야 한다. 하지만 이를 제대로 해내는 사람은 극소수일 것이다. 대다수 사람들은 사심을 품고 자기 생활을 더 중시하며 사사로운 일을 더 많이 한다. 고용주 입장에서는 고용된 사람들이 이를 반성하기 바랄 것이다. 그러나 과연 우리가 반성하고 있을까?

"벗과 사귐에 있어 신의를 지키지 못한 것은 없는가?" 이는 대인관계에서 말을 신중하게 하고, 말을 했으면 지켜야 한다는 뜻으로 이해할 수 있다. 지키지도 못할 약속을 하지 않아야 하며, 근거 없는 말 또한 하지 말아야 한다. 말실수를 하고 자책하는 것이 이러한 반성에 속한다.

"배운 것을 꾸준히 익히지 않은 것은 없는가?" 선생님이 가르쳐준 지식을 연습하고 실천하지 않으면 자기 것으로 만들 수 없다. 이를 피하기 위해 최소한 시간을 낭비하지 않고 자투리 시간을 잘 이용해야 한다. 스승과 제자 간에 학습을 연마하는 내용을 담고 있는 왕양명의 책 제목 《전습록傳習錄》도 여기

공자가 내게 인생을 물었다

서 비롯되었다.

공자는 자기극복, 학습, 의미 있는 일하기, 결점 고치기 등 내면적인 부분에 치중하여 반성한다. 그가 우려한 것은 욕망과 나쁜 생각이 끊이지 않으며, 공부한 인생의 도리가 행동과 일치되지 않으며, 의미 없는 일에 시간을 낭비하고 자신의 문제를 알면서도 과감한 결심으로 이를 고치지 못하는 것이었다.

나는 어떤 일을 하고 나서 습관적으로 반성을 한다. 반성의 과정은 마치 소의 되새김질과 같다. 쓴맛이든 단맛이든 되새기면서 체험을 극대화하고 그 안에 담긴 영양분을 더 효과적으로 흡수하는 것이다. 반성은 한 번으로 그쳐서는 안 된다. 증자는 위의 세 항목을 매일, 매년 거듭했다고 한다. 이는 문제가 반복하여 나타난다는 말과 같다. 반성을 반복하는 과정에서 인간은 성장한다.

교만하지 말고
겸손하라

君子有大道, 必忠信以得之, 驕泰以失之.

군자에게는 큰 도리가 있으니, 정성과 신뢰를 다하면 그것을 얻고 교만하면 그것을 잃는다.

―《대학》

孟子曰: "附之以韓魏之家, 如其自視然, 則過人遠矣."

맹자가 말했다. "한과 위의 재산을 준다 해도 그것을 하찮게 여긴다면 남보다 훨씬 뛰어난 사람이다."

―《맹자》, 〈진심 상〉

君子無衆寡, 無小大, 無敢慢, 斯不亦泰而不驕乎?

군자는 많고 적음이 없고 크고 작음 없이 감히 교만함이 없으니 이것이 태연하면서도 교만하지 않음이 아니겠는가?

―《논어》, 〈요왈〉

공자가 내게 인생을 물었다

앞의 두 문장은 겸손과 교만에 관한 네 가지를 지적한다.

첫째, 생존 측면에서 교만은 위험하다. 겸손해야 안전하다. 증국번은 "예로부터 재능 있는 자들이 실패한 이유는 교만했기 때문이다"라고 했다. 관우는 교만했기에 형주에서 큰 뜻을 잃고 맥성에서 패주하여 머리를 베였다. 역사적으로 권세를 잃은 사건들을 파헤쳐보면 하나같이 이 문제에서 비롯되었다. 교만하면 손해를 보고 겸손하면 이익을 본다. 이렇게 단순한 이치를 알면서도 극복하지 못하는 사람들이 많다. 이유가 뭘까? 사람들은 타인으로부터 인정과 존경받기를 원하며, 나아가 자신을 과시하는 경향이 있다. 타인에게 재산, 권력, 지식 등의 우위를 강조함으로써 심리적 쾌감을 얻는다. 사람들은 대체로 자신의 실력이 좋아지고 그에 따라 타인이 자신에게 관대해지면 교만에 빠진다. 대다수 사람들은 강자가 교만한 태도를 보여도 어느 선까지는 이해하고 받아준다. 하지만 그런 식으로 사람들이 비위를 맞춰주면 교만의 정도가 더 심해진다. 그렇게 자신이 최고인 줄 알 때 실패의 화근이 잠복해 있다가 어느 날 불시에 강자를 쓰러뜨린다.

둘째, 지혜의 측면에서 볼 때 교만은 무지하다. 겸손해야 총명하다. 스스로 옳다고 생각하는 사람은 다른 사람의 의견을 듣지 않으며, 개방적인 자세와 진정한 거시적 시야를 갖추지 못하여 지식에 한계가 있음을 인식하지 못한다. 유명 스포츠 브랜드 광고 카피가 이런 면에서 우리에게 시사점을 던져준다.

"불가능은 없다"와 "모든 것이 가능하다." 타인의 의견을 겸손하게 들어주는 태도는 문제 해결의 기회를 늘려줄 뿐 아니라 친구를 만들 수 있는 기회이기도 하다.

셋째, 인격의 측면에서 볼 때 교만은 가볍다. 겸손은 우아하다. 당신이 부잣집이나 권세가 출신이라도 일을 처리할 때 겸손한 태도로 임한다면 당신의 매력은 더 두드러질 것이다.

넷째, 감정의 측면으로 볼 때 교만은 사람들의 반감을 산다. 겸손해야 사랑받는다. 겸손은 유머를 통해 드러난다. 앞에서 소개한 맹지반의 일화만 해도 그렇다. 대군이 후퇴할 때 대열의 맨 뒤에서 엄호하던 그가 성문에 이르렀을 때 사람들이 그에게 환호하자 그가 웃으며 뱉었던 말. "내가 용감해서가 아니라 말이 너무 느려서 뒤에 오게 되었습니다." 사람들이 그를 어찌 생각했을지는 보지 않아도 알 것이다.

세 번째 글귀는 실천을 강조하고 있다. 큰일과 작은 일을 막론하고 상대가 어떤 사람이든, 상대가 많든 적든 거만한 태도를 버리고 진지하며 신중히 대해야 한다. 이것이 겸손의 실천 방법이다. 증국번은 마지막 글귀를 특히 중시하여 자신의 서재를 '무만실無慢室'이라 명명했다.

진중한 자질을
길러라

君子不重則不威.

군자는 무겁지 않으면 위엄이 없다.

—《논어》,〈학이〉

君子所貴乎道者三：動容貌，斯遠暴慢矣；正顏色，斯近信
矣；出辭氣，斯遠鄙倍矣.

군자가 귀하게 여기는 세 가지 도가 있으니, 몸가짐에 있어 난폭
함과 태만함을 멀리하며, 안색을 바로잡을 때는 신의가 엿보여야
하며, 말을 할 때는 비루하고 무례한 것을 멀리해야 한다.

—《논어》,〈태백〉

子夏曰：“君子有三變：望之儼然，即之也溫，聽其言也厲.”

자하가 말했다. “군자에게는 세 가지 다른 면모가 있으니, 멀리

서 그를 바라보면 근엄하고, 가까운 곳에서 보면 온화하며, 그 말
을 들을 때는 엄격하다."

―《논어》, 〈자장〉

君子正其衣冠, 尊其瞻視, 儼然人望而畏之, 斯不亦威而不
猛乎?

군자는 의관을 바로하고 시선을 존엄하게 하며 엄숙한 모습에 사
람들이 보고 두려워하니, 이것이 위엄이 있으면서도 사납지 않음
이 아니겠는가?

―《논어》, 〈요왈〉

선조들은 수신을 논할 때 자질을 특히 중시했다. 춘추전국
시대의 《예경禮經》에는 사람의 복장과 언행에 대한 많은 규범
이 있었으며, 위진시대의 《세설신어世說新語》에는 사람의 용모
와 행동을 다루는 장절을 따로 둘 정도였다. 송 대의 정주이학
程朱理學은 학자가 자질을 변화시킬 수 있음을 특히 강조했다.

유가에서 강조하는 자질에는 어떤 것이 있을까? 나는 가장
중요한 덕목이 진중함이라고 생각한다. 위의 예문은 하나같이
진중함을 강조하고 있다.

첫 번째 문장에서는 "군자는 무겁지 않으면 위엄이 없다"고
했으며, 두 번째 문장에서는 사람이 엄숙하고 장중하며 신중해
야 오만함을 피하고 신뢰감을 강화할 수 있다고 했다. 세 번째

문장에서는 진중한 사람은 겉보기에는 엄숙하지만 대면해보면 따뜻하며, 하는 말은 모두 신중하고 객관적이라고 했다. 네 번째 문장에서는 진중한 사람은 옷차림이 대범하고 격에 맞으며, 표정이 엄숙하여 온몸에 범접할 수 없는 정기가 흘러 사람들이 그를 경외하게 된다고 했다.

증국번은 원래 문관이었으나 위험이 닥치자 명을 받고 병력을 인솔하여 전쟁을 시작했다. 처음에는 동생들이 그에게 위엄이 없음을 지적했다. 병력을 이끄는 장수에게 위엄이 없는 것은 큰 결함이라는 뜻이었다. 증국번은 그 말을 받아들여 위엄을 갖추려고 노력했으며, 무수한 전투를 치르면서 위엄을 갖추게 되었다. 나중에는 그가 눈을 부릅뜨면 사람 죽이기를 밥 먹듯이 한 장수들도 두려워서 벌벌 떨었다.

증국번은 자신의 조부를 평가하면서 진중함에 가장 탄복했다고 말했다. 그래서 아들에게 주는 가서에서도 행동이 진중해야 한다고 몇 차례나 타일렀다. 젊은이들이 진중하기란 매우 어렵다. 나이가 어릴수록 활동적이고 언행이 경솔하기 때문이다. 이는 성숙하지 않았다는 뜻이다. 젊은 시절 뜻을 세운 한 간부는 진중함을 특히 중시하여 사무실 벽에 '지중안정持重安靜'이라는 글씨를 붙여놓을 정도였다. 진중함과 평정을 유지하자는 뜻이다.

진중함은 내재된 역량이 외부로 표현되는 자질이다. 비바람이 치든 바람이 불든 침착하게 갈 길을 가는 것이며, 태산이 무너져도 얼굴빛 하나 변하지 않는 것이 진중함이다. 넓은 가슴과 침착한 태도, 겉으로 드러내지 않더라도 위엄이 흘러나오는 것이 진중함이다. 《신음어》에서는 표정이 들뜨지 않는 것을 큰 수양이라고 했다. 이는 엄숙함을 유지하고 희로애락을 표정에 드러내지 않는 자질이며, 이것이 곧 진중함이다.

나는 사서를 읽다가 네 권의 책에서 웃음을 거의 다루지 않았다는 점을 발견했다. 심지어 공자는 '크게 어진 사람은 웃지 않는다'라는 주제를 놓고 다른 사람과 토론을 벌이기도 했다. 사서에서는 기껏해야 '온溫', 즉 온화함을 이야기하며, 이는 웃음기를 살짝 머금은 표정으로 이해된다. 유가는 아마도 웃지 않는 철학인 듯하다. 그래서일까? 외국인이 볼 때 중국인의 표정은 경직되어 있는 것처럼 보인다. 중국의 국가 지도자가 버락 오바마Barack Obama 등 서양의 지도자들과 회동할 때에도 이 차이는 선명하게 드러난다.

그러나 진중한 자질은 서양인들도 긍정적으로 보고 있다. 그들은 이것을 쿨하다고 느낀다. 베스트셀러 《립잇업Rip it up》은 현대심리학의 발견에 대해 소개하고 있는데, 웃는 표정을 지으면 마음이 유쾌해진다고 말한다. 같은 이치로, 나는 사람이 엄숙한 표정을 짓고 진중한 자질을 기르기 위해 노력하면 마음이 더욱 성숙해지고 일할 때도 훨씬 안정적이 된다는 말을 믿는다.

공자가 내게 인생을 물었다

겸양과 양보심을
갖춰라

夫子溫, 良, 恭, 儉, 讓以得之.

선생님은 온화하고 선량하고 공손하고 검약하며 겸양하여 그것
을 얻었다.

―《논어》, 〈학이〉

사람들은 일반적으로 이 말을 온화한 군자의 기풍으로 이
해하며, 서양 신사의 기풍인 온화함, 선량함, 장중함, 절제, 겸
양과 비슷하다고 생각한다. 나는 이 말의 핵심이 "그것을 얻었
다"에 있다고 생각한다. 무엇을 얻을 것인가? 이 문장의 앞뒤
에는 또 다른 문장이 있어서 문장을 이해하려면 배경을 알아
야 하지만, 좀 더 보편적 차원에서 이를 분석해보려고 한다.

우리는 명예, 이익, 권력, 사랑을 얻고 싶어 한다. 이를 손에
넣기 위해서는 특정인에게 인정을 받아야 한다. 베스트셀러

《마케팅, 사람을 설득하라 銷售就是搞定人》에서 이야기하는 것처럼 우리가 무엇을 얻으려면 사람을 설득해야 한다. 유가에서는 그 방법으로 온화하고 선량하고 공손하고 검약하며 겸양함을 제시하고 있다.

이익을 얻기 위해서는 물건을 팔고 고객을 설득해야 한다. '온溫'은 온화함과 친절함이며, 너무 뜨거운 열정을 보이거나 급하게 서두르면 고객에게 압박감을 주기 때문에 지양해야 한다. 그렇다고 지나치게 소극적이거나 고객을 차갑게 대해서도 안 된다. 여기서 '양良'은 우량함으로 통하며, 제품의 장점을 고객에게 보여주어야 한다는 뜻이다. '공恭'은 고객으로 하여금 당신이 자신을 중시하고 진지하게 대하고 있다는 느낌을 받게 해야 한다는 뜻이다. 다시 말해 당신의 열정으로 고객을 감동시켜야 한다. '검儉'은 절제다. 즉 고객으로부터 한 번에 큰돈을 벌어들일 욕심을 버려야 하며, 복잡함을 버리고 단순하게 생각해야 한다. '양讓'은 양보이며, 한 번에 가격을 정하지 말고 반드시 타협해야 한다. 고객들은 때때로 흥정하는 습관이 있으므로 그에 부합해야 한다.

사랑을 위해 상대를 설득할 때도 온화함과 친절함을 유지하되, 서두르지 말고 자신의 장점을 차분히 보여줘야 한다. 상대를 존중하고, 절제해야 하며, 무엇을 억지로 하거나 함부로 하지 않아야 한다. 겸양과 포용을 보여주어야 한다. 이러한 미덕을 자기 수양으로 승화한 뒤 상대를 설득하면 모든 일이 자연스럽게 진행된다. 상대는 자신이 설득당하면서도 그 이유를 모르며, 그저 당신이 매력 있는 사람이라고 생각할 것이다.

끝으로 양보가 중요하다. 거의 모든 중국 아이들이 공융孔融이 형들을 위해 제일 작은 배를 골랐다는 이야기를 통해 양보를 배웠을 것이다. 그러나 학교에서나 사회에서나 우리는 날마다 경쟁에 직면하여 살아간다. 이에 대해 상성 배우 궈더강郭德綱은 "이쪽에서 뺏으면 상대도 뺏으려고 하기 때문에 반드시 얻을 수 있는 것이 아니며, 이쪽에서 양보하면 상대도 양보하기 때문에 반드시 잃는다고 볼 수도 없다"는 인생의 깨달음을 전한다. 《도덕경》은 이러한 사상을 특별히 강조하여 인생의 큰 지혜를 담고 있다.

겸양과 양보는 조화로운 인간관계를 형성하여 명예를 얻는데 도움이 된다. 이른바 후덕재물厚德載物(덕을 쌓아 만물을 포용한다)이 이것이다. 일단 조건이 성숙되면 서로가 이익을 얻을 수 있게 해야 한다. 그렇게 되면 안정적인 성과를 낼 수 있다. 역사적으로 이런 사례는 많다. 《후한서後漢書》에 나오는 등황후鄧皇后는 후궁 시절에 매사를 황후에게 양보했으며, 황후가 되고 나서도 여전히 훌륭한 인품으로 겸양을 실천했다. 그럴수록 황제와 주변 사람들로부터 더 크게 인정받았다.

실수를
반복하지 말라

不遷怒, 不貳過.

노여움을 남에게 옮기지 않고, 같은 잘못을 두 번 저지르지 않았
다.

—《논어》,〈옹야〉

어떤 사람이 공자에게 어떤 제자가 가장 마음에 드는지 물
었다. 그러자 공자는 안회가 가장 마음에 든다면서 "안회는 노
여움을 남에게 옮기지 않고 같은 잘못을 두 번 저지르지 않았"
기 때문이라고 덧붙였다. 간단한 것 같지만 막상 실천하려면
어려운 인성의 약점을 꼬집고 있다.

많은 사람들이 고민거리가 있으면 다른 사람에게 짜증을
내곤 한다. 관계가 소원한 사람에게는 자제하지만 가까운 사람
들에게는 자기도 모르게 화풀이를 한다. 이는 밖에서 맞고 들

어온 아이가 집에 돌아와 엄마 품에 뛰어들며 우는 행동과 같다. 화풀이하는 행동은 내면의 취약함과 미성숙함, 정서 조절 능력의 부족함을 보여준다. 회사에서 있었던 불쾌한 일로 아내에게 화풀이할 때, 그런 행동이 아내를 엄마로 생각하고 있기 때문이라는 데 생각이 미치면 쓴웃음이 날 것이다. 화가 잔뜩 난 상사가 당신에게 화살을 돌려 한바탕 잔소리를 늘어놓을 때가 있다. 그럴 때면 그 상사가 당신을 가까운 사람으로 여기기 때문이라고 생각한다면 스트레스를 덜 받을 것이다.

사람은 실수를 하며, 그 실수는 반복된다. 프랑수아 드 라 로슈푸코가 쓴 《잠언과 성찰》에는 외도하지 않은 여자를 찾을 수는 있으나 단 한 번만 외도한 여자는 찾을 수 없다는 내용이 나온다. 실수를 하다 보면 습관이 된다. 따라서 같은 실수를 반복하지 않으려면 첫 번째 실수도 저지르지 않도록 조심해야 한다. 만약 잘못을 저질렀다면 스스로 충분한 징벌을 가해야 한다. 잘못에 대해 스스로 충분한 대가를 치러야 그 아픔을 기억할 수 있다.

실수와 관련하여 인상 깊은 일이 하나 있다. 구글에서 운영하는 광고 프로그램 애드센스AdSense(웹사이트를 소유한 사람이 애드센스에 가입하면 구글에서 광고비를 지불하고 광고를 자동으로 그 사람의 웹사이트에 올려주는 프로그램 – 옮긴이)에서 광고 계정이 차단당한 웹사이트가 있었다. 프로그램에 가입한 웹사이트 소유자가 규정을 위반하여 많은 광고비를 받아냈기 때문이다. 이

웹사이트 소유자는 규정을 위반하고도 들키지 않을 것이라 생각했지만 결국 광고계정 차단 조치를 당했다.

이 일이 내게 깊은 인상을 준 이유는 그 웹사이트 광고계정이 구글로부터 영구 차단되었기 때문이다. 그의 웹사이트는 그런 방법으로 더이상 돈을 벌 수 없게 되었으며, 잘못을 반성할 기회도 박탈당했다. 살아가면서 저지르는 실수 중에는 반성할 기회도 없이 운명이 결정되는 일들이 많다. 한때의 호기심으로, 또는 아무것도 몰라서 저지른 일이니 용서해달라고 해도 소용없다.

'노여움을 남에게 옮기지 않는' 행동은 화를 내지 않는 행동으로 발전하며, '같은 잘못을 두 번 저지르지 않는' 행동은 처음부터 잘못을 저지르지 않는 것으로 발전한다. 이것이 일반 사람들의 수준을 넘어 성인으로 가는 수련 과정이며, 보통 사람이 안회에 못 미치는 점이기도 하다. 안회의 훌륭함이 여기에 있다. 송나라 시대 학자들은 유학의 부흥을 추진하는 데 안회를 공자에 버금가는 대상으로 모시고, 공자가 안회를 칭찬한 부분을 내세웠다. 배움을 즐기고 인을 추구하는 것 외에 안회의 훌륭함은 "노여움을 남에게 옮기지 않고 같은 잘못을 두 번 저지르지 않았다"는 수련의 경지에 있다.

있어도 없는 것처럼,
가득해도 빈 것처럼

曾子曰: "以能問於不能, 以多問於寡; 有若無, 實若虛; 犯
而不校, 昔者吾友嘗從事於斯矣."

증자가 말했다. "능력이 있으면서 능력이 없는 이에게 묻고, 학
식이 많으면서 학식이 적은 이에게 물으며, 있어도 없는 것처럼,
가득해도 빈 것처럼 여기며, 내게 잘못을 저지른 자를 질책하지
않는 생활 자세를 일찍이 내 벗이 실천했다."

─《논어》,〈태백〉

　증자가 이렇게 말했다. "스스로 능력이 있으면서 자신보다
능력이 못한 사람들에게 가르침을 구하고, 학식이 많으면서 학
식이 적은 이에게 물으며, 능력이 있어도 없는 것처럼, 학문이
가득해도 빈 것처럼 여기며, 잘못을 저지른 자를 질책하지 않
았다. 당시 나의 벗은 이렇게 수양했다." 증자는 이 친구가 누

구인지 설명하지 않았으나 일반적으로 안회라고 전해진다.

　잡지 〈비접탐색飛碟探索〉의 한 간부가 어느 날 옥상에서 태극권을 하고 있었다. 그런데 자신의 뒤에 있던 유리가 갑자기 깨졌다. 이상하게 생각한 그는 경찰과 UFO전문가, 천문학자에게 자문을 구했고, 저마다 각양각색의 대답을 주었다. 하지만 궁금증은 풀리지 않았고, 이 사건은 세기의 미스터리가 되는 듯했다. 결국 그는 유리가게 사장에게 이유를 물었는데, 한참을 껄껄 웃던 사장은 이렇게 말했다. "아주 흔한 현상입니다. 유리에 이물질이 섞여 있으면 열에 의한 팽창과 냉기로 인한 수축점이 일치하지 않습니다. 그러니 간혹 유리가 깨진답니다." 현장 노동자가 더 지혜롭다는 단순한 이치를 설명하는 사건이 아닐 수 없다.

　능력이 있고 학식이 깊다고 자만하지 말아야 한다. 일선에서 일하는 사람들은 당신을 탄복시킬 능력이 있다. 이나모리 가즈오의 말처럼 현장에 신령이 있기 때문이다. 어떤 문제에 봉착했을 때 그 문제와 가장 가까운 사람에게 물어야 한다. 그가 문맹이든 지극히 평범한 사람이든 상관하지 말고 말이다. 자기보다 지위와 학문이 낮은 사람에게 물어보는 것을 부끄럽게 생각하지 않아야 당신의 고명함이 빛난다.

　"있어도 없는 것처럼, 가득해도 빈 것처럼 여기는"것은 학문이나 재주가 높은 사람이 자기를 과시하지 않는 미덕이다. 이는 겸손하냐 아니냐의 문제가 아니며 수양의 경지를 보여주는 문제요, 나아가 생존의 지혜가 걸린 문제다. 자기가 남보다 낮다는 것을 드러내면 질투와 반감만 불러와 고립되거나 공격당하게 된다.

잘못을 알고도 고치지 않는 것이 가장 어렵다. 때로는 목숨보다 중요한 것이 자존심이기에 사소한 일로 싸움을 벌이다 목숨을 잃는 일까지 비일비재하다. 과연 그럴 가치가 있을까? 직장이나 일상생활에서는 참고 인내하는 것이 가장 경제적이고 합리적이다.

한산寒山이 습득拾得에게 물었다. "세상 사람들이 나를 비방하고 업신여기고 모욕하고 비웃고 깔보고 천대하고 미워하고 속이니 어떻게 하면 좋습니까?" 습득이 대답했다. "그저 참고 양보하며 내버려두고 회피하고 견디고 그를 공경하고 그에게 따지지 않으면 몇 년 뒤에는 그들이 그대를 보게 될 것이네. 그리고 그들이 그대를 그렇게 대하는 것은 그대가 반응을 보이지 않아서가 아니라 그대가 아직 충분히 강해보이지 않기 때문이지. 그러니 노력하게나!"

이해득실을 근심하는
굴레에서 벗어나라

子曰："君子坦蕩蕩, 小人長戚戚."

공자가 말했다. "군자는 마음이 평탄하여 넓고, 소인은 근심만
한다."

—《논어》,〈술이〉

其未得之也, 患得之；既得之, 患失之. 苟患失之, 無所不
至矣!

얻기 전에는 얻을 것을 걱정하고, 얻고 나면 잃을 것을 걱정한다.
만약 잃을 것만 걱정하면 하지 못할 것이 없다.

—《논어》,〈양화〉

범중엄範仲淹은 〈악양루기岳陽樓記〉에서 이렇게 썼다. "조정
의 높은 벼슬자리에 있을 때는 백성들을 걱정했고, 관직에서

물러나 강호에 머물 때는 임금을 걱정했으니 벼슬자리에 있을 때나 물러나서나 근심은 여전하다."

범중엄이 걱정하는 대상은 나라와 백성들이었지만 우리는 명성, 이익, 권리, 사랑의 득실을 걱정한다. 이를 얻지 못하면 전전긍긍하며 그것을 얻고자 꿈을 꾼다. 이런 꿈을 얼마나 꿨는지 알 수 없을 정도다. 부끄러운 일이다. 어렵게 얻고 나면 이번에는 잃을까 봐 노심초사한다. 누가 빼앗아가지는 않을까 훔쳐가지는 않을까 늘 걱정이다.

인간이란 이렇게 한편으로는 초조해하면서 다른 한편으로는 수단을 가리지 않고 추악한 일도 서슴지 않는 존재다. 가령 진 2세는 황제 자리를 지키기 위해 20여 명의 형제와 자매를 모조리 죽여버렸다. 그러나 그 뒤 2년 만에 황제 자리는 물론이고 목숨까지 뺏기는 신세가 되었다. 평범한 사람들이 이런 노심초사의 굴레에서 벗어나려면 어떻게 해야 할까?

첫째, 유가의 인생관을 이용한다. 앞에서 말했듯이 유가의 인생관은 적극적인 '숙명론'이다. 즉 사람의 일을 다 해놓고 하늘의 명을 기다리는 것이다. 이런 자세로 임하면 마음이 편안해진다.

둘째, 양심에 꺼리는 짓을 하지 않으면 두려울 것이 없다. 맹자는 "하늘을 우러러 한 점 부끄러움이 없으며, 땅을 굽어 수치스러움이 없다仰不愧於天, 俯不怍於地"라고 했다. 누구에게나 떳떳하게 행동하고, 홀로 있을 때도 몸가짐을 삼가며, 사람의 도리에 어긋나는 일을 하지 않으면 담담한 마음이 된다.

셋째, 착한 일을 한다. 모든 종교와 세상에 통용되는 인생철학은 선에 대한 권장이다. 선한 일을 하고 이타적인 행동을 하며, 남을 돕는 것은 행복의 근본이다. 착한 행동을 하면 보답받지 않아도 최소한 마음만은 편하다.

넷째, 잘못을 했으면 반드시 고쳐야 한다. 잘못된 행동을 인정하고 책임지는 용기를 가져야 한다. 그렇지 않으면 그 잘못된 행동이 언제까지나 마음의 부담으로 남아 양심에 가책을 느끼고 불안해진다. 스티브 잡스는 "자신이 언제라도 죽을 수 있다는 사실을 기억하라"고 했다.

네 가지의
없음에 대하여

子絶四: 毋意, 毋必, 毋固, 毋我.

공자는 네 가지를 하지 않았다. 억측하지 않고, 단정하지 않았으며, 고집부리지 않았고, 자기만 옳다고 하지 않았다.

—《논어》, 〈자한〉

국무원 부총리 왕양汪洋은 회의에서 이 말을 인용한 적이 있다. 그는 이 말이 간부, 특히 일인자의 좌우명으로 삼기에 적합하다고 주장하면서 다음과 같이 설명했다.

"무의는 추측에 의존하지 않고 사실만을 말하는 것이다. 무필은 어떤 일을 독단적으로 밀고 나가거나 단정 짓지 않는 것이다. 가능한 일을 추진하며 불가능하면 하지 않는다. 무고는 고집을 버리고 융통성을 발휘하는 것이다. 무아는 자기만 옳다고 고집하지 않고 주변 사람들과 협력하여 힘을 합치는 것이다."

이 '4무四毋'와 비슷한 것으로 마야문명에서 전해지는 '정신의 코드'가 있다. 함부로 평가하지 말고, 함부로 추측하지 않으며, 타인의 영향을 받지 말고, 매사에 최선을 다하라는 내용이다. 마야인들은 이 네 가지 약속을 명심하여 매일 스스로 반성하면 정신적으로 성장할 수 있다고 믿었다. 인도의 한 종교 지도자는 세계적으로 '작은 맹세하기 운동'을 벌여 몇 마디 간단한 말로 사람들의 호응을 얻었으며, 이를 통해 사회와 사람들의 정신을 개조했다.

나는 대인관계의 관점에서 '4무'를 다음과 같이 이해했다.

'무의'는 억측을 금지하는 말이다. 이 세상에는 있지도 않은 일을 추측하여 지어내는 경우가 많다. 많은 번뇌가 다른 사람의 생각을 추측해서 생긴다. 상사가 나를 어떻게 볼까? 친구가 나를 싫어하지는 않을까? 부하직원이 나를 지겨워하는 건 아닐까? 솔직히 남의 말을 하지 않는 사람이 어디 있겠는가. 그러니 남이 나를 어떻게 생각하든 어쩔 수 없는 일이며, 자기 일이나 잘하는 수밖에 없다. 다른 사람들과 함께할 때는 자연스럽고 느긋한 자세로 임해야 한다. 남의 생각을 살피느라 긴장할수록 문제가 따라오기 쉽다.

'무필'은 개방된 사고로 우주에 존재하는 무한한 가능성을 직시하라는 말이다. 필연적이거나 절대적인 것은 세상에 없다. 오늘은 날씨가 맑았지만 내일 갑자기 지진이 일어날 수도 있다. 우리가 이해할 수 없고 받아들일 수 없는 것을 무조건 틀렸

공자가 내게 인생을 물었다

다고 할 수 없으며, 존재하지 않는다고 단정할 수도 없다. 이밖에 실패를 직시해야 한다. 모든 일을 반드시 특정한 방식으로 처리할 필요는 없다. 실패를 담담히 받아들이는 자세도 삶의 높은 경지다.

'무고'는 지나친 고집을 부리거나 낡은 관례를 고수하는 태도를 버리라는 말이다. 다른 사람의 의견을 듣고 혁신을 창조해야 한다. 도가에서는 "집착하지 않으니 잃을 것도 없다無執故無失"고 했다. 집착할 것인지, 내려놓을 것인지, 어떤 선택이 더 현명한지 단정할 수 없다.

마지막으로 '무아'에 대해 이야기해보자. 유가의 우상 순 임금은 자기를 버리고 타인의 훌륭한 점을 따랐다. 불가에서는 무아를 강조한다. 이 점을 꿰뚫어보면 패배감이나 좌절감에서 해방될 수 있다. 무아에는 사사로운 욕심을 버린다는 뜻도 포함되어 있다. 이와 관련하여 마윈은 멋진 말을 했다. "리더가 늘 자기만을 생각한다면 그의 사업은 성장하기 어렵다. 리더는 늘 '우리'를 생각하고 다른 사람을 생각해야 한다. 그래야 튼튼한 팀워크를 형성하여 꿈이 공상에 그치고 마는 사태를 막을 수 있다."

잘못을
인정하라

過則勿憚改.

허물이 있으면 고치기를 꺼리지 말아야 한다.

—《논어》, 〈자한〉

子曰: "過而不改, 是謂過矣."

공자가 말했다. "잘못을 저지르고 고치지 않는 것을 잘못이라고
한다."

—《논어》, 〈위령공〉

子夏曰: "小人之過也必文."

자하가 말했다. "소인은 잘못을 저지르면 반드시 변명한다."

—《논어》, 〈자장〉

공자가 내게 인생을 물었다

子貢曰：“君子之過也，如日月之食焉；過也，人皆見之；更
也，人皆仰之.”

자공이 말했다. "군자의 허물은 일식, 월식과 같아서 잘못이 있
으면 사람들이 모두 바라보고, 허물을 고쳤을 때에는 사람들이
우러러본다.

—《논어》, 〈자장〉

且古之君子，過則改之；今之君子，過則順之. 古之君子，其
過也，如日月之食，民皆見之，及其更也，民皆仰之；今之君
子，豈徒順之？又從爲之辭.

또한 옛날의 군자는 허물이 있으면 고쳤는데 오늘날의 군자는 허
물이 있어도 밀고 나간다. 옛날의 군자는 그 허물이 일식이나 월
식과 같아서 사람들이 모두 그것을 보았고, 허물을 고치면 사람들
이 그것을 우러러보았는데 오늘날의 군자는 어찌된 노릇인지 허
물이 있어도 그대로 밀고 나갈 뿐만 아니라 변명까지 하고 있다.

—《맹자》, 〈공손추 하〉

누구나 잘못을 저지를 수 있다. 그러나 잘못을 알았으면 고
쳐야 하며, 그런 사람은 존경받는다. 그러나 잘못을 알고도 외
면하는 사람들이 많다. 자신에게 지나치게 관대하거나 허물을
덮기에 급급해서다. '샐러리맨의 황제'라고 불리는 신화두 그
룹의 CEO 탕쥔唐駿은 학력 위조가 들통나자 변명하기에 급급

했다. 그 뒤 침묵을 지키다 2년이 지나 마침내 잘못을 인정하고 사과했다. 잘못을 인정하는 일이 얼마나 어려운지 알 수 있는 대목이다.

인간은 끊임없이 실수와 잘못을 저지르며, 그것을 고치는 과정을 통해 성장한다. 자신의 문제를 고치는 과정이 곧 수신이다. 실수를 피하기는 어렵지만 이를 반성하고 고치는 것이 정상이다. 그런데 잘못을 하고도 이를 고치지 않는 이유는 무엇일까?

첫째, 잘못을 잘못으로 인식하지 않기에 부끄럽게 생각하기보다는 자랑거리로 삼기 때문이다. 배우자를 두고도 외도하는 행위는 동서양을 막론하고 비도덕적이다. 그런데도 이를 자랑거리로 삼는 사람들이 많다. 단정하지 않은 행위에 대해서도 이를 개성으로 포장하여 떠드는 사람들이 있다.

둘째, 감정을 이성으로 억제하지 못하기 때문이다. 그 행동이 잘못임을 알면서도 자기를 억제하지 못하여 계속하는 것이다. 마약이나 외도, 부정부패 행위는 매우 자극적인 쾌감을 동반하여 사람들은 이에 쉽게 중독된다.

셋째, 잘못을 아예 모르기 때문이다. 진리가 극소수 사람들의 손에 있어서 사람들이 잘못이라고 생각하는 것이 사실은 잘못이 아닐 거라고 생각하는 것이다. 이러한 관점을 갖고 있는 사람은 소인배이거나 지나치게 순진한 사람이다.

넷째, 잘못을 인정하고 고치는 데 따르는 대가가 너무 크기

공자가 내게 인생을 물었다

에 차라리 외면해버리기 때문이다. 실수에도 등급이 있어서 상응하는 대가도 이에 따라 달라진다. 심하게는 목숨을 내놓거나 평생의 행복을 포기해야 할 때도 있다. 이런 상황에서 잘못을 인정할 용기를 내는 사람은 많지 않다.

다섯째, 허영심 때문이다. 사람은 지위가 높고 나이가 많을수록, 덕망이 높고 신분이 귀할수록 잘못을 인정하지 못한다. 심지어 부자와 권세가들은 잘못된 행위를 특권 과시 방식으로 삼기도 한다.

실수와 잘못도 능동적인 것과 피동적인 것으로 나눌 수 있다. 위에 든 사례는 피동적인 실수에 속한다. 능동적인 실수는 시행착오라고 부른다. 예를 들어 과학실험은 무수한 실패 끝에 마침내 성공에 이른다. 단 한 번의 실수가 실패로 연결되는 경우도 있는데, 그것이 인생이다.

평상심이
곧 도다

子曰: "衣敝縕袍, 與衣狐貉者立, 而不恥者, 其由也與? '不
忮不求, 何用不臧?'" 子路終身誦之.

공자가 말했다. "헤진 솜을 넣은 도포를 입고 여우나 담비의 털
옷을 입은 사람과 있어도 부끄러워하지 않을 사람은 유일 것이
다. 해치지도 않고 탐내지도 않으면 어찌 착하지 않겠는가?" 자
로가 평생 이것을 외웠다.

—《논어》,〈자한〉

해치지도 않고 탐내지도 않는 것은 질투에서 자유롭고 열
등감이 발동하지 않는 마음이다. 돈도 권력도 세력도 지위도
없는 보통 사람은 명품 옷을 살 여유가 없다. 그러나 상대가 아
무리 고관대작이고 돈이 많아도 비굴해지지 않으며, 태연하고
담담한 자세를 유지한다면 이런 행동은 해치지도, 탐내지도 않

는 평상심에서 나온다.

타이완의 먀오룽妙融 법사가 웨이보에 남긴 말에 나는 깊은 인상을 받았다. 한 소년과 표범 한 마리가 서로 기대고 있는 그림에 이런 말이 쓰여 있었다. "기대와 의심을 버리면 모든 것과 자유롭게 함께할 수 있다." 당나라의 고승 마조도일馬祖道— 선사는 "평상심이 곧 도"라고 했다. 자로는 평상심을 갖고 있었기에 송나라의 유학자 정호程顥로부터 "자로 또한 백세의 스승이다子路亦百世之師"라고 칭송받았다.

솔직히 말해 나는 평상심을 갖기가 어렵다. 벼락부자 앞에 서면 자괴감이 들며, 심지어 아첨하는 심리도 생긴다. 이런 내 모습을 보며 못났다며 늘 자책하곤 한다. 일종의 병인 것 같다. 영국의 한 작가는 이 병이 세계적인 현상이며, '속물근성'이라는 병명을 붙여주었다. 많은 사람들이 속물근성을 발동시켜 작은 것만 보고 전체를 판단한다. 부와 권력은 한 사람의 가치 중 일부에 불과하다. 지혜, 도덕, 기능, 체질 등 중요한 가치들이 속물근성에 의해 무시된다.

영화 〈제인 에어Jane Eyre〉의 가난하고 못생긴 가정교사 제인 에어는 큰 재산을 가진, 자신이 사랑하는 남자 앞에서 이렇게 말한다. "제 영혼이 당신의 영혼에게 말하고 있는 거예요. 마치 두 영혼이 무덤 속을 지나 하느님 발밑에 서 있는 것처럼 동등한 자격으로 말이에요. 사실상 우리는 지금도 동등하지만 말이에요!"

시련은 극복하기 위해
존재한다

子曰："歲寒, 然後知松柏之後凋也."

공자가 말했다. "날씨가 추워진 후에야 소나무와 측백나무가 시들었음을 안다.

―《논어》, 〈자한〉

이와 유사한 옛사람들의 표현은 매우 많다. "강한 바람이 불어야 풀이 얼마나 질긴지 알 수 있고, 뜨거운 불 속에 넣어야 진짜 금인지 알 수 있다疾風知勁草, 烈火見眞金." "어려운 때에 절개가 드러나고 환난을 겪어봐야 사람의 진심을 알 수 있다時窮節乃現, 患難顯眞情." "어려운 때가 되어야 절개가 드러나고 환난을 겪으면 충신을 알아볼 수 있다時窮見節義, 世亂識忠臣."

시련과 어려움을 겪으면 진정한 강자와 진실한 친구가 누구인지 알 수 있다. 태평성세를 맞아 모든 일이 쉽게 풀리는 세

공자가 내게 인생을 물었다

상에서는 모든 것이 비슷해 보인다. 마치 시험에서 1+1 문제가 나오면 누구나 만점을 맞을 수 있지만 난이도를 높이면 점수 차가 나는 것과 같은 이치다. 따라서 외부 환경으로 인한 전반적인 어려움, 예를 들어 금융위기, 인터넷 경제의 거품 같은 사건을 겪다 보면 모든 경쟁자들이 어려움에 처한다. 강자에게는 이때가 기회다. 모두가 어려운 시기에 시련을 견뎌내면 이를 견뎌내지 못한 사람보다 성공한다. 외부에서 오는 시련은 경쟁자를 이길 수 있는 발판이기도 하다.

살다 보면 무수한 시련에 직면한다. 혼자만 그런 상황에 처하는 게 아니다. 그런 시련을 겪다 보면 하루가 1년 같이 길고 힘들다. 그러나 그 일을 이겨내고 다시 돌아보면 별것 아니었다는 생각이 든다. 인생에는 타고난 운명이 있으며, 여든한 가지 어려움 중에 하나만 겪지 않아도 성불할 수 없다. 게다가 운명은 모든 시련을 극복할 수 있게 정해놓았다. 극복하지 못할 시련은 없다.

쾌락의 시간은 빨리 흐른다. 너무 빨리 지나가기에 즐거운 기억을 남겨놓지도 않는다. 삶이란 희로애락을 모두 겪어야 한다는 의미다. 비바람이 지나가야 무지개가 뜨는 법이다. 날카로운 칼끝은 열심히 갈아야 얻을 수 있고, 매화는 혹독한 겨울을 지나야 볼 수 있다. 물론 하도 들어서 귀에 못이 박힐 정도로 흔한 말이다. 하지만 시련이 찾아올 때마다 이런 가르침들을 하루에 몇 번이고 되뇌어보자. 힘이 될 것이다.

처한 환경에
순응하라

可以速而速, 可以久而久, 可以處而處, 可以仕而仕, 孔子也.

빨리 떠나야 할 때 빨리 떠나고, 오래 머물 만하면 오래 머물며,
벼슬할 만하면 벼슬하고, 그만두어야 할 때 그만두는 것이 공자
였다.

—《맹자》, 〈만장〉

達則兼善天下, 窮則獨善其身.

이루면 천하와 함께 훌륭해지고, 궁하면 혼자서 자신을 훌륭하게
한다.

—《맹자》, 〈진심 상〉

子謂顏淵曰: "用之則行, 舍之則藏, 惟我與爾有是夫!"

공자가 안연에게 말했다. "등용이 되면 나아가 실행하고, 버려지

면 재능을 감추는 태도는 오직 너와 나만이 가지고 있으리라!"

―《논어》,〈술이〉

我則異於是, 無可無不可.

나는 이와 달라서 가능한 것도 없고 가능하지 않은 것도 없다.

―《논어》,〈미자〉

이것이 곧 달관의 경지이며 도가의 처세 태도와 거의 일치하는 부분이다. 다만 유가에서는 인생의 처지와 환경, 운명에 순응하여 상황이나 시기에 따라 행동하면서 자신의 방향을 제때에 조절함으로써 능동적 태도를 유지할 것을 강조한다. 예를 들어 관직에 있는 사람들은 요직에 발탁되기도 하고 한직에 발령이 나기도 한다. 아무리 능력이 있어도 조직에서 써주지 않으면 그만이기에 자기 뜻대로 할 수 없는 일이다. 이럴 때는 어떻게 해야 할까?

"등용이 되면 나아가 실행하고, 버려지면 재능을 감춰야 한다." 등용이 되면 적극적으로 능력을 발휘하면서 세상과 더불어 노력하여 성과를 도출한다. 그러나 등용이 되지 않는다 해도 자기 혼자서 사물의 이치를 파고들어 지식을 쌓고 수신제가할 수 있으며, 책을 쓰거나 학설을 세울 수도 있다. 무대 위에는 무대 위의 일이 있고, 무대를 내려가더라도 그에 맞는 일을 하면 된다.

공자는 관직에서 일한 시간이 몇 달밖에 되지 않았지만 남는 시간에 열심히 공부하고 후학을 양성했으며 책을 저술하여 '불후'의 업적을 남겼다. 주희는 관직에 있던 시간이 몇 년에 불과했지만 그 역시 뛰어난 업적을 남겼다. 더구나 오늘날 성공의 길은 너무나 멀다. 도가에서는 화와 복이 늘 같이한다고 했다. 원하는 것을 손에 넣지 못하여 속이 상하더라도 물러나 차선책을 찾으면 된다. 세월이 흘러 실패의 경험이 더 단단한 나를 만들었음을 알게 될 것이다.

같은 일이라도 보는 각도에 따라 견해가 달라진다. 이 세상에 절대적으로 좋고 나쁨은 없으며, 절대적으로 맞고 틀림도 없다. 운명을 믿고 지금 가진 것을 소중히 여기며 환경에 적응하다가 상황을 봐서 움직여야 한다. 이런 삶이라야 고민과 갈등이 줄어들며 더 쉽게 성공할 수 있다.

공자가 내게 인생을 물었다

경계할 것
세 가지

孔子日:"君子有三戒: 少之時, 血氣未定, 戒之在色; 及其壯
也, 血氣方剛, 戒之在鬥; 及其老也, 血氣旣衰, 戒之在得."

공자가 말했다. "군자에게는 경계할 것 세 가지가 있다. 어릴 때
혈기가 아직 안정되지 않았으니 색을 경계해야 한다. 장성함에 이
르러서는 혈기가 한창 왕성하니 싸움을 경계해야 한다. 늙어서는
혈기가 쇠하였으니 얻는 것을 경계해야 한다."

—《논어》,〈계씨〉

공자는 아마 중의학에도 일가견이 있었던 것 같다. 제시한
문장을 보면 혈기를 들어 생리문제와 심리문제를 접목하여 연
구한 면면이 보이는데, 이는 매우 앞선 안목이다. 사람의 관념
은 연령에 따라 달라지며, 이는 경험으로도 알 수 있다. 다른
한편으로는 신체 상태의 변화에 따라 이런 변화가 초래되기도

한다. 스무 살 소녀는 용모와 몸매가 아름답다. 따라서 들뜨고 자만에 빠지기 쉽다. 예순 살 여성은 담담하고 안정된 정서를 갖고 있다. 이는 생리적인 속박을 덜 받기 때문이다.

미색, 다툼, 욕심은 모두 혈기를 많이 소모하는 일이며, 인생의 많은 문제가 여기에서 비롯된다. 소년은 색을 경계해야 한다. 많은 소년 황제들이 성욕에 탐닉하다 세상을 떠났다. 과학 상식에 비춰볼 때 너무 이른 성행위는 소년 소녀 모두에게 좋지 않다.

아동 성교육과 소년 소녀의 성행위는 그들의 신체 건강과 성장에 관련되며, 이는 중요한 사회문제다. 우리 사회는 그동안 성을 금기시해왔다. 그러다가 최근 들어 갑자기 아무런 금기 없는 시대가 되어버렸다. 인터넷에는 외설적인 콘텐츠가 범람한다. 이런 상황에서 아이들을 어떻게 인도할지 사회 전체가 진지하게 사고하고 적극적으로 해결해야 한다.

장성한 청년들은 혈기가 왕성하니 싸움을 경계해야 한다. 싸움은 성인 세계의 유희다. 선조들은 동물 세계에서의 싸움을 인류사회로 가지고 왔다. 국가와 국가, 민족과 민족, 사람과 사람 사이는 갈등과 충돌과 투쟁으로 충만하다. 각국의 역사책은 전쟁사로 가득하며, 드라마와 영화는 각양각색의 투쟁을 묘사한다. 사람들은 거기에 열광한다.

그러나 이렇게 하면 제로섬게임으로 갈 수밖에 없다. 모든 싸움에는 승자와 패자가 있다. 전체적으로 발전과 이익 없이 오직 소모만 있을 뿐이다. 오늘날 지구촌 곳곳에서는 전쟁이 끊임없이 계속되고 있다. 이런 국면이 인류의 발전에 도움이 되겠는가? 심지어 승리자마저 그들이 치른 대가를 보면 영광스럽다고 느끼지 않을 것이다.

나이 들어서는 얻는 것을 경계해야 한다. 나이 많은 사람들은 대부분 근검절약한다. 이는 젊은 사람들이 배울 점이다. 그러나 일부 노인 중에는 젊은이들보다 더 재물에 욕심을 내기도 한다. 그들은 부를 축적하는 행위를 통해 자신의 존재와 가치를 강조한다. 그 돈을 쓸 능력이 아직도 있는지에 대해서는 전혀 고려하지 않는다.

불교에는 팔계八戒가 있다. 살생, 도둑질, 음탕함, 거짓말, 음주, 화려하게 꾸미는 것, 높고 큰 침대에 눕기, 때가 아닌데 음식을 먹는 행위를 금한다. 위에 언급한 유가의 삼계三戒와 함께 마음에 새겨볼 만한 계율이다.

처세와 처신의
아홉 가지 틀

孔子曰：“君子有九思：視思明，聽思聰，色思溫，貌思恭，
言思忠，事思敬，疑思問，忿思難，見得思義.”

공자가 말했다. “군자는 아홉 가지를 생각한다. 분명하게 보고,
확실하게 들으며, 안색을 온화하게, 용모를 공손하게, 말은 진실
하게, 일은 진지하게, 의심이 가면 물어보고, 화가 나면 어려움에
처할 것을 생각하고, 이익을 보면 의로운 것인지 생각한다.”

—《논어》, 〈계씨〉

유가는 수신을 논하면서 강직한 방법과 피나는 노력을 강
조했다. 세부적인 면에 주의하여 단정한 태도를 유지하고, 신
중한 언행으로 정서를 조절하고, 욕망을 억제하며, 인내를 가
지고 작은 것을 실천하여 축적해야만 군자가 되고 성현이 된
다고 했다. 이 과정은 매우 고단하고 어렵다. 그러나 증국번이

아홉째 동생 국전에게 당부한 것처럼 이 아홉 가지를 날마다 열심히 실천하면 자연스럽게 습관이 되며, 세월이 가면서 덕성으로 형성된다.

"분명하게 본다." 먼 곳과 가까운 곳을 정확하게 봐야 한다. 가까운 곳은 자세히 관찰하며 먼 곳은 통찰하는 눈으로 내다봐야 한다. 매사를 정확히 봐야 현상을 통해 본질을 알 수 있으며 매서운 안목을 갖게 된다.

"확실하게 듣는다." 가까운 곳의 소리를 정확히 듣고 충분히 이해해야 하며, 그 뒤에 숨은 의미와 배후의 정보를 포착할 수 있어야 한다. 외계의 정보는 수시로 수집하여 중요한 정보를 즉시 이해하고 대응해야 한다.

"안색을 온화하게, 용모를 공손하게 한다." 표정과 심리 상태를 온화하며 담담하게 유지해야 한다. 마치 가을의 연못처럼 파란이 일어도 놀라지 않고, 맑으면서도 깊이가 있어서 바닥이 들여다보이지 않아야 한다. 설령 긴급한 상황에 처해도 당황하거나 대경실색하지 않으며, 노발대발하거나 수심이 찬 얼굴을 하지 않아야 한다. 성숙한 사람은 아이처럼 일희일비하지 않는다. 유비劉備는 희로애락을 얼굴에 나타내지 않았다고 한다. 할리우드 스타 실베스터 스탤론Sylvester Stallone은 안면신경마비로 웃을 수 없었으며, 송 대의 대유학자 정호는 제자들 앞에서 30년 동안 노한 기색을 보이지 않았다. 리자청도 부하직원 앞에서 화를 낸 적이 없다고 한다.

"말은 진실하게 한다." 말은 진실하고 성실하며 객관적이어야 한다. 마음을 터놓고 진실을 이야기하며, 객관적이며 책임질 수 있는 말을 해야 한다. 진실을 말했다가 손해를 보면 어찌하냐고 반문하는 사람이 있을 것이다. 그때는 침묵을 지키거나 융통성을 발휘하여 진실을 거짓말처럼 하는 큰 지혜를 발휘해야 한다. 최소한 자신이 나서서 거짓말을 해서는 안 된다.

"일은 진지하게 한다." 마오쩌둥은 세상에서 가장 무서운 것이 '진지하다'는 말이라고 했다. 당신이 진지하게 대하면 상대도 진지하게 대한다. 당신이 일을 진지하게 하면 성공은 당신의 것이다.

"의심이 가면 물어본다." 입은 밥 먹는 데만 쓰라고 있는 것이 아니다. 어려움이 있을 때는 친지나 가까운 사람들에게 전화해서 물어보고 가르침을 구하라. 나는 문제에 직면했을 때 일반적으로 바이두를 검색한다. 다른 사람도 같은 문제를 맞닥뜨린 적이 있을 것이고, 그것을 인터넷에 올려놓았을 공산이 크기 때문이다. SNS를 통해 직접 누군가에게 질문하여 답을 구하기도 한다. 답을 찾을 수 없을 때는 내가 전 인류의 선봉에 서 있다는 묘한 성취감을 느끼곤 한다.

"화가 나면 어려움에 처할 것을 생각한다"라는 말은 화를 폭발시키고 난 뒤에 일어날 결과를 상상하라는 뜻이다. 그 결과를 감당할 수 있는지 생각해보라. 그런데 나는 이 말을 지키지 못한 경험이 있다. 당시 너무 화가 나는 바람에 결과를 생각

공자가 내게 인생을 물었다

하지 않고 화를 내버린 것이다. 물론 결과는 좋지 않았다.

"이익을 보면 의로운 것인지 생각한다." 군자는 재물을 취할 때에도 도를 따라야 한다. 의롭지 못한 재물을 취해서는 안 된다. 여기서 '의義'는 도덕과 법률에 부합하다는 의미이며, 자신이 그 자격이 있는지 돌아보라는 의미도 포함하고 있다. 예를 들어 이익을 앞에 두고 자신이 상응하는 노력을 했는지 돌아봐야 한다. 노력 없이 재물을 얻으면 마음이 편하지 않다.

이 아홉 가지 생각은 처세와 사람 됨됨이의 틀이며, 행동의 규범이다.

다섯 가지 노력을
기울여라

子張問仁於孔子. 孔子曰:"能行五者於天下, 爲仁矣."請問
之. 曰:"恭, 寬, 信, 敏, 惠. 恭則不侮, 寬則得衆, 信則人
任焉, 敏則有功, 惠則足以使人."

자장이 공자에게 인에 대해 질문하자 공자가 말했다. "다섯 가지
를 능히 행할 수 있으면 인이라 할 수 있다." 그것에 대해 질문하
자 공자가 대답했다. "공손하면 모욕을 당하지 않고, 관대하면
사람들을 얻을 수 있고, 믿음직스러우면 사람들이 일을 맡기고,
민첩하면 공을 세우고, 혜택을 베풀면 남을 부릴 수 있게 된다."

―《논어》, 〈양화〉

공恭, 관寬, 신信, 민敏, 혜惠는 내가 열일곱 살 즈음에 처음
《논어》를 읽으면서 가장 인상 깊게 새긴 다섯 글자다. 사회에
처음 진출하는 청년들에게 이 다섯 글자는 특히 소중하다.

"공손하면 모욕을 당하지 않는다." 때때로 남에게 모욕을 당하는 일을 자초할 때가 있다. 다짜고짜 상대를 무례하게 대하면 상대도 거북한 욕설을 하는 것은 당연하다. 상대를 놀리면 상대도 똑같이 놀릴 수 있다는 걸 잊지 말아야 한다. 남을 모욕하는 것을 즐거움으로 삼는 사람들도 있다. 당신이 정중하고 엄숙하여 그런 사람들을 멀리한다면 그들도 당신을 일부러 겨냥하여 일을 벌이지는 않을 것이다. 금이 가지 않은 달걀에는 파리가 꾀지 않는다. 허점이 없으면 화를 초래하지 않을 것이다.

"관대하면 사람들을 얻을 수 있다." 자신을 엄격하게 단속하고 다른 사람을 관대하게 대해야 한다. 사람들의 결점을 받아들이며, 그들의 실수와 무례를 포용해야 한다. 용서와 포용만이 상대의 호감을 살 수 있다. 바다는 모든 하천을 품기에 거대하다. 관대한 아량과 넓은 가슴으로 상대를 포용해야 한다. 그러나 춘추시대의 대정치가 자산子産은 이렇게 주장했다. "오직 덕이 있는 자만이 능히 너그러운 태도로 백성들을 복종시킬 수 있다. 그렇게 못한다면 모든 일을 모질게 하느니만 못하다. 무릇 불은 뜨겁기 때문에 백성들이 쳐다만 봐도 두렵게 여긴다. 물은 약하게 젖어들기 때문에 백성들이 이를 만만히 여기다가 많은 사람들이 빠져죽는다. 그러므로 관대함이 잘못되면 오히려 그를 해칠 것이다." 공자는 여기서 더 나아가 "너그러움과 엄격함은 서로 돕는 것이며, 정치는 이로써 조화를 이루어야 한다"라고 정리했다. 따라서 관리할 때는 엄격함이 주를 이루어야 하며, 사상 면에서는 관대한 정신을 발휘해야 한다.

"믿음직스러우면 사람들이 일을 맡길 것이다." 믿음이란 신용이며 약속을 지키는 것이다. 공자는 이에 대해 생생하게 비유했는데 "사람이 신용이 없으면 바퀴 없는 수레와 같아서 나아갈 수 없다"고 했다. 당신의 말이나 행동에 신용이 없으면 누가 당신에게 일을 맡기며, 누가 당신을 기용하려고 하겠는가.

"민첩하면 공을 세울 것이다." 민첩함은 재빠르고 행동력이 강한 것을 말한다. '인재＝글솜씨＋말솜씨＋일솜씨'라고 주장한 사람도 있다. 일을 잘해내는 것이 중요하다는 뜻이다.

"혜택을 베풀면 남을 부릴 수 있게 된다." 이것이 다섯 가지 중 화룡점정이며, 매우 실용적인 삶의 지혜다. 사람들이 당신을 위해 움직이길 바란다면 평소 그들에게 베풀어야 한다. 평소에 못했다면 일을 앞두고 베풀어도 좋다. 요 며칠 나는 《한서漢書》의 〈왕망전王莽傳〉을 읽었는데 왕망은 이러한 이치에 통달한 인물이다. 그는 천금을 투자하여 여러 인물들을 자기 사람으로 만들었다.

공자가 내게 인생을 물었다

진실된 명성을
추구하라

子曰: "君子疾沒世而名不稱焉."

공자가 말했다. "군자는 죽어서 이름이 불려지지 않는 것을 걱정한다."

―《논어》, 〈위령공〉

子曰: "君子病無能焉, 不病人之不己知也."

공자가 말했다. "군자는 자기 능력이 없음을 걱정하지 다른 사람이 자기를 알아주지 않을까 걱정하지 않는다."

―《논어》, 〈위령공〉

聲聞過情, 君子恥之.

명성이 실제보다 지나친 것을 군자는 부끄러워한다.

―《맹자》, 〈이루 하〉

이 세 문장은 명성을 대하는 유가의 두 가지 기본 태도를 반영하고 있다.

첫째, 사람은 명성을 추구해야 한다. 평생 살아가면서 이름을 남기지 못하는 것은 매우 유감스러운 일이다. "호랑이는 죽어서 가죽을 남기고 사람을 죽어서 이름을 남긴다"고 한다. 죽어서 이름을 남긴다는 말은 《좌전》에서 말하는 '삼불후三不朽', 즉 《가헌사稼軒詞》 중 "군주를 위해 천하를 도모하는 일을 마치고 생전과 사후에 이름 떨치려 했는데了卻君王天下事, 贏得生前身後名"에 해당한다. 현대시에서 말하는 "한 사람이 죽었으나 그는 아직 살아 있다"와 관련이 있다. 이는 인생의 가치 중 최고를 실현한 것이다.

물론 살아서 이름이 나면 더 좋은 일이다. "10년 동안 창문 아래 묻는 이가 없더니 한 번에 이름이 천하에 알려지게 되었다十年窗下無人問, 一舉成名天下知." "떠나가는 길벗 없다고 서러워 말게, 천지사방 그대 모르는 이 누가 있으랴莫愁前路無知己, 天下誰人不識君." 이는 고대의 문인 유생들이 꿈꾸는 삶이었다. 낯선 도시에서 낯선 사람들이 내 이름을 불러줄 때 그 기쁨은 이루 말할 수 없을 만큼 크다.

둘째, 이름이 실제보다 부풀려져서는 안 되며, 이름을 알리고자 세상 사람을 속여서도 안 된다. 명성을 추구하려면 먼저 능력을 기르고 꾸준해야 한다. 실제와 명성이 일치해야 하는 것이다. 명성과 이익을 추구하는 것은 인간의 본능이다. 차이가 있다면 이익은 물질을 점유하고 명성은 정신을 점유한다는 점이다. 유가는 이익이나 물질을 경시했지만 인생에는 격려와 분투가 필요하다. 따라서 명성을 추구하는 것까지 말살하지는 않았다. 불가와 도가는 명성과 이익에 대해 초탈하는 입장이다. 이런 태도는 소탈하지만, 허무감에 빠질 우려가 있다.

많은 사람들이 명예를 추구하는 이유는 더 큰 이익을 얻고 싶기 때문이다. 이름이 있으면 이익이 따라온다. 상품이 유명해져서 브랜드 인지도가 생기면 잘 팔린다. 이름이 나서 유명인이 되면 많은 특권이 따라오고 높은 몸값이 형성된다. 악명이라도 말이다. 악명이 더 쉽게 전파된다. 이른바 "좋은 일은 소문나지 않고 나쁜 일이 천리를 간다."

베이컨은 "명성은 강물과 같아서 가볍고 속이 빈 것은 뜨게 하고, 무겁고 실한 것은 가라앉힌다"고 했다. 명성을 떨치는 사람 중 운이 좋거나 포장에 능하여 이름이 난 사람도 많다. 대중은 전문 영역에 대한 감상 수준이 높지 않아서 어떤 것이 좋고 나쁜지 군중심리에 휩쓸리는 경향이 있다. 따라서 일단 명성을 얻으면 오랫동안 유지할 수 있다. 텔레비전 매체에 등장하는 '대가'들이 대부분 이런 식이다. 진정으로 실력 있는 사람은 침묵하는 대다수에 숨어 있으며, "세상에 영웅이 없으니 무능한 자가 이름을 얻는다"며 한탄한다.

마음을 길러라

孟子曰：“養心莫善於寡欲.”

맹자가 말했다. "마음을 수양하는 데는 욕심을 적게 하는 것보다
좋은 것이 없다."

—《맹자》, 〈진심 하〉

苟得其養, 無物不長；苟失其養, 無物不消.

기르면 자라지 않을 사물이 없고, 기르지 않으면 사라지지 않을
사물이 없다.

—《맹자》, 〈고자 상〉

存其心, 養其性, 所以事天也.

마음을 간직하고 본성을 기르는 것이 하늘을 섬기는 일이다.

—《맹자》, 〈진심 상〉

공자가 내게 인생을 물었다

我善養吾浩然之氣.

나는 호연지기를 잘 기른다.

─《맹자》, 〈공손추 상〉

제나라 수도 부근에 우산이라는 산이 있었다. 한때 초목이 무성했던 이 산은 과도한 벌목과 방목으로 민둥산으로 변했다. 맹자는 이 환경파괴를 보면서, 인간의 본성에 있는 인자하고 너그러운 마음이 지나치게 침해되면 그 마음이 없어져버린다고 지적했다. 그는 모든 것은 기르면 성장하고 기르지 않으면 없어진다고 했다. 그러면서 마음과 호연지기와 성품을 기르는 것에 대해 깊이 있게 언급했다. '기르는養' 사상은 아이를 기르고, 가정을 돌보며, 기업을 경영하고, 양생養生을 통해 건강을 증진하며, 반려동물을 기르는 데 깊은 교훈을 준다. 여기서는 '마음 기르기'에 대해서만 살펴보자.

유가의 '심心'과 '성性' 개념은 모두 철학적 의미를 갖는다. 하지만 단순하게 생각해보자. 유가에서는 마음을 기른다는 것을 심리 건강을 유지하여 내면을 강화하는 것으로 본다. 요즘은 양생이 유행이지만, 대부분 신체 건강에 치중하고 심리 건강은 소홀하게 생각한다. 신체 건강은 직관적인 것이다. 골격, 근육, 오장육부, 신경을 현대의학 설비로 검사하면 좋고 나쁜 것이 일목요연하게 나타난다.

그러나 심리는 그렇지 않다. 신체 건강에 이상이 생기는 일은 보편적이다. 한 기업에서 100명이 넘는 사람이 건강검진을 받으면 모든 면에서 양호한 사람은 극소수이며, 대부분 건강상 문제를 안고 있다. 심리 건강에 이상이 생기는 일도 사실은 이처럼 보편적이다. 정도가 약하거나 심한 차이가 있을 뿐이다. 심한 정신적 문제가 있는데도 스스로 인지하지 못하는 경우도 흔하다. 베스트셀러 《우리는 모두 병에 걸렸다我們都有病》도 이 문제를 다룬 책이다. 결론적으로 신체를 수양하려면 마음도 수양해야 한다.

마음의 수양에는 두 가지 문제가 존재한다.

첫째, 어떤 상태로 수양할 것인가의 문제다. 건강한 마음은 최소한 네 가지 특징을 갖는다. 낙관적이고 자애로우며 강하며 고요하다. 마음 깊은 곳에 밝은 태양이 있고 봄볕처럼 따사롭다. 선량하여 사랑으로 충만하며, 강인하면서도 유연하고 진취적이다. 자유롭고 맑으며 편안하고 침착하다.

둘째, 어떻게 수양할 것인가의 문제다. 마음을 수양하는 방법은 많다. 그러나 맹자는 가장 효과적인 방법으로 '욕심 버리기'를 들었다. 욕망을 억제하고 줄이라는 것이다. 모든 종교는 금욕주의 경향이 있다. 기독교의 신부와 불교의 승려는 모두 결혼하지 못한다. 모든 마음을 신이나 부처님에게 바치기 위해서다. 송 대의 유가는 "하늘의 이치를 보존하고 사람의 욕심을 없애야 한다存天理, 滅人欲"고 주장했다.

노자는 "탐날 만한 것을 보지 않으면 그 마음이 어지럽지 않다不見可欲, 其心不亂"고 했다. 마음의 병은 욕망이 일으키는 문제다. 욕망은 채워지기 어려우며, 사람은 능력 밖의 것을 늘 갈망한다. 이런 상태에서 어떻게 낙관적인 마음을 가질 수 있겠는가. 자기 욕망만 채우려 한다면 어떻게 다른 사람을 돌볼 수 있겠는가. 욕망을 좇으면서 명예도 갖고 싶으니 늘 갈등과 번민에 시달리는 것이다. 힌두교에서 말하는 "그 마음이 마치 전갈의 독침에 맞은 술 취한 원숭이와 같다"면 얼마나 힘들겠는가. 반면 욕망을 억제하면 양심에 걸리는 짓을 하지 않을 수 있으며, 이렇게 안과 밖이 일치하면 당당하고 떳떳하여 심신이 건강하고 침착한 기백이 넘친다. 건륭乾隆 황제가 국사를 보던 곳의 이름은 양심전養心殿이다. 마음을 수양하는 것은 진정한 황제의 전통이며 궁전의 법도였다.

마음을 다스리는
다섯 가지 글자

知止而後有定, 定而後能靜, 靜而後能安, 安而後能慮, 慮而
後能得.

머무름을 안 뒤에 정함이 있고, 정해지고 난 뒤에 고요할 수 있으
며, 고요해지고 난 뒤에 편안해질 수 있으며, 편안해진 뒤에 생각
할 수 있으며, 생각한 뒤에 얻을 수 있다.

—《대학》

선인들은 이 말을 해석할 때 대부분 '정定, 정靜, 안安, 려慮,
득得'에만 주의를 기울였다. 송 대 유학자들은 불교의 좌선을
참조하여 이 오자심법을 유가의 선도禪道로 삼아 정좌하고 명
상했다. 유가와 불교의 이러한 융합은 문제가 없다. 하지만 '지
지知止' 부분을 소홀히 한 점은 유감이다. '지止'는 목표 또는
방향이다. 사람이 목표와 방향을 명확히 하면 정신이 그곳에

집중되며, 복잡하게 얽힌 생각이 실마리를 찾아 안정되고 마음이 편안해져서 매일 조금씩 목표를 향해 전진할 수 있다.

지지知止는 목표를 명확히 하는 것이다.
정定은 목표를 설정하는 것이다.
정靜은 마음을 고요하게 하는 것이다.
안安은 마음을 편하게 갖고 일하는 것이다.
려慮는 문제를 해결하는 것이다.
득得은 목표를 실현하는 것이다.

'지지, 정, 정, 안, 려, 득'이 되어야 비로소 완벽한 과정이 된다. 이러한 심리 변화와 발전이 진정한 유가의 선禪이다. 유가의 선은 정좌가 아닌 행동이다. 사람의 마음은 무료하면 불안하고 초조해지며 음욕과 번뇌가 생긴다. 이상과 목표가 있는 사람은 바쁘게 노력하는 과정에서 마음이 비로소 안정된다.

학자 위잉스는 위의 말을 "중국문화의 일반적인 표현"이라고 이해했다. 그는 현대 서구사회의 물질적 발전은 정신의 타락을 동반하여 사람들을 초조함과 상실감, 소외감에 시달리게 한다고 지적했다. 따라서 '정, 정, 안, 지'의 관념을 도입하면 이러한 상황이 개선될 것이라고 주장했다. 하지만 서방사회에 미치는 효과를 생각하기에 앞서 우리부터 치료해야 하지 않을까?

집단과 자아
사이에서의 처신

群居終日, 言不及義, 好行小慧, 難矣哉.

무리를 지어 하루 종일 있으면서 의를 말하지 않으며 잔재주를
부리는 것만 좋아하면 이는 어렵도다.

—《논어》,〈위령공〉

하루 종일 하는 일도 없으면서 친구들과 무리를 지어 잡담
으로 시간을 보내는 것은 좋지 않다. 일이나 공부처럼 진지한
내용은 하나도 없고 잔꾀만 부리는 사람의 미래가 어떻게 밝
을 수 있겠는가. 요즘엔 친구에게 출석을 대신 부탁하는 대학
생들도 많다. 우리 집이 대학교 부근인데, 매일 저녁 산책을 하
다 보면 삼삼오오 무리지어 지나가는 학생들을 보곤 한다. 그
러다 보면 듣고 싶지 않아도 그들이 나누는 대화 내용이 귀에
들어온다. 말끝마다 욕설과 은어, 인터넷 용어로 점철된 그들

공자가 내게 인생을 물었다

의 대화를 듣고 있자면 안타까운 마음이 든다. 그들은 온라인 게임에 등장하는 살인과 피비린내 나는 대화를 열정적으로 이어간다.

나는 출생 시기로 사람들을 구분하는 것에 반대하며, 90후가 어떻고 80후가 어떻고 하며 단정 짓는 것에도 반대한다. 그러나 몇몇 데이터가 이런 단정적 정의를 설득력 있게 뒷받침한다. 현재 중국에서 실업급여를 타는 사람들 중 10퍼센트 이상이 1990년 이후 출생자라고 한다. 우리 회사에 근무하는 직원 한 명도 어떻게 하면 노동부와 연이 닿아 그 돈을 탈 수 있는지 상담해올 정도다. 잔머리 굴리기의 전형적인 사례다.

내가 몸담고 있는 정부기관의 분위기에 관해 학자 우쓰吳思는 "현의 관리가 마치 역참의 관리 같다"고 표현한다. 역참의 관리는 쉽게 말해 현대의 접대 판공실 주임에 해당한다. 날마다 수많은 술자리와 회식을 주선하느라 바쁜 자리다. 심지어 이런 일을 자랑으로 생각하고 즐거워하는 관리도 있다고 한다. 물론 술자리에서도 가치 있는 정보를 교환할 수 있으며, 우정을 증진하고 스트레스를 풀 수도 있다. 그러나 대다수는 일과 관련 없는 사람들과 가볍게 어울리느라 정력과 시간을 낭비한다. 이렇게 시간을 보내면 몸과 마음이 모두 공허해진다. 물론 어쩔 수 없이 술자리에 참석하는 경우도 많지만 말이다.

여기서 집단과 자아 사이에서 어떻게 처신하느냐는 문제가 제기된다. 사람은 집단을 떠나서는 살 수 없으며, 집단 속에 있어야 안정감을 느끼고, 많은 정보를 얻어야 자신의 성장과 발전에 도움이 된다. 또한 집단과 협력해서 완성하는 일도 많다. 그래서 집단 교육과 단체정신을 강조하는 것이다. 그러나 중요한 것은 집단 교육 외에도 혼자서 열심히 노력하는 태도가 필요하다는 점이다. 집단과 자아라는 두 공간적 상황에서 자기 상태를 변환시키고 조정하는 능력이 있어야 한다. 시간과 노력 면에서도 균형을 유지해야 한다. 이 이질적인 두 공간에서 어떻게 균형을 잡을지는 어렵고도 힘든 과제다.

8장

어떻게
공부할 것인가

공자가 제자를
가르친 방식

自有生民以來, 未有孔子也.

사람이 생긴 이후로 공자 같은 분은 없었다.

―《맹자》, 〈공손추 상〉

마오쩌둥, 주룽지朱鎔基, 마윈, 위민훙俞敏洪 그리고 내 주변
의 많은 고위공직자와 기업가들은 교사와 관련되어 있다. 그들
은 교사로 일한 적이 있거나 교사가 되기를 원했던 사람들이
다. 나는 여기에 필연성이 있다고 생각한다. 고위공직자와 기
업가는 모두 리더이며, 그들은 조직이나 단체에서 교사의 역할
을 담당한다. 그들은 도를 전함에 있어 교육을 통해 사람들에
게 가치관을 심어주고 사고방식을 형성하는 일을 한다. 수업을
함에 있어 사람들에게 목표를 전달하고 그 목표를 실현하는

방법과 과정을 알려준다. 의문을 해결하는 데 있어 사람들이 시련을 어떻게 대하며, 문제를 어떻게 해결하는지, 낙관성과 열정을 어떻게 유지하는지 지적해준다. 리더와 교사 간에는 이런 공통점이 있기에 역대 리더들은 공자라는 교사에게서 자신에게 적합한 역량을 배웠다.

후세 사람들은 공자에게 '최초의 위대한 교사'라는 명예를 수여했다. 그는 교사라는 직업의 조상님이며 '만성선사'다. 그가 있었기에 교사라는 직업이 이토록 특별해졌으며 하늘, 땅, 임금, 부모와 어깨를 나란히 하며 존중받는 것이다.

교사는 공부를 가르친다. 공자는 제자들을 어떻게 가르쳤을까? 《논어》의 몇 군데를 살펴보면 이에 대해 알 수 있다.

첫째, 교육의 대상을 가리지 않았다. 공자는 학생들을 차별하지 않았으며, 등급을 나누지도 않았다. "속 이상의 예를 행한 자에게 내 일찍이 가르쳐주지 않은 바가 없었다 自行束脩以上, 吾未嘗無誨焉." 최소한 고기 한 덩어리만 가져오면 누구나 가리지 않고 교육을 시켰다는 의미다. 왜 하필이면 고기였을까? 그 이유가 재미있다. 《예기》에는 이것이 스승을 대하는 학생의 기본 예의라고 되어 있다. 이런 예의도 차리지 않으면서 공부를 배우겠다고 하면 너무 '천하다'며 만나주지 않았다. 자연히 그 학생은 아무것도 배울 수 없었다. 예의가 없다고 본 것이다. 너무 쉽게 얻으면 등한시한다. 같은 물건이라도 돈을 내고 사는 것과 공짜로 얻는 것은 소중하게 여기는 정도가 다르다.

둘째, 가르치고 배우는 과정에서 함께 발전했다. "분발하지 않으면 열어주지 않고, 애태우지 않으면 말해주지 않으며, 한 귀퉁이를 들어주었는데도 남은 세 귀퉁이를 가지고 반응해오지 않으면 더 가르쳐주지 않는다不憤不啟, 不悱不發. 擧一隅不以三隅反, 則不複也." 어떤 문제를 해결하기 위해 절실하게 분발하지 않고, 어떤 사상을 표현하려고 했으나 풀리지 않아 절실하고 초조하게 매달리지 않으면 깨치도록 돕지 않았다. 상대가 배울 생각이 없으니 가르쳐봐야 소용없기 때문이다.

공자는 또 이런 말도 했다. "어떻게 할까, 어떻게 할까라고 스스로 말하지 않는 사람은 나도 어찌할 수가 없다不曰如之何, 如之何者, 吾未知如之何也已矣." '왜?'라고 묻지 않는 학생은 가르칠 수 없다는 뜻이다. 하나를 가르치면 하나만 알고, 둘을 가르치면 둘만 알 뿐 셋을 알지 못하는 학생은 자기주도형의 연상과 사고를 할 수 없기 때문에 이런 학생을 가르치는 것은 재미없는 일이다.

공자는 주입식이 아닌 교사와 학생 간 쌍방 소통을 강조했다. 공자는 "세 사람이 길을 가면 그중 반드시 나의 스승이 있다三人行 必有我師焉"고 했다. 이 세 사람 중에는 제자도 포함된다. 스승 또한 가르치는 과정에서 제자로부터 배우고 성장할 수 있음을 말하는 것이다. 이것이 《예기》에서 말하는 '교학상장教學相長'이다.

좀 더 보충하자면 '하나로 셋을 유추해내는' 것은 매우 중요

공자가 내게 인생을 물었다

한 학습 소양이다. 나침반으로 남쪽을 가리키면 즉시 동쪽, 서쪽, 북쪽이 어디인지 반응할 수 있어야 한다. 고대 경전을 읽을 때도 이 소양을 발휘해야 한다. 원문의 한계를 뛰어넘어 현실의 업무나 생활과 충분히 접목해야 한다. 그래야만 더욱 풍부하고 심오한 사상을 얻을 수 있다. 이 책에서 내가 추구하는 방향이기도 하다.

셋째, 학생의 수준에 따라 그에 맞는 교육을 한다. 두 학생이 공자에게 똑같은 질문을 했다. 그런데 공자는 전혀 상반된 두 개의 의견을 제시했다. 한 학생이 이해할 수 없다는 반응을 보이자 공자는 두 학생의 성격이 상반되기 때문이라고 답했다. 한 사람은 성격이 급하고 한 사람은 느긋한 성격의 소유자이니, 같은 문제라도 전자에게는 더 차분해질 수 있는 대답을 해주고, 후자에게는 좀 더 대담해지라고 격려해주어야 한다는 것이다. 공자는 이런 중요한 교육 원칙을 구체적으로 분석한 실용정신을 구현했다.

넷째, 전인교육을 실시했다. 공자는 당시 무엇을 가르쳤을까? "문, 행, 충, 신의 4교를 교육했다"고 《논어》에 확실히 밝히고 있다. 이 네 과목 중 '충'과 '신' 두 과목을 합쳐서 쉬운 말로 '문화', '처세', '처신' 과목으로 부를 수 있다. 구체적으로 육예六藝(예, 악, 사, 어, 서, 수)와 육경六經(《역경》, 《시경》, 《예기》, 《서경》, 《춘추》, 《악기》) 수업을 실시하여 처세의 지혜와 처신의 도리가 전체를 관통하도록 했다. 따라서 공자의 교육은 진정한 전인교육이라고 할 수 있다.

다섯째, 가르치는 일에 권태로움을 느끼지 않았다. 공자는 스스로 겸손하게 말했다. "묵묵히 보고 듣고 배운 것을 외우고, 배우고도 싫어하지 아니하고, 다른 사람을 가르치고도 권태로움을 느끼지 않는데 무슨 어려움이 나에게 있겠는가默而識之, 學而不厭, 誨人不倦, 何有於我哉?"

이것이야말로 위대한 교사로서 공자의 면모다. 냉철하게 연구하고 열정적으로 배우며, 가르치는 일에 싫증을 내지 않는 교사는 제자들로부터 무한한 존경을 받는다. 공자가 사망한 뒤 어떤 제자는 그의 묘를 3년이나 지켰으며, 6년을 지킨 제자도 있었다. 그리고 그의 사당을 지어 제사를 지내며 그의 정신과 이상을 기렸다. 결국 공자의 사상은 대학파를 형성하여 중화문화의 주류가 되었다.

배움을 좋아하는 것이
최대의 지혜다

子曰:"好學近乎知."

공자가 말했다. "배우기를 좋아하면 지혜에 가까워진다."

—〈중용〉

타고난 소질은 사람마다 다르다. 머리가 좋지 않아도 배움
을 좋아하면 지혜를 갖출 수 있다. 공자는 배움을 좋아하는 전
형적인 인물이었다. "10가구쯤 되는 조그만 읍에도 나처럼 진
실하고 믿음 있는 자는 있겠지만, 나처럼 학문을 좋아하는 이
는 없을 것이다十室之邑, 必有忠信如丘者焉. 不如丘之好學也." 학문
을 좋아하는 면에서는 자신이 제일 앞설 거라는 의미다.

"나는 나면서부터 그것을 알았던 사람이 아니라, 옛것을 좋
아하고 민첩하게 그것을 공부한 사람이다非生而知之者, 好古, 敏
以求之者也." 공자는 이 말을 통해 자신이 처음부터 박학다식하

거나 총명하지는 않았지만 전통문화와 지혜를 진심으로 좋아하고 열심히 공부하면서 묵묵히 지혜를 추구했다고 말했다. 학문을 좋아하는 정도가 "배움에 싫증을 내지 않고" "끼니조차 잊고 분발하며" "3개월간 고기 맛을 모를" 정도에 달했다. 《역경》을 공부할 때는 하도 읽어서 "가죽으로 맨 책 끈이 여러 차례 끊어질韋編三絶" 정도였다.

학문을 좋아하는 것은 지식 추구의 욕망에서 비롯되며, 이러한 욕망은 인간의 본능이다. 호기심에서 시작되었던 욕망은 지식을 점유하고 싶은 권력의지로 발전한다. 지식욕이 왕성한 사람도 있고 그렇지 않은 사람도 있다. 왕성한 사람은 지식에 늘 목말라하면서 지혜를 쌓는다.

공자는 이런 말을 했다. "나는 지금까지 색을 좋아하는 사람 치고 덕을 좋아하는 사람을 본적이 없다." 지식욕과 성욕이 부딪치면 성욕이 더 강하게 발현된다. 따라서 송 대의 유가들은 "하늘의 이치를 따르는 자는 살아남고 인간의 욕망을 따르는 자는 망한다存天理, 滅人欲"라고 했다. 다분히 자극적으로 들리는 주장이지만, 신체의 욕망에서 해방되어 이성을 갖고 지식을 추구하라는 충고를 담고 있다.

공자는 학문을 좋아하는 것을 숭고한 가치로 여겼다. 그래서인지 《논어》에서 안회를 제외한 다른 학생에게는 학문을 좋아한다고 칭찬한 적이 없다.

보이지 않는 곳에서도
연마하라

君子之所不可及者, 其唯人之所不見乎.

미칠 수 없는 군자의 훌륭한 점은 오직 사람들이 보지 않는 곳에 있다.

—《중용》

이 문장은 다음처럼 이해할 수 있다.

첫째, 보이지 않는 곳에서 쏟는 노력이다. 사람들 앞에서 귀하게 보이려면 보이지 않는 곳에서 고충을 겪어야 한다. 빛나는 성공 뒤에는 뼈를 깎는 시련이 있다. 회사에서 동료들은 근무시간 내내 비슷한 일을 하지만 몇 년이 지나면 그들의 능력에도 차이가 생긴다. 보이지 않는 곳에서 기울인 노력이 서로 달랐기 때문이다. 퇴근 후 친구와 어울려 술이나 마시는 사람이 있는가 하면 독서와 야근, 자기계발에 힘쓰는 사람도 있다.

시간이 가면서 이들의 능력에 차이가 나는 것은 당연하다.

둘째, 외로움을 견뎌야 한다. 《역경》의 건괘乾卦는 육효六爻로 나뉘며 인생의 여섯 단계를 상징한다. 초효初爻는 잠룡물용潛龍勿用(물에 잠긴 용은 쓰지 않는다)이다. 아무리 위대한 인물도 이런 단계를 거쳐야 한다. 이때는 물에 잠긴 한 마리 용처럼 힘을 비축하며 기다려야 한다. 알아주는 사람이 없다고 초조하게 여기지 말고 담담하게 기다려야 한다. 이렇게 외로운 시기는 어차피 겪어야 하는 과정이기 때문에 그저 받아들여야 한다. 또한 성공한 삶에는 축적기가 필요하다. "오래 웅크린 새가 더 높이 난다"고 한다. 이 시기를 이용해 공부와 수련에 힘써야 필요한 순간에 능력을 발휘할 수 있다. 홍콩의 가왕 알란 탐Alan Tam은 연예계 후배들에게 이렇게 충고했다. "당신의 차례가 돌아오지 않았을 때는 아무리 애써도 소용이 없다. 당신의 차례가 되었을 때, 당신이 나서지 않으려고 해도 사람들이 당신을 밀어 올린다."

셋째, 자신을 성급히 드러내지 말아야 한다. 다른 사람이 당신을 파악하여 밑바닥까지 들여다보는 일이 없게 주의해야 한다. 큰 인물들이 외부에 보여주는 것은 빙산의 일각에 불과하다. 우리는 이런 사람에게 저절로 경외심을 갖는다.

넷째, 신독愼獨이다. 즉 보는 사람이 없을 때도 자신의 행동에 주의해야 한다. 욕망에 휘둘리지 않는 한결같음이야말로 진정한 군자의 모습이다.

홀로 있을 때
삼가라

誠於中, 形於外, 故君子必慎其獨也.

안에서 성실하면 밖으로 드러난다. 그러므로 군자는 홀로 있을 때 반드시 삼가야 한다.

―《대학》

莫見乎隱, 莫顯乎微, 故君子慎其獨也.

숨어 있는 것보다 잘 드러나는 것은 없으며 미세한 것보다 더 두드러지는 것은 없다. 그러므로 군자는 홀로 있을 때 삼가는 것이다.

―《중용》

증국번이 말년에 아들에게 유명한 가훈을 남겼는데, 그중 하나가 "혼자 있을 때 삼가야 마음이 편해진다愼獨則心安"였다.

아무도 보는 사람이 없을 때 스스로 행동을 삼가야 마음이 평화롭다는 뜻이다.

'신독'을 음란동영상 문제와 관련하여 설명해보려 한다. 인터넷이 발달한 시대에 청소년들의 신독은 주로 이 문제와 관련되기 때문이다. 음란동영상을 접촉하지 않도록 자신을 단속하는 행동은 자아통제 능력과 심신의 건강에 매우 중요하다. 성인들의 경우 자신을 잘 파악하여 성문제가 발생하지 않도록 하는 것도 신독의 중점이다. 공직자의 외도 장면이 온라인에 그대로 노출되어 낙마하는 사태가 빚어지고 있다. 요즘 사람들에게 신독 의식이 아예 없거나 자신은 괜찮을 거라는 요행심리가 고스란히 드러나는 경우라 하겠다. 보는 사람도 없으니 상관없다는 심리가 은밀한 구석에서 각종 금권과 권력, 음란성과 손을 잡는 것이다.

'신독'에는 두 가지 중요한 의미가 있다. 첫 번째는 욕망을 통제하는 행동이다. 보는 사람이 없는 곳에서는 마음 깊은 곳의 욕망이 꿈틀거린다. 옛사람들이 수신에 힘쓴 이야기에 이런 내용이 나온다. 나쁜 생각이 날 때마다 검은 콩 한 알씩을 소쿠리에 넣고 반성하고, 착한 생각이 떠오르면 흰 콩을 넣었다고 한다. 처음에는 검은 콩이 훨씬 많고 흰 콩은 몇 알 되지 않았지만, 수행하는 시간이 길어지면서 검은 콩이 점점 줄어들더니 나중에는 거의 없어졌다는 것이다.

젊은 시절 증국번의 일기장에도 이와 유사한 자기반성이

많았다. 하루는 친구 집에서 술을 마시는데 친구 아내의 아름다운 용모를 보고 음란한 마음이 발동했다. 집으로 돌아온 그는 일기에 "금수와 다를 바 없다"고 쓰며 자책했다. 이러한 수련 과정은 문화혁명 당시의 표현을 그대로 빌리자면 "영혼 깊은 곳으로부터 혁명을 폭발시켜 사사로운 생각을 혹독하게 비판하라!"와 관련 있다. 이런 수련의 목표는 고상한 사람, 저급한 취미에서 탈피한 사람, 순수한 사람이 되는 데 있다.

'신독'의 두 번째 의미는 성실함에 있다. 만일 정치인들이 연단에 있을 때의 공정한 모습을 한결같이 유지한다면 정치는 투명해질 것이다. 사람들이 밝고 공정한 모습을 유지한다면 사회는 밝아질 것이다. 낙마한 공직자들 중에는 입으로는 인의도덕을 부르짖으면서 행동은 비겁한 욕심으로 가득 차 있는 사람들이 많다. 우리가 그런 무리와 뭐가 다른지 가슴에 손을 얹고 생각해보자. 우리의 행동에는 거짓이 없을까? 생각과 행동은 떳떳한가? 홀로 있을 때 삼가라는 신독을 강조하는 이유는 그것이 성실함과 통하기 때문이다.

안과 밖이 일치하여 부끄러움 없는 당당한 사람이 되어야 한다. 그래야 우리에게 좋은 결과가 많이 일어난다. 특히 수명이 최소한 몇 년은 늘어날 것이다.

남이 알아주지 않는다고
성내지 말라

學而時習之, 不亦說乎? 有朋自遠方來, 不亦樂乎? 人不知
而不慍, 不亦君子乎?

배우고 때대로 익히면 기쁘지 아니한가? 벗이 멀리서 찾아오니
즐겁지 아니한가? 남이 알아주지 않아도 성나지 않으니 군자답
지 아니한가?

— 《논어》, 〈학이〉

인구에 회자되는 유명한 이 말은 《논어》의 첫 구절로 학자
의 생활을 묘사하고 있다. 이른바 학자란 배우고 익히기를 좋
아하는 사람이다. 지식을 배우고 익히며 이를 실천하는 것은
매우 즐거운 일이다. 가령 모임에서 불쾌한 말을 들었더라도
"남이 알아주지 않아도 성나지 않으니"를 되뇌이면 화가 풀릴
뿐 아니라 웃음이 터져 나올 수도 있다.

학습과 실천을 통해 성과를 도출하면 명성이 생길 수도 있고, 그 명성을 듣고 찾아오는 사람도 있을 것이다. 이 또한 얼마나 기쁜 일인가!

중국 사람들은 자기 주변의 인재에는 눈을 돌리지 않는 경향이 있다. 《한서》, 〈양웅전揚雄傳〉에는 이런 말이 나온다. "사람들은 가까운 사람을 천하게 여기고 멀리 있는 사람을 귀하게 여긴다. 양자운揚子雲의 용모와 직위가 평범하기에 그 책을 경시하였다."

가까운 사람들의 눈에는 양자운이 말단 관리에 지나지 않는 데다 용모도 평범했기 때문에 그가 쓴 책이 훌륭할 리 없다고 보인 것이다. 이런 심리가 확대되면 사대주의에 물들어 외국 문물만 숭상하게 된다. 유가에도 이런 문제가 있었다. 요순의 좋은 점만 강조하면서 지금은 그때만 못하다고 한탄하곤 한다. 이점을 인식하여 대처한다면 우리의 고민도 줄어들 것이다.

고독을
두려워 말라

子曰："莫我知也夫!" 子貢曰："何爲其知子也?" 子曰："不
怨天, 不尤人, 下學而上達. 知我者其天乎!"

공자가 "나를 아는 사람이 없구나!" 하고 말하자 자공이 말했다.
"어째서 선생님을 아는 사람이 없습니까?" 공자가 말했다. "나는
하늘을 원망하지 않고 남을 탓하지 않으며 하찮은 것으로부터 배
워서 높은 수준에 도달하였나니, 나를 아는 존재는 하늘이리라!"
　　　　—《논어》,〈헌문〉

《詩》云："憂心悄悄, 慍於群小." 孔子也.

《시》에서 이르기를 "괴로운 마음이 슬며시 든다. 소인의 무리로
부터 원망을 사는구나." 이것이 공자의 심경이리니.
　　　　—《맹자》,〈진심 하〉

君子之所爲, 衆人固不識也.

군자의 행동을 뭇사람들은 본래 모른다.

—《맹자》, 〈고자 하〉

"남이 알아주지 않아도 성나지 않으니"라는 공자의 말은 자기 위안이었음이 틀림없다. 미국의 심리학자 에이브러햄 매슬로Abraham Maslow의 욕구단계이론Maslow's hierarchy of needs theory에 따르면 사람들에게 이해와 인정을 받는 것은 인간의 기본 욕구이며, 이 욕구가 충족되지 않을 때 인간은 우울해한다고 한다.

그러나 우수한 인재 중에는 사람들의 인정을 받지 못한 사례가 많았다. 《사기》에 따르면 진승은 원래 부잣집 머슴이었다. 그는 다른 머슴들에게 부귀를 누리게 되면 서로 잊지 말자고 했다. 그러자 머슴들은 머슴 주제에 무슨 부귀냐며 비웃었다. 그러자 진승은 명언을 남긴다. "제비와 참새 따위가 어찌 기러기와 고니의 뜻을 알겠는가!"

진승의 탄식에는 소년 영웅의 호방함이 넘친다. 반면 공자의 "나를 아는 사람이 없구나!"에는 홀로 높은 곳에 처하여 자신을 알아주는 대상이 하늘밖에 없다는 비애가 담겨 있다. 이백은 예로부터 성현은 고독하다고 했다.

군중 속에서 고독을 느낄 때 공자의 말을 읊조린다. "괴로운 마음이 슬며시 든다. 소인의 무리로부터 원망을 사는구나.” 그런 생각이 들기 시작하면 점점 군중과 동떨어진 ‘별종’으로 변하고, 사람들은 이런 별종을 적대시한다. 이를 예방하기 위해서는 두 가지를 고려해야 한다.

첫 번째는 이성으로 감정을 억눌러야 한다. 우수한 사람의 사상과 행위가 보통 사람의 수준을 초월한다는 점을 인식해야 한다. 닭과 비슷하게 생긴 학이 옆에 있는 닭들에게 자기는 멀리 날 수 있다고 말했더니 닭들이 허풍을 떤다며 비웃었다. 닭의 입장에서는 당연한 일이다. 허풍쟁이라며 손가락질 받던 사람의 말이 나중에 사실로 밝혀지는 경우도 많다. 기업 대표들중에 ‘대포’나 ‘허풍쟁이’ 같은 별명을 갖고 있는 사람도 많다. 쑨원도 신해혁명 이전에는 이런 별명으로 불렸다고 한다. 사람들에게 인정받지 못하는 것은 앞으로 더욱 우수해질 거라는 의미이기도 하다.

두 번째는 자신감을 가져야 한다. 하늘을 원망하거나 다른 사람을 미워하지 말고 열심히 공부하고 실천하면 그 과정에서 내면이 강해지고 정신적으로 자유로워지며 마음이 열리고 침착한 태도를 갖게 된다. 하찮은 것으로부터 배워서 높은 수준에 도달하고, 하늘과 땅과 정신적으로 왕래하면서 장차 자기만의 세계를 구축할 수 있게 된다.

옛것을 익히고
새로운 것을 알자

溫故而知新, 可以爲師矣.

옛것을 익히고 새로운 것을 알면 다른 사람의 스승이 될 만하다.

—《논어》, 〈위정〉

    중국의 중학교 교과서에 나오는 이 말은 모르는 사람이 없을 정도로 유명한 말이다.

    옛것을 익히는 것은 기억을 강화하는 데 의미가 있다. 책을 읽고 나면 시간이 지나면서 내용을 거의 잊어버린다. 따라서 복습하지 않으면 읽지 않은 것과 같다. '온고이지신'에는 민족의 성격이 숨어 있다. 요즘에는 드라마나 영화에서 타임슬립 소재를 자주 다룬다. 중국에서는 진시황이나 한무제, 황제의 딸을 다룬 시대극이 대부분이다. 반면 서양인들은 공상과학 영화를 좋아하며, 〈트랜스포머Transformer〉나 〈아바타Avatar〉처럼 미래를 소재로 한 영화가 많다. 이는 동서양 민족의 성격 차이를 반영한다.

중화민족은 역사와 전통과 경험을 중시하고 옛것을 좋아하는 편이다. 소극적이고 보수적인 듯 보이지만 여기에는 큰 지혜가 담겨 있다. 중국은 세계 4대문명 발상지 중 하나이며, 다른 문명과 달리 그 문명을 고스란히 계승했다. 중국의 문명은 정치, 사회, 문화를 포함하여 공자와 맹자시대부터 안정되었으며, 청나라의 정치제도는 기본적으로 한나라를 계승했다. 한나라의 제도는 《상서》나 《예기》에 기재된 선진 제도의 정수를 흡수했다. 이러한 문명의 안정성과 연속성 그리고 긴 생명력은 옛것을 익히는 민족의 성격에서 비롯된 것이다.

중국 사람들은 역사서를 편찬하고 읽는 일을 중시한다. 유가의 오경 가운데 《상서》와 《춘추》는 역사서이며, 《예기》의 많은 내용이 역사에 속한다. 왕조가 바뀔 때마다 새로운 통치자는 학자들을 모아 역대 왕조의 역사를 기록하여 총 24종의 역사서를 편찬했다. 역사를 교훈으로 삼는다는 말에서 알 수 있듯이 오늘날 직면한 문제를 해결하려고 할 때도 역사에서 답을 찾을 수 있다.

베이컨은 역사를 읽음으로써 지혜로워진다고 했으며, 증국번은 세상을 다스리고 백성을 구제하는 방법을 역사서에서 찾으라고 했다. 역사학은 사람들을 구제하고, 나라를 다스리고,

심지어는 창업하는 데 필요한 학문이다. 오늘날로 치면 사례 학습이라고 할 수 있다. 기업이나 단체가 전통을 세우고, 이를 지켜나가고자 한다면 상술한 역사서를 참조하면 될 것이다.

나는 몇 년 전에 읽은 책을 다시 읽는 걸 좋아한다. 마치 옛 친구를 만난 듯 각별한 따뜻함이 느껴지고, 새로운 감동이 전해진다. 업무를 처리할 때도 마찬가지다. 그동안 쌓은 경험을 종합하면 다음 단계에서 어떻게 해야 하는지 알 수 있다. 가끔 과거로 타임슬립할 수 있다면 얼마나 좋을까 상상하곤 한다.

모르면
모른다고 말하라

知之爲知之, 不知爲不知, 是知也.

아는 것을 안다고 하고 모르는 것을 모른다고 하는 것, 이것이 바로 아는 것이다.

—《논어》, 〈위정〉

누가 무엇을 물어봤을 때 모르겠으면 솔직히 모른다고 해야 한다. 지극히 간단한 이치지만 막상 실천하기는 어렵다. 왜 그럴까? 허영심이 발동하기 때문이다. 허영심은 늘 훼방을 놓기에 큰 괴물이라고 일컬을 만하다. 자신의 눈에 비치는 자기와 사람들의 눈에 비치는 자기를 비교하는 것이 허영심이다. 우리는 남의 눈에 멋지고 우월하며 완벽하게 보이기를 원한다. 그러다 보니 정작 자기 자신의 기분은 뒷전이기 십상이다.

물질이 부족한 시대에는 잘 먹고 잘사는 것처럼 보이려고

공자가 내게 인생을 물었다

일부러 자신의 얼굴을 때려서 붓게 만들기도 했다고 한다. 살이 찐 것처럼 보이게 하기 위해서다. 서초패왕 항우는 함양을 함락하자마자 고향으로 향했다. 고향 사람들에게 자신의 위풍당당함을 당장 보여주지 않으면 밤중에 비단옷을 입고 돌아다니는 것과 같다고 생각했기 때문이다. 한밤중에 화려한 옷을 입은들 누구에게 보여줄 것이며, 무슨 의미가 있겠는가.

자신의 얼굴을 때려 붓게 했다니, 지나친 과장이 아니냐고 생각하는 사람도 있겠지만, 조금도 과장이 아니다. 허영심이라는 큰 괴물은 그만큼 위력이 어마어마하다. 사람들이 명품에 집착하고 화려한 외모와 비싼 차를 과시하는 이유도 허영심 때문이다. 허영심은 국적을 불문하고 위력을 발휘하고 있다. 한국과 일본도 예외가 아니다.

일본에는 이와 관련해 유명한 일화가 있다. 어떤 마을에 한 가족이 살고 있었다. 그들은 호화로운 집에 살며 고급 자동차를 타고 금은보석으로 치장하며 부를 과시했다. 그런데 언제부턴가 그 가족의 모습이 보이지 않았다. 한참 뒤 일가족 모두가 집 안에서 죽은 채로 발견되었다. 알고 보니 돈이 다 떨어져 더 이상 사치를 부리지 못하게 되자 체면이 깎일까 봐 집 밖에 나서지 못하고 죽음을 택한 것이다.

허영심이라는 '괴물'은 없는 곳이 없다. 이 괴물을 길들이기란 쉽지 않다. 유가에서는 이에 대해 성실한 미덕으로 자신과 남을 모두 속이지 않아야 한다고 강조한다. 이는 중요한 수양의 수단이다.

세상에 완벽한 사람은 없으며, 누구나 한계와 약점을 갖고 있다. 마오쩌둥은 영재였지만 수학 실력은 형편없었다고 한다. 러시아의 위대한 시인 알렉산드르 푸시킨Aleksandr Pushkin은 아예 모든 수학 문제의 답을 '0'으로 표기했다고 한다. 자신의 부족한 점을 인정하는 것은 당연한 일이며, 모르는 것을 모른다고 인정한다고 해서 체면이 깎이지도 않는다.

스무 살 때는 다른 사람의 시선에 신경을 많이 쓴다. 하지만 마흔 살이 되면 마음이 조금은 편해지고, 예순 살이 되면 아무도 다른 사람에게 신경 쓰지 않는다는 것을 알게 된다. 그러니 허영은 부질없는 마음이다.

스스로
공부하라

孔子曰：“生而知之者，上也；學而知之者，次也；困而學之，
又其次也；困而不學，民斯爲下矣."

공자가 말했다. "태어나면서부터 아는 사람이 위이고, 배워서 아
는 사람은 그다음이고, 어려움을 당하여 배우는 사람은 또 그다
음이며, 어려움을 당하면서도 배우지 않는 사람은 맨 밑이다."

—《논어》,〈계씨〉

여기서 '위, 그다음, 또 그다음, 맨 밑'은 등급이 아니라 전후
순서를 가리키는 말이다. 갓난아기는 태어날 때부터 본능으로
생존할 수 있다. 인간은 가정과 학교에서 받는 교육을 통해 체
계적으로 생존과 성장에 필요한 지식을 습득한다. 사회에 나가
서는 각종 문제와 시련에 직면하여 학습과 사고를 통해 해결
방법을 찾는다. 또한 그 과정에서 얻은 것을 경험으로 축적한

다. 이것이 '곤이학지困而學之'인데, 이러한 학습 방식을 중시하지 않는 사람은 장래가 밝지 않다.

태어나면서 아는 것은 본능이고, 배워서 아는 것은 지식이며, 어려울 때 배우는 것은 지혜다. 예로부터 큰 인물 중에는 학교에 다닌 적이 없거나, 잠깐의 배움에 그친 사람들 또는 성적이 형편없는 사람도 많았다. 유방, 항우, 주원장 등 많은 개국 황제들이 문맹이었다. 상업에 종사하며 공부한 호설암胡雪岩은 어릴 때부터 도제가 되었으며, 일본 '경영의 신' 마쓰시타 고노스케도 열 살 무렵부터 도제가 되었다. 큰 재산가들 중에도 학교를 제대로 다니지 않은 사람이 많다. 그들이 성공을 거둔 것은 '곤이학지'를 실천하며 큰 지혜를 터득한 덕분이다. 이러한 학습은 일찍이 효과를 거둔 실용주의적인 자기교육이다. 자발적이고 자기 주도적이며 적극적인 학습 방법이다. 학습자들은 이런 방식을 통해 알찬 지식을 습득하며, 실용적이고 효과적으로 학습할 수 있다.

이 문제를 좀 더 확장해서 생각해보자. 유명인 중에는 학교에서 정규교육을 받지 않은 사람들이 무척 많다. 심지어 과학 연구기관이나 학술기관을 제외하면 절대다수의 엘리트들이 그들의 전공과는 상관없는 일을 하고 있다. 이들의 성공은 이러한 실용주의에 입각한 자기교육에서 비롯된다.

무르익는
과정을 거쳐라

孟子曰：“五穀者，種之美者也. 苟爲不熟，不如荑稗. 夫仁，
亦在乎熟之而已矣.”

맹자가 말했다. "오곡은 종자 중 우수한 것이다. 그러나 무르익
지 않으면 돌피와 피만도 못하다. 무릇 인仁도 무르익어야 할 따
름이다."

―《맹자》, 〈고자 상〉

　옥수수가 덜 여물면 막대기에 지나지 않아 먹을 수가 없다.
완전히 여문 옥수수는 다양하게 요리할 수 있으며 맛도 영양
도 훌륭하다. 사과가 덜 익으면 시고 떫고 딱딱하지만 잘 익은
사과는 달고 맛있으며 사각거린다. 모든 일의 이치가 이와 같
다. 아무리 좋은 것도 성숙하지 않으면 쓸모가 없다.
　"선무당 사람 잡는다"는 말이 있다. 우리 주변에는 책 몇 권

읽고 글 몇 줄 쓴 경험을 내세워 문인이라 자처하는 사람들이 적지 않다. 자아도취에 빠져 어려운 말을 늘어놓고 가식적인 행동을 하는 그들은 사람들의 비웃음을 살 뿐이다. 차라리 거칠고 시원스러운 태도, 질박함과 친근감이 사람들의 마음을 움직인다. 책을 읽은 것이 문제가 아니라 그의 지식이 설익었기 때문에 문제가 된다. 지식을 진정으로 이해하고 음미하여 완전히 체화하면 사람의 기질은 기품 있고 평화로우며 원만하고 담담하게 변한다. 이런 내공은 20~30년의 세월이 쌓이지 않으면 도달할 수 없다.

서예도 마찬가지다. 처음 배우는 사람은 힘든 과정을 거쳐야 한다. 처음에 쓴 글씨는 서예를 배우기 전에 아무렇게나 쓴 글씨보다도 못한 것처럼 보인다. 이처럼 더 높은 수준의 것을 학습하고 실행할 때는 한동안 어려운 과도기를 거치며, 잘못된 습관을 고치는 데는 진통이 따른다.

중소기업이 성장하면 과거의 주먹구구식 경영을 탈피하고 ERP시스템을 도입한다. 물론 ERP는 앞선 시스템이지만 업계에서는 "ERP를 사용하지 않으면 죽음을 기다리는 것, 도입하면 죽음을 자초하는 것"이라는 우스갯소리가 돌 정도다. 왜 죽음을 자초한다고 하는 걸까? 그동안 주먹구구 방식에 길들여진 기업 입장에서 완전히 새로운 관리 프로세스에 적응하는 일이 무척 힘들기 때문이다. 이런 이유로 적지 않은 돈을 들여 ERP를 도입했다가 원래대로 돌아가는 기업들이 많다. 하지만 과도기를 이겨내고 지속적으로 사용하는 기업은 새로운 수준으로 도약하게 된다.

다시 서예 이야기로 돌아와보자. 내가 서예를 시작한 지도 20년이 다 되어간다. 글씨를 연습한 화선지는 2~3일에 한 번씩 모아서 한쪽에 둔다. 한 장에 1위안을 주고 산 화선지인데 글씨를 쓴 화선지는 폐지로도 가져가지 않는다. 하지만 나는 자신감이 넘쳐서 언젠가는 내 작품이 호당 2천 위안은 받을 수 있을 거라고 큰소리를 치곤 한다. 물론 인플레이션 요소가 포함되지 않는 금액이라고 말이다.

배움은 도중에 그만두어서는 안 된다. 100리를 가는 사람은 90리를 절반으로 삼아야 한다. 꾸준히 하다 보면 어느 날 갑자기 훌쩍 성숙한 자신을 발견할 것이다. 물론 나의 서예 솜씨도 무르익을 것이다!

공부하라
그리고 생각하라

學而不思則罔, 思而不學則殆.

배우기만 하고 생각하지 않으면 얻는 것이 없고, 생각만 하고 배우지 않으면 위태로워진다.

—《논어》, 〈위정〉

子曰：＂吾嘗終日不食, 終夜不寢, 以思, 無益, 不如學也.＂

공자가 말했다. "내가 종일토록 먹지 않고 밤새도록 자지 않으면서 사색해본 적이 있는데 유익한 것이 없었으니 배우는 것만 못하더라."

—《논어》, 〈위령공〉

인터넷에서 '자기계발의 대가'들의 강좌를 일부 들어보면 하나같이 자신이 한 달에 7~8권의 책을 읽는다고 한다. 나는 그 말을 믿을 수가 없다. 나도 책을 꽤나 좋아하는데 한 달에 평균 한두 권 읽는 것이 고작이다. 두께가 있는 책은 몇 달 동안 읽기도 한다. 《자치통감資治通鑑》은 1년이 다 되어가는데도 다 읽지 못했다. 설령 독서 속도가 빠르다고 해도 루쉰이 지적한 대로 "책을 읽기만 하고 활용하지 않으면 책꽂이와 다를 바 없는" 결과를 낳게 될 것이다. 독서의 양과 속도에만 집착하면 충분히 사고할 수 없으니 얻는 것도 많지 않다.

그렇다면 어떻게 사고해야 할까? 전문가들은 먼저 통독을 하고 다시 한 번 자세히 읽는 방법을 제시한다. 처음에는 독서를 작가와의 대화 시간이라 여기며 책의 내용과 관련한 문제를 발견하고 답을 구하면서 읽는다. 이렇게 하면 책의 숨결이 들리고 내용이 더욱 풍부해지며, 전체적인 내용을 흡수하게 된다. 이어서 자신의 상황과 접목하여 책의 내용과 자신의 생각을 종합하면서 가장 중요한 것, 가장 공감 가는 부분을 도출한다. 즉 자세히 분석하면서 읽는 것이다.

증국번은 일을 처리하는 방법으로 분할, 종합, 상세한 사고, 정리의 과정을 제시했다. 먼저 전체를 작은 단위로 나눈 다음, 분할한 결과를 귀납하고 종합한다. 이어서 체계적이고 상세하게 고려한 뒤, 요점을 정리하여 마음속 깊이 파고들게 한다.

공부는 재료를 수집하는 것과 같으며, 사고는 재료를 가공하는 것과 같다. 생각만 하고 배우지 않으면 재료 없이 요리하는 것과 같다. 일부 종교에서는 수행할 때 명상만을 강조하는데,

이는 내면의 에너지를 강화하는 것처럼 보이지만 결국은 공허함으로 흐를 우려가 있어 실용적이지 않다. 양장楊絳 선생도 일부 작가가 생각만 많고 책을 잘 읽지 않는다고 지적한 바 있다.

나는 열일곱 살 즈음에 처음《논어》를 읽었고, 그 뒤 주희의 《사서집주四書集注》를 읽었다. 이때는 주석을 참조했으며, 대략적인 의미를 파악한 뒤에는 책을 덮었다. 그 후 일이나 일상생활에서 어떤 일에 직면했을 때 책에서 읽었던 내용이 머리에 떠올랐고, 마음으로 음미했으며, 이를 통해 영감을 얻고 위로를 받았다. 옛사람들은 이런 체험을 '함영涵泳(물속에 들어가 팔다리를 놀리며 떴다 잠겼다 함 - 옮긴이)'이라 했다.

십수 년이 흘러 이 책을 쓸 계획을 세우고 예전에 읽었던 책들을 다시 한 번 읽으면서 느낌을 적어두었다. 이밖에도 사서를 해설하는 책은 모조리 한 번씩 읽으며 나의 생각과 대조해보았다. 돌이켜 생각하고 종합했으며, 최종적으로 지금의 형태로 정리했다. 그러면서 느낀 바가 있다. 처음부터 선현들의 해설을 봐서는 안 된다는 점이다. 먼저 원서를 보며 자기 나름대로 해설해보는 것이 좋다. 남이 해설해놓은 것을 먼저 보면 그 해설이 나의 생각을 주도하게 되어 창의성이 떨어진다.

작가와 대화한다고 생각하며 책을 읽자. 글자만 읽는 것이 아니라 책의 내용과 관련된 문제를 현실에서 발견하고 책을 통해 답을 구하려고 노력하면 독서가 어느새 습관으로 자리 잡을 것이다.

공자가 내게 인생을 물었다

정신적인
지기 찾기

子未得爲孔子徒也, 子私淑諸人也.

나는 공자의 제자가 되지 못하고 다른 사람으로부터 간접적으로
가르침을 받았다.

—《맹자》, 〈이루 하〉

맹자는 비록 자신이 공자로부터 직접 교육받지는 못했지만
마음 깊은 곳에서 그의 제자라고 생각했다. 사람의 정신과 감
정은 기묘한 것이다. 때로는 많은 사람들 속에서도 고독을 느
끼고, 때로는 시간과 공간상 멀리 떨어진 사람에게서 특별한
친근감을 느끼기도 한다. 그래서 루쉰은 이렇게 말했다. "인생
에서 한 명의 지기만 만나도 족하다. 이는 이 세상을 같은 마음
으로 바라보는 것과 같다."

가슴에 손을 얹고 스스로에게 물어보라. 당신은 정신적으로
통하는 지기가 있는가? 지식인이나 문인은 정신적 욕구가 크

고 기대가 크다. 그럴수록 현실에서 지기를 만나기 어려워진다. 그러나 언젠가 마음을 움직이는 사람이 나타날 것이다. 삶의 궤적이 비슷하고, 사상과 정서가 통하며, 말 한마디 한마디가 마음 깊은 곳을 흔들어 놓는 지기 말이다. 심지어 당신보다 더 깊고 간결하고 순수하여 감동을 줄 것이다.

공자의 매력이 여기에 있다. 그는 모든 중국 문인의 지기다. 유가가 종교와 근본적으로 다른 점이기도 하다. 공자는 석가모니, 옥황상제, 알라신, 하느님 등 종교의 신적인 존재와 다르다. 그는 법력이나 권위가 없으며, 심지어 세상에서 인정하는 성공한 인물도 아니다. 한때 자신을 상갓집 개에 비유할 정도였다. 그러나 후대의 학자들이 가장 닮고 싶어 하며 가장 친근하게 생각하는 사람이 공자다.

오늘날 공자를 좋아하는 팬들은 많아졌지만 그의 사숙에서 공부하는 사람들은 줄어들고 있다. 이런 현상은 비난할 일이 아니다. 중요한 것은 우리가 '공자'라는 정신적인 지기를 찾았고, 그로 인해 행복하다는 사실이다.

공자가 내게 인생을 물었다

다른 사람과
교류하라

子曰: "三人行, 必有我師焉. 擇其善者而從之, 其不善者而改之."

공자가 말했다. "세 사람이 길을 가면 반드시 나의 스승이 있다. 나보다 뛰어난 점을 골라 그것을 따르고, 나보다 못한 사람의 좋지 않은 점은 고친다."

—《논어》, 〈술이〉

見賢思齊焉, 見不賢而內自省也.

어질고 총명한 사람을 보면 그 사람과 나란히 될 것을 생각하고, 어질고 총명하지 못한 사람을 보면 속으로 자신의 태도나 행동을 반성한다.

—《논어》, 〈이인〉

이 두 문장은 교류의 중요성을 강조했다. 공부란 집에 틀어박혀 책만 보는 것이 아니라 다른 사람과 교류하면서 그들의 장단점을 비교하며 자신의 행동을 고쳐가는 것이다.

사람은 누구나 한계를 가지고 있다. 이를 인식하는 가장 좋은 방법은 비교하는 것이다. 같은 일이라도 사람마다 처리 방식이 다르며, 같은 문제라도 생각하는 방식이 다르다. 자신의 방법과 생각은 다른 사람과의 비교를 통해 부족한 부분은 채울 수 있고, 남보다 나은 부분은 다른 사람들의 귀감이 된다. 이렇게 함으로써 스스로 발견하지 못했던 단점을 발견하여 고칠 수 있다. 다른 사람의 장점과 단점은 자기반성에 도움이 되어 이익으로 돌아온다. 마치 주식의 고수가 주가가 오르면 오르는 대로, 내리면 내리는 대로 돈을 버는 것과 같은 이치다.

중국은 전통적으로 사도師道를 중시한다. '천天, 지地, 군君, 친親, 사師'라 하여 스승을 임금이나 부모와 같은 위치에 두고 존경했다. 공자가 말하는 '스승'은 좀 더 단순하다. 즉 자신에게 가치 있는 정보를 전달해준다면 그 순간 그 사람은 나의 스승이 되는 것이다. 사실 이런 개념이 스승의 본질에 더 가깝다. 정보화시대를 맞아 풍부한 정보(지식, 경험, 비즈니스 기회, 정책, 사상 등)를 제때에 실용적으로 장악하고 기꺼이 교류하는 사람이 곧 '스승'이며, 최소한 그 당시에는 그렇다.

사람들은 저마다 다양한 정보를 장악하고 있으며, 남이 모르는 중요한 정보를 갖고 있기도 하다. 따라서 교류를 통해 정보를 교환하고 뒤섞어서 재창조해야 한다. 평생 많은 책을 읽어서 그로부터 영향을 받을 수도 있지만, 어쩌면 다른 사람의 한마디가 인생에 큰 영향을 미칠 수도 있다.

문화혁명 당시 많은 지식청년들이 농촌으로 내려갔는데, 그때 마오쩌둥이 내세운 구호는 "가난한 하층의 중농中農(빈농과 부농 사이의 농민 – 옮긴이)으로부터 재교육을 받자"였다. 이 밖에도 중국인들은 '한 글자 스승一字師'을 소중하게 여기며 강조한다. 내가 지은 시구의 단 한 자만 수정해주어도 그 사람은 '스승'이라는 뜻이다.

어떤 사람과 교류하든 겸허하게 배우는 태도로 적극적으로 교류해야 한다. "학문이란 어진 스승과 가까이 하여 배우는 것보다 편리한 것이 없다學莫便乎近其身"라는 말처럼 다른 사람에게 배우는 학문이 책에서 배우는 학문보다 훨씬 더 생생하고 풍부한 정보일 수 있다. 미묘한 정보는 글로 전할 수 없는 경우가 많기 때문이다.

학문의 도를
익혀라

子夏曰: "博學而篤志, 切問而近思, 仁在其中矣."

자하가 말했다. "널리 배워서 뜻을 돈독히 하며, 간절히 배우고 생각을 많이 하면 인은 그 가운데 있다."

—《논어》, 〈자장〉

문어체의 아름다움을 보여주는 이 문장은 푸단대학의 교훈으로 채택되었다.

'박학博學'은 포용과 해박함을 포함한다. 학문을 하는 데 한쪽으로만 치우쳐서는 안 되며 개방적으로 받아들여야 진리에 접근할 수 있다. '독지篤志'는 끈기 있게 높고 멀리 보라는 뜻이다. 원대한 뜻을 세우고 심오한 이치를 탐구하며, 꾸준히 추구하여 멈추지 말고 나아가야 한다. '절문切問'은 정확하고 세심하게 요점을 파고들어 그 정수를 취하라는 뜻이다. 가볍게 접근하면 정밀함을 놓치기 쉽기 때문이다. '근사近思'는 실용적이고 간단하다는 뜻이 있다. 학문을 실제의 업무나 생활과 접목하여 복잡한 것을 간단하게 정리하고, 배운 것을 실생활에 활용해야 한다. 주희는 이 점을 특히 강조했다. 그는 여조겸呂祖謙과 같은 시기를 살았던 유학자들의 격언을 정리하여《근사록》이라는 책으로 엮었는데, 실제와 동떨어진 학문을 경계했다.

최근 중국에서는 외국 유학 열기가 일고 있다. 물론 외국의 앞선 문화를 배우는 것은 나무랄 일이 아니다. 그러나 제 나라 것도 제대로 배우지 않고 남의 것부터 배우는 것은 문제가 있다. 나는 전문적인 학자는 아니지만 사서를 해설하는 작업을 하고 있으니 학문하는 사람이라고 할 수 있다. 따라서 '박학, 독지, 절문, 근사'를 실천하려고 한다. 그렇다면 학문은 어떤 방식으로 추구해야 할까?

첫째, '사서'와 유가를 논하기에 앞서 유가, 불교, 도가, 춘추전국시대의 제자백가에 대한 이해가 선행되어야 한다. 이어서 서양철학과 종교에 대해서도 섭렵한 뒤 비교 분석함으로써 나은 점과 못한 점, 같은 점과 다른 점을 알아야 한다. 그래야 취사 선택이 가능하다.

둘째, 학문을 하는 것은 주식투자가 아니며, 한때의 명성과 이익을 위해 할 수 있는 일도 아니다. 책 한 권을 쓰기는 쉬울지 몰라도 학문은 쉽게 할 수 없다. 증국번은 자제들을 위해 기초적인 필독서 명단을 작성했는데, 경서, 역사서, 제자諸子, 시

문집이 전부였다. 오늘날 필독서 명단을 작성하라고 하면 세계적 범위의 기본 경전도 포함해야 할 것이다. 이런 책은 10년을 읽어도 부족하다.

셋째, 옛사람들은 글을 쓸 때 퇴고推敲를 중시했고 함축성 있는 단어를 선택하느라 잠을 못 이룰 정도였다. 지셴린은 중국 언어의 특징은 모호함에 있으며, 의미가 풍부하여 파악하기 어렵다고 했다. 뿐만 아니라 중국 사상은 그 자체가 언어나 문자로 표현하기 힘들다. 따라서 선종에서는, 경전의 가르침과는 별도로, 전수되는 것은 글로 전할 수 없으며 오직 마음과 마음으로만 전해진다고 했다. 후스는, 학문이란 도끼를 휘두르는 손으로 자수바늘도 들 수 있어야 한다고 했다. 자수할 때처럼 정밀하게 학문하기가 가장 어렵다.

넷째, 학문은 현실과 동떨어지지 않아야 한다. 《주역》은 "시대와 같이 전진하고, 시대와 병존하는 것"을 강조한다. 모든 학문은 당대와 결합하여 계승과 혁신을 동시에 이루어야 한다. 마르크스주의가 그랬고 불교가 그러하며, 유가사상도 그러하다. 그렇지 않으면 생명력을 잃어버린다.

공자가 내게 인생을 물었다

남에게 영합하지 말고
자신의 길을 가라

子曰: "古之學者爲己, 今之學者爲人."

공자가 말했다. "옛 학자들은 자기를 위해 배웠으나 오늘의 학자
들은 남을 위해 배운다."

—《논어》, 〈헌문〉

공자는, 옛 학자들은 학문을 자기 수양과 능력으로 내면화
하고 학습의 즐거움을 누렸으나, 오늘의 학자들은 학문을 생활
수단으로 삼아 타인에게 보여주고 그들의 인정을 받기 위해
내면의 성장을 소홀히 한다고 지적했다. 학문에 임할 때 외부
의 시선을 중시하느라 내면을 경시해서는 안 되며, 덕을 쌓는
일과 학문을 동시에 중시해야 한다는 의미다.

《한서》, 〈서전敍傳〉에서 반고班固는 그의 아버지의 학문이 "남
을 위한 것이 아니었으며 박학하면서도 속되지 않았다"고 평

가하며 '자기를 위한 것'과 '남을 위한 것'의 차이를 도출했다. 자기를 위해 학문을 하면 자유자재로 할 수 있기 때문에 지식 구조에 개성이 뚜렷해지고 특징이 부각된다. 때로는 세상의 기준에 위배된다는 이유로 대중의 외면을 받기도 하지만, 이런 학문을 통해 새로운 길을 개척하여 문명의 발전에 기여할 수 있다. 대중에 영합하여 기존의 것만 답습하면 혁신을 기할 수 없다. 따라서 '학술을 위한 학술'이 주류 학문인 서양과, '학술과 예술은 인민대중을 위해 봉사해야 한다'는 중국의 이념이 다르다는 점에 주목해야 한다. 이런 경향은 회화 등 예술 창작에서 더욱 두드러진다. 많은 대가들이 그의 작품을 알아주는 사람을 만나지 못한 채 세상을 떠난다. 시간이 흘러 후세 사람들이 그 작품의 진가를 알아보면서 비로소 유명해지는 것이다.

기업은 제품을 개발할 때 광범위한 시장조사를 통해 고객의 수요를 알아보며, 이를 기준으로 제품을 설계한다. 그러나 스티브 잡스의 생각은 달랐다. 그들은 시장조사를 하지 않았다. 고객들은 자신들이 뭘 원하는지 아예 모르고 있기 때문에 디자인한 사람의 마음에 들면 고객도 좋아할 거라고 생각한 것이다. 책을 쓰는 나의 마음도 그렇다. 내 마음에 와 닿으면 독자의 마음에도 와 닿을 것이라고 믿는다. 나는 결코 특별하지 않으며, 나 같은 사람이 최소한 수백만 명은 될 테니 말이다.

쓸모없는 것에
효용이 있다

子曰：“誦《詩》三百，授之以政，不達；使於四方，不能專
對；雖多，亦奚以爲？”

공자가 말했다. "《시경》의 시 삼백 편을 외워도 정치를 맡겼을 때
달성하지 못한다. 사방에 사신으로 가서 독자적으로 대응할 수
없다면 많이 외웠다고 한들 무슨 소용이 있겠는가?"

—《논어》, 〈자로〉

공자의 학이치용學以致用 사상이 반영된 문장이다. 학이치
용은 유가사상 체계의 영혼이다. 중국 전통문화의 3대 사상은
유가, 도가, 불교다. 다른 두 사상이 세상을 초월하는 측면을
강조한다면 유가는 세상으로 들어가는 사상이다. 세상을 초월
하는 것은 정신적인 측면의 해탈과 자유에 집중하며, 세상으로
들어가는 것은 현실의 실천에 주목한다.

《논어》 반 권에 천하를 얻고,《논어》 반 권에 천하를 다스린다"는 말이 있다.《논어》는 매우 실용적이며 효과적인 경전이다. 그런데 이를 국학으로 격상하여 문자의 유희에 치우쳤던 점은 안타깝다. 이는 학이치용 의식을 결여시키고, 학문과 실천이 동떨어지는 문제를 일으켜 목적 없는 공부에 경도되는 현실을 가져왔다. 이에 공자는 "배우기만 하고 생각하지 않으면 얻는 것이 없고, 생각만 하고 배우지 않으면 위태로워진다"고 했다. 이와 마찬가지로 배우기만 하고 사용하지 않으면 공염불이 되어버린다.

그러나 실용만을 강조하는 것도 문제다. 유명 작가 왕샤오보王小波는 어떤 일에나 "무슨 소용이 있느냐"를 묻는 습관이 중국인의 창조성을 제약한다고 주장했다. 서방의 현대 물리과학 발전은 겉으로 보기에는 쓸모없는 발견과 발명에서 비롯되었다. 인생의 많은 기회가 때로는 쓸모없는 흥미에서 비롯되기도 한다.

한 유명화가에게 들은 이야기다. 청년 시절, 그는 마을 청년들과 함께 강의 치수공사를 담당했다고 한다. 일이 끝나는 저녁이면 모두 모여 카드놀이를 했는데, 자신만 유일하게 한쪽에서 그림을 그렸다는 것이다. 다들 그림은 그려서 뭐하냐며 그를 비웃었다. 그 자신조차 무슨 소용이 있는지 몰랐지만 그는 훗날 훌륭한 화가로 성장했다.

어릴 때 보던 〈포송령蒲松齡〉이라는 드라마의 줄거리가 기억난다. 주인공 포송령은 사서오경은 공부하지 않고 과거 보는 데 전혀 도움이 되지 않는 잡서만 읽는다고 집안 어른들의 꾸중을 들었다. 그러나 쓸모없다던 잡서는 마침내《요재지이》로 탄생했으며, 포송령은 불후의 명성을 남기게 되었다. 이는 '쓸모없는 것의 효용은 크게 유용한 데 있다'는 장자의 관점과도 일맥상통한다. 우리는 쓸모없는 것 가운데서 유용한 것을 발견하고, 최종적으로는 쓸모없는 것을 쓸모 있는 것으로 전환해야 한다. 과학 연구의 성과를 상품으로 전환하는 것처럼 말이다. 이것이 바로 학이치용의 가치관이다.

독서는
수단일 뿐이다

子路曰: "有民人焉, 有社稷焉, 何必讀書, 然後爲學?"

자로가 말했다. "백성이 있고 사직이 있는데 어찌 글을 읽은 뒤
에야 배움이라 하겠습니까?"

—《논어》, 〈선진〉

이 같은 말이 나온 배경이 있다. 자로가 공자에게 말했다.
"남산에 대나무가 있는데 잡아주지 않아도 저절로 곧게 자라
며, 그것으로 물소의 가죽도 뚫을 수 있습니다." 대나무를 사람
에 비유하면서, 인간은 선천적인 능력이 충분하니 공부를 더
할 필요가 없다는 관점을 제기한 것이다. 공자는 담담하게 말
했다. "대나무를 가늘게 다듬어 뒤쪽에 깃털을 꽂고 다른 한쪽
에 날카로운 화살촉을 박아 화살을 만들면 더 멀리, 더 깊이 박
히지 않겠느냐? 공부를 하면 사람의 천부적인 재능을 더 잘 발

휘할 수 있다."

자로가 또 질문했다. "학문에는 여러 방식이 있습니다. 사람들에게 배울 수도 있고, 일을 하면서 선배에게 배울 수도 있습니다. 혹은 문제를 해결하는 과정에서 배울 수도 있는데 반드시 책을 읽어야 할 필요가 있습니까?"

이 말에는 공자도 반대하지 않았다. 마오쩌둥은 자로의 이 말을 신봉하여 지식청년들을 농촌으로 내려보내고 산에 오르게 했다. 그의 방침은 상식에 위배되는 것 같지만 왕샤오보 같은 작가의 작품을 보면 그때가 그들 인생에서 가장 찬란한 시간이었음을 알 수 있다. 마윈도 "성공은 독서와 무관하다"며 유사한 관점을 제기했다. 그는 사람을 책 삼아 '읽기'를 즐겼으며, 진융 소설 외의 다른 책은 읽지 않아도 된다고 했다. 그런데 이 사실을 아는가? 마윈과 가깝게 교류하던 리이李一와 왕린王林이 잇달아 사기행위를 저질렀다는 사실을. 마윈의 사람 '읽기'도 신뢰할 수 있는 방법은 아닌 것 같다.

그럼 독서가 무엇인지 생각해보자.

첫째, 학교에서 하는 공부를 말한다. 어떤 사람은 초중고등학교와 대학을 거친 뒤 마흔 살까지 공부하기도 하고, 어떤 사람은 박사까지 따고도 전공과 무관한 일에 종사함으로써 그동안의 공부를 공염불로 만들기도 한다. 업무에 필요한 지식은 중학교 수준이면 처리할 수 있는 일이 많다. 같은 일을 하는 사람들 간에는 학벌 차이를 느끼지 못할 때가 많으며, 그 성과가 공부와 큰 상관이 없을 때도 있다.

둘째, 우리가 평소 말하는 독서를 가리킨다. 독서를 좋아하는 사람들은 책을 많이 읽었다는 것에 자부심을 느낀다. "모든 것은 다 하찮고, 단지 독서만 고상하다." 그러나 "아무짝에도 쓸모없는 것이 서생"이라는 속담도 있다. 책을 많이 읽어봐야 고리타분하기만 하다는 것이다. 유비와 항우는 일자무식이었으며, 큰 재산을 모은 사람들 중에는 문맹도 많다. 독서는 시간과 정력이 많이 들기 때문에 책을 읽을 시간에 인맥을 만들고 실질적인 일을 하면 더 큰 수익을 낼 수도 있다.

증국번은 자신을 포함한 일부 문인 출신인 상군湘軍 장군들에게 정사를 그르칠 수 있다는 이유로 전쟁 기간에는 책을 읽지 말 것을 당부했다. 학이치용의 측면에서 볼 수 있는 경전은 결코 많지 않으며, 배워서 실제로 사용하는 책은 더욱 적어서 몇 권이면 족하다. 대학자 황간黃侃은 우수한 학문 성과를 이루었으나 그가 읽은 책은 8권의 경전뿐이었다. 따라서 독서가 중요함을 논하기에 앞서 독서는 수단에 불과하므로 좀 더 효율적으로 이를 사용해야 한다는 점을 깨달아야 한다.

사람은 실천과 진실한 체험을 통해 심신을 단련한다. 독서만 한다고 훌륭한 인간이 되지는 않는다. 세상사에 통찰하면 학문이요, 인정에 막힘이 없이 통하면 문장이 된다. 모든 책벌레들과 공유하고 싶은 말이다.

의심하라

孟子曰：“盡信書，則不如無書.”

맹자가 말했다. "끝까지 책만 믿는 것은 책이 없는 것만 못하다."

―《맹자》, 〈진심 하〉

여기서 '서書'는 원래 《상서》를 가리킨다. 《상서》는 유가의 중요 경전이며 당시의 고대사에 해당한다. 훗날 이 말은 '서'를 부정적으로 묘사하는 속담으로 변했다. 그러나 원래의 의미로 받아들이더라도 무리가 없다. 왜냐하면 청나라 초기 학자들이 《상서》의 내용 대부분이 후세 사람들에 의해 변조되었다는 사실을 증명했기 때문이다. 《대학》, 《중용》 등과 같은 경전의 작자와 연대에 의혹을 제기하는 사람들도 많다.

후스는 의혹을 제기하는 송 대 유가의 태도를 높이 평가했다. 장재張載는 "학문이란 의혹을 가져야 한다"고 주장했으며,

주희는 제자들에게 "여러분이 책을 읽고도 발전이 없는 이유는 의문을 갖지 않기 때문이다"라고 했다. 지금 내가 읽고 있는 후스의 문집은《의고여개신疑古與開新》(옛것에 의문을 갖고 새로운 것을 창조하다 - 옮긴이)이다.

증국번은 막료에게 보내는 서신에서 "모든 독서와 필기는 그 틈을 찾는 데 귀함이 있다"고 했다. '틈'이란 주도면밀함이 부족하여 놓친 부분으로, 책에서 문제를 찾을 수 있어야 한다는 뜻이다. 즉 독립적인 사고를 강조하는 말이다. 이런 과정을 거쳐야 배운 것과 사고를 결합하여 그 책의 작가와 효과적으로 교류하고 소통할 수 있다.

앞서 제시한 문장을 통해 우리는 권위에 도전하는 맹자의 용기를 엿볼 수 있다. 이러한 용기는 사상을 해방시키고, 진리를 추구하며, 세상을 변화시키는 원동력이 된다. 카를 마르크스는 '모든 것에 의문을 가졌기에' 서른 살에 전 세계적으로 큰 영향을 미친《공산당 선언Manifest der Kommunistischen Partei》을 발표할 수 있었다. 니콜라우스 코페르니쿠스Nicolaus Copernicus는 '용기가 있었기에' 성직자로 일하는 틈틈이《천체의 회전에 관하여De revolutionibus orbium coelestium》라는 거작을 완성하여 우주에 대한 인류의 의식을 바꾸는 신기원을 열었다.

권위는 황제의 새 옷처럼 오늘날과 같은 상업화시대에 특히 두드러진다. 나치의 선전부 장관 파울 요제프 괴벨스Paul Joseph Goebbels는 "거짓말도 1천 번을 반복하면 진리가 된다"

는 명언을 남겼다. 주변의 말에 쉽게 흔들리는 대중의 군중심리를 간파한 것이다. 모두가 '사실'이라고 말하는 것에 대해 사람들은 그 진실성의 조건을 파헤칠 흥미를 느끼지 못하며, 쉽게 믿는 경향이 있다. 그래서 괴담과 유언비어가 대중을 현혹하는 것이다. 괴벨스의 말을 뒤집어보면 '진리란 1천 번을 반복한 거짓말'일 수도 있다는 결론이 나온다.

수많은 권위는 거짓말로 지탱된다. 가령 국제적으로 권위 있는 한 금융기관은 매년 수십 종의 보고서를 발표하여 전 세계의 투자 행위에 영향을 미친다. 그러나 안목이 있는 사람이라면 그 안에 얼마나 많은 속임수가 숨어 있는지 발견할 수 있을 것이다. 유명 대학교수가 사실은 학벌을 속인 사기꾼이었음이 들통날 때도 있지 않은가.

한 '성공학의 대가'는 제자들에게 대놓고 이렇게 말했다. "우리는 지금 성공 스토리를 들려주는 업종에 종사하고 있습니다. 여러분은 어디에 가든 내가 스물일곱 살에 억만장자가 되었다고 말해야 합니다. 여러분도 30일 내에 자신의 성공 스토리를 만들어내서 사람들에게 들려주십시오." 그의 제자는 그의 말을 그대로 실천했고, 자신을 '아시아의 마케팅 여신'으로 포장했다.

수많은 진실 속에서 거짓을 발굴해내는 힘이 학문하는 자세임을 잊지 말아야 한다.

큰 것을 먼저
굳건히 세워라

必先立乎其大者, 則小者弗能奪也.

큰 것을 먼저 굳건히 세우면 작은 것이 주도권을 빼앗을 수 없다.

—《맹자》, 〈고자 상〉

이 문장에서 '큰 것大者'이란 세 가지를 가리킨다.

첫째, 큰 지혜다. 큰 도를 따르고 정확한 인생관을 수립하며, 진선미의 주류를 믿으며, 진리를 추구하고 정의를 지키며, 선한 사람이 되고, 도덕의 힘을 믿는 것이다. 노자는 큰 지혜는 오히려 우둔해 보인다고 했다. 경쟁이 치열하고 투기가 성행하여 처세술과 관행만을 이야기하는 오늘날에는 큰 것을 굳건히 세우는 사람이 오히려 모자라 보이기도 한다. 그러나 더 높은 측면에서 보면 큰 지혜란 인생의 큰 국면에서 이로우며, 잔재주는 작은 일에서만 효과가 있음을 알 수 있다.《장자》에는 이런 이야기가 나온다. 어떤 사람이 상자 안에 둔 돈을 누가 훔쳐 갈까 봐 걱정하다가 가장 좋은 자물쇠를 달았다. 그런데 도둑이 상자째 들고 가버렸다. 작은 재주와 큰 지혜를 비교하는 대표적인 이야기다.

둘째, 큰 구조다. 체계적인 사상의 틀을 형성해야 한다. 사람은 생각 없이 살 수 없으며, 각종 정보를 받아들이지 않고는 살 수 없다. 방대한 지식과 정보와 관념은 하나의 큰 구조 안에서 번호를 붙여 질서정연하게 관리해야 한다. 번호가 맞지 않아 제 위치를 찾지 못하는 정보는 과감히 버려야 한다. 이렇게 관리하면 심오하고도 분명한 사상을 가질 수 있다. 이렇게 하지 않으면 날마다 책을 읽고 열심히 공부하는데도 마음이 여전히 어지럽고 정리가 되지 않아 소득 없이 평생을 보낼 것이다.

사회에는 수많은 교육 강좌가 있다. 들을 때는 크게 와닿는데 조금 있으면 다 잊어버리는 경우가 많다. 수업을 하거나 듣는 사람이 같은 큰 틀 안에 있지 않으면서 지엽적인 면만 강조하기 때문에 장님 코끼리 만지는 식이 되어버리기 때문이다. SNS가 성행하면서 금과옥조 같은 좋은 말들을 정리 단계 없이 마구 받아들여 엉망으로 만들어버리는 일이 잦아지고 있다.

셋째, 큰 국면이다. 더욱 광활한 공간과 시간에서 자기의 생각과 행동을 관찰하고 판단하며 지도해야 한다. 《공자가어》에 이런 이야기가 나온다. 초왕이 사냥을 다녀와서 보니 활이 보이지 않았다. 사람들이 찾으러 가려 하자 초왕이 만류했다. "초나라 사람이 잃어버린 활을 초나라 사람이 얻었는데 찾으러 갈 필요가 없지 않은가?" 초왕의 대범함에 사람들은 탄복했다. 그러나 공자는 초왕의 말에는 큰 안목이 부족하다면서 "사람이 잃어버린 활을 사람이 찾는다"고 해야 옳다고 말했다.

초왕의 생각은 자기 나라에만 머물렀고, 천하의 범위로 확대되지 않았다. 사람들은 대부분 작은 틀에 자신을 가둔 채 살아간다. 직장에서는 동료 몇 명과 비교하고, 사회에서는 몇 명의 지인과 비교하면서 자기의 위치를 확인한다. 큰 국면으로 현상을 보려면 국가와 세계의 측면에서 자신의 위치를 찾고, 자신이 이 세계와 국가를 위해 무엇을 할 수 있는지 물어야 한다. 그리고 한 나라 안에서 걸출한 인물이 되는 것을 목표로 삼아야 한다. 이는 공간적으로 큰 국면이다. 시간적으로 큰 국면이란 눈앞의 득실을 초월하여 인생의 긴 시간으로 문제를 바라보고, 역사의 각도에서 문제를 분석하는 것이다.

큰 지혜, 큰 틀, 큰 국면을 갖추려면 공부를 해야 한다. 무엇을 공부할 것인가에 대해서는 고정된 답이 없다. 그러나 사서가 꽤 적합하다고 본다. 사서는 하나의 완벽한 인생이자 사상 체계다. 주희는 사서를 공부하는 데는 순서가 있다고 했다. "먼저《대학》을 읽어 그 규모를 정하고, 이어《논어》를 읽어 근본을 세우며, 이어《맹자》를 읽어서 탁월한 점을 관찰하고, 끝으로《중용》을 읽어 옛사람들의 미묘한 점을 탐구한다."

이는 사서가 큰 지혜, 큰 틀, 큰 국면을 포함하는 큰 학문이며, 실천과 실용을 강조하는 학문이라는 뜻이다. 그 길을 따라 걷다 보면 "작은 것이 주도권을 빼앗을 수 없다." 즉 평생 작은 문제가 발생하는 것은 피할 수 없겠지만 크게 보면 나쁠 것이 없다는 뜻이다. 송 대의 대사상가 육상산陸象山이 제자들을 교육할 때 "큰 것을 먼저 굳건히 세운다"는 말을 신봉한 것도 이런 이유 때문이다.

구체적인 일을 처리할 때도 "큰 것을 먼저 굳건히 세우는 것"은 중요하다. 증국번은 모든 일에서 "큰 쪽에 착안하여 작은 곳으로 손을 써야 한다"고 주장했다. 학문을 할 때 우선 전체적이고 거시적이며, 전면적이고 전반적인 큰 국면을 파악한 뒤 세밀한 부분을 보살핀다면 우왕좌왕하지 않고 효과적으로 습득할 수 있다는 뜻이다.

처신할 때도 마찬가지다. 대범하고 대담하며 광명정대한 태도로 임해야 한다.

도를 넓히는
사람이 되어라

子曰: "人能弘道, 非道弘人."

공자가 말했다. "사람이 도를 넓히는 것이며, 도가 사람을 넓히
는 것이 아니다."

―《논어》, 〈위령공〉

얼마 전에 장쥔마이張君勱의 《신유가사상사新儒家思想史》를
읽고 도를 넓히는 사람에 대해 무한한 존경심이 생겼다. 영어
로 출판된 이 책은 서양인들에게 중국의 유가사상을 소개하기
위해 쓰였다. 주희, 왕양명 등 중국 대유학자들의 사상과 서양
철학자의 사상을 비교하여 공통점과 차이점을 설명하고, 유가
사상의 심오한 내용과 기개를 보여주는 책이다. 나는 이 책의
행간에 흐르는 정서에 깊은 감동을 받았다.

장쥔마이는 이 책에서 자신과 비슷한 일을 하는 사람들에

게 경의를 표했다. 여기에는 불교를 최초로 중국에 전한 인도의 승려들도 포함된다. 그들은 죽을 고비를 넘기며 천신만고 끝에 낯선 나라에 와서 불교를 전했다. 이러한 정신이 중국 엘리트들의 마음을 움직여 불교가 중국에 정착할 수 있는 계기가 되었다. 또한 장쿼마이는 중국에 기독교를 최초로 전한 마테오 리치Matteo Ricci와 기독교를 최초로 받아들인 중국의 유가 인물 서광계徐光啟에 대해서도 높이 평가했다. 명나라가 망한 뒤 일본으로 망명한 주지유朱之瑜도 유가사상이 일본에서 흥하는 데 중요한 역할을 했다며 긍정적으로 평가했다. 영화 〈열정의 랩소디Lust for Life〉에서 고흐가 생명의 위험을 무릅쓰고 탄광의 광부들에게 선교하는 장면은 감동을 자아낸다.

상술한 인물들이 전하는 사상은 유가, 불교, 기독교로 다르지만 각자 생각하는 진리, 즉 도를 전한다는 점에서는 같다. 그들은 많은 사람이 '도'를 알고 믿으며, '도' 안에서 많은 것을 얻기를 희망했으며, 이를 자신의 책임이자 사명, 삶의 가치를 실현하는 방식으로 삼았다.

오늘날 중국에는 인도에서 전해진 불교 사원이 명산대천名山大川에 널리 퍼져 있으며, 대형 석가모니 불상은 수억 위안을 호가한다. 민간의 선남선녀들은 사찰을 찾아 향을 피우며 소원을 비는 등 장관을 이룬다. 서양에서 건너온 기독교도 널리 퍼져 있다. 일찍이 쑹메이링宋美齡이 장제스와 결혼할 때 내세웠던 조건도 장제스가 기독교를 믿는 것이었다. 이러한 '1+1식판매' 전도 방식에는 혀가 내둘러질 지경이다. 그런데 문득 고개를 돌려 유가사상을 보면 꺼져가는 등불 신세다.

5·4운동 이후 지식인들은 근대 중국을 망친 주범으로 유가사상을 지목하고 공가점 타도를 부르짖었다. 문화혁명 때는 공자의 호칭마저 '공 씨네 둘째 아들'로 폄하되었으며, 문어체로는 거의 읽는 사람이 없을 정도가 되었다. 이런 상황에서 말년의 장쥔마이가 유가의 부흥을 위해 노력하고 있는 것이다. 장쥔마이는 자신의 책 말미에서 장재의 말을 인용하여 자신의 숙원을 표현했다. "성인을 위하여 끊어진 학문을 잇는다爲往聖繼絶學."

이 시대 청년들도 이 바통을 이어받아, 유가사상이 갖는 가치와 의미를 시대와 시대를 넘어 이어가길 바란다.

부록

—

사서 속
고사성어

선인들의 경험과
깨달음이 담긴,
경전의 정수

    사서에는 많은 경전 명구가 있으며, 그중 100~200개의 명구가 성어로 발전했다. 원래의 뜻에서 발전하여 다양한 상황에 이용되며, 중국인 특유의 표현방식에도 녹아들었다. 옛사람들의 경험과 그 경험을 통한 깨달음을 담고 있는 이러한 고사성어야말로 경전과 문헌의 빛나는 정수다.

    다음은 경전의 고사성어 중 일부를 소개한 것이다. 사서에 나오는 순서에 따라 정리했으니 차근차근 살피며 그 의미를 곱씹어보길 바란다.

君子不器.
군 자 불 기

군자는 그릇으로 잴 수 없다.

―《논어》, 〈위정〉

　유가의 인재관을 논할 때 나온 말이다. 인재는 능력에 따라
기용해야 하며, 모든 면에서 완벽을 요구해서는 안 된다는 뜻
이다. 간이의자는 간이의자의 기능이 있는 것처럼 기물은 각자
의 용도가 있고, 사람은 저마다 맞는 일자리가 있다. 사람을 쓸
때도 마찬가지다. 그러나 우리는 여러 분야에 능통한 인재가
되어야 한다는 마음으로 학습해야 한다.
　첸무가 세운 신아서원新亞書院은 교칙에 따라 이과, 문과,
예술학과를 막론하고 기본적인 경서, 역사서에 관한 인문교육
을 실시했다. 학생들이 여러 분야에 능통한 인재가 되어야 전
공을 공부할 수 있는 수준에 도달할 수 있다고 본 것이다. 대학
생들은 복합형 인재가 되어야 취업 기회도 많으며, 삶의 체험
도 풍부해진다.

周急不繼富.
주 급 불 계 부

궁핍한 사람은 도와주고 부자에게는 보태주지 않는다.

―《논어》, 〈옹야〉

아동 계몽용 교재 《증광현문增廣賢文》에서 공자는 "사람을 쓸 때는 큰 포부를 가진 사람을 구하며, 남을 도와줄 때는 급해도 도와줄 사람이 없는 사람을 도와야 한다"고 했다. 이 말은 돈을 빌려줄 때 해당되는 말이다. 본래의 의미는 급해도 도와줄 사람이 없는 딱한 이에게 선행을 베풀기를 권하고 있다. 그러나 다른 시각으로 보면 이는 이해관계에 따른 계산적 행동이다. 급해도 도울 사람이 없는 상황은 일시적인 재정 곤란을 의미하여, 완전한 빈곤이 아니라고 볼 수도 있다.

평범하고 세속적인 우리는 남에게 돈을 빌려줄 때 뗴일 걱정을 할 수밖에 없다. 이런 위험성 때문에 쉽사리 돈을 빌려주지 않는다. 그렇다면 입장을 바꿔서 우리가 돈을 빌리거나 다른 사람의 도움을 받아야 할 때 도량이 큰 군자에게 도움을 요청해야 한다는 말이 된다.

鳥之將死, 其鳴也哀; 人之將死, 其言也善.
조 지 장 사 기 명 야 애 인 지 장 사 기 언 야 선

새는 죽을 때 애절한 소리를 내지만 군자는 죽음을 앞두고 선한

공자가 내게 인생을 물었다

말을 한다.

—《논어》, 〈태백〉

새를 사람에 비교한 표현은《시경》에서 자주 볼 수 있다. 첫머리의 시구 "구룩구룩 물수리가 모래톱에 앉았네. 요조숙녀는 군자의 좋은 짝이로다關關雎鳩, 在河之洲, 窈窕淑女, 君子好逑"도 새를 사람에 비교한 문장이다.

죽음을 앞둔 사람이 선한 말을 하는 이유는 인성 면에서 답을 찾을 수 있다. 맹자는 인간의 본성이 선하다고 주장했다. 사람들이 악한 짓을 하는 이유는 이익과 욕망, 또는 특별한 상황 때문이라는 것이다. 그런데 죽음을 앞둔 사람에게 이런 것은 아무 의미가 없기에 선한 본성으로 돌아간다.

一言而可以興邦…… 一言而喪邦.
일 언 이 가 이 흥 방   일 언 이 상 방

말 한마디로 나라를 흥하게 할 수 있고…… 말 한마디로 나라를 망하게 할 수도 있다.

—《논어》, 〈자로〉

이 고사성어는 말의 신중함을 극대화한 표현이지만 결코 과장해서 겁주려는 의도가 아니다.《봉신연의封神演義》에는 주왕이 여와女媧에게 무례한 말을 하여 망국을 초래한 이야기가 나온다. 주유왕周幽王은 제후들에게 장난으로 비상 상황을 알리는 봉화를 올린 일로 망국의 운명을 맞았다. 부적절한 말 한마디로 신세를 망친 사람은 주변에서도 흔히 볼 수 있다. 후스는 이 말을 이용해 자신과 사상계 동료들의 경계심을 일깨웠다고 한다. 한 사상이나 사조를 선전하는 것 또한 한 국가와 민족의 운명을 좌우한다.

直道而行.
직 도 이 행

정도를 따라 행하라.

—《논어》,〈위령공〉

공자는 정도를 따라 행하는 길이 처신의 태도라고 주장했다.《증국번가서曾國藩家書》를 읽었을 때 인상적인 부분이 있었는데, 정도를 걸으면 진정한 성공에 이른다는 구절이었다. 젊은 시절에는 누구나 정도를 걷고자 한다. 그러나 많은 좌절을 겪은 뒤에야 아카데미상 수상 작품《여인의 향기 Scent of a Woman》에 나오는 대사처럼 생각하게 된다. "나는 인생의 갈림길에 서 있었다. 무엇이 바른 길인지 나는 잘 알고 있었지만 그 길을 뿌리쳤다. 왜냐고? 그 길은 너무도 어렵기 때문이다!"

소동파는 이 문제를 어떻게 봤을까? 그는 조카에게 보내는 편지에 이렇게 썼다. "운명에 자신을 맡기고 대담하게 바른 길

을 행해라. 설령 그 길이 가시밭길이라도 마지막에는 얻는 것
이 있을 것이다."

當仁不讓.
당 인 불 양

인을 베푸는 일에는 양보하지 않는다.
─《논어》, 〈위령공〉

유가는 예절과 겸양을 강조했다. 그러나 '인'을 베푸는 문제
에서는 양보할 필요가 없다고 했다. "인을 베푸는 일에는 스승
에게도 양보하지 않아야 한다當仁不讓於師." 이러한 '인'에는 착
한 일을 하고 남을 도와 기부하는 등 도덕이 발현되는 행위가
포함되며, 이런 일을 할 때는 스승 앞으로 지나가도 문제가 되
지 않았다. 또 내면의 수양과 인생의 경지에서 그 정진함이 스
승을 능가한 사람도 존경을 받았다.

既來之, 則安之.
기 래 지   즉 안 지

기왕 온 바에는 마음을 편히 가지다.
─《논어》, 〈계씨〉

이 말은 국가는 공명한 정치를 베풀어서 천하의 인재와 백

성을 귀의하게 만들어야 한다는 의미다. 인재에게는 자리를 주고 백성에게는 재물을 얻게 해주어 안정된 생활을 누리게 해주어야 한다. 지금에 와서 이 말은 침착한 태도를 강조하는 뜻으로 쓰인다. 가령 대학을 나와 직장에 처음 들어간 신입사원 중에는 회사가 기대에 못 미친다며 며칠 만에 그만두는 사람도 있다. 우리 회사에도 그런 학생들이 몇 명 있었다. 나는 그런 이들에게 마음을 가라앉히고 일단 다녀보라는 말을 하고 싶다. 몇 달 뒤에는 일에 적응이 되고, 그 일을 좋아하게 될지도 모를 일이다.

吾恐季孫之憂, 不在顓臾, 而在蕭牆之內也.
오 공 계 손 지 우   부 재 전 유   이 재 소 장 지 내 야

나는 계손의 근심이 외부의 침략에 있지 않고 자기 집 울타리 안에 있다고 생각한다.
―《논어》, 〈계씨〉

공자는 제자들에게 계손 선생이 직면한 가장 큰 문제는 '전유顓臾'라는 적이 아니라 자기 진영 내부에서 비롯된 것이라는 분석을 내놓았다. 역사적으로도 문제가 내부에서 비롯되었음을 증명하는 무수한 사례가 있다. 이는 크게는 국가의 운명을 좌우하고 작게는 가족의 행복을 파괴하는 일이니 신중하게 대해야 한다.《한비자》는 〈비내備內〉에서 내부의 적에 대비해야

공자가 내게 인생을 물었다

한다고 경계했다. '소장蕭牆'은 집 안이 들여다보이지 않도록 대문 안에 설치한 담이다. 이런 담은 풍수적인 고려에서 설치했을 가능성이 있다.

性相近也, 習相遠也.
성 상 근 야   습 상 원 야

사람의 천성은 서로 비슷하나 습관에 의해 서로 멀어진다.
—《논어》, 〈양화〉

사람의 천성은 선하다. 서로 비슷한 천성을 가진 사람들이 후천적 학습과 환경의 영향으로 점점 달라진다는 것이 주류의 해석이다. 나는 다른 면으로 이해해보았다. 즉 중국 사람과 외국 사람, 옛사람과 현대인은 인성의 근본은 서로 비슷하나 그 행동이 천차만별하다. 그러나 천성이 비슷하기에 인성에 기반한 전통 지혜가 여전히 현재의 생활을 인도할 수 있는 것이다.

色厲而內荏, 譬諸小人, 其猶穿窬之盜也與?
색 려 이 내 임   비 제 소 인   기 유 천 유 지 도 야 여

얼굴빛은 사나우면서 마음이 약한 것을 소인에게 비유한다면, 그 것은 마치 벽을 뚫거나 담을 넘는 좀도둑과 같지 않겠나?
—《논어》, 〈양화〉

겉과 속이 다른 사람은 우리 주변에도 많다. 그들은 체면과 권위, 이익을 취하기 위해, 때로는 허영심을 충족하기 위해 강한 척하며 살아간다. 그러나 그들의 마음은 취약하고 자조적이며 공허하다. 공자의 눈에 이런 사람들은 담을 넘는 좀도둑과 다를 바 없었다. 그는 당당하고 솔직하며 흑백이 분명한 태도를 좋아했다.

道聽而塗說, 德之棄也.
도 청 이 도 설   덕 지 기 야

길에서 들은 이야기를 그것의 진위를 확인하거나 타당성을 생각해보지 않고 다른 사람에게 전하는 것은 덕을 버리는 것이다.

—《논어》, 〈양화〉

길에서 들은 이야기를 사실 여부도 확인하지 않고 남에게 옮기면서 루머는 확산된다. 사람들은 왜 루머를 좋아할까? 허영심이 작용하기 때문이다. 사람들은 '내부의 사정에 밝은 사람'으로 자처하기를 좋아한다. 다른 사람보다 자신이 내막을 많이 알고 있다는 사실을 자랑스럽게 생각하는 것이다.

공자는 이런 행동이 수양 부족에서 비롯된다고 주장했다. 음모가들은 사람들의 이런 심리를 잘 이용하여 없던 소문도 만들어낸다. SNS나 인터넷에서 눈길을 끄는 정보를 보면 열심히 퍼 나른다. 루머는 이렇게 해서 눈 깜짝할 새 확대 재생산되

공자가 내게 인생을 물었다

는 것이다.

요즘 성행하는 인터넷 매체는 대부분이 루머의 온상이다. 기사를 취재하고 편집할 능력이 없는 매체들은 조회수를 높이기 위해 자극적인 제목으로 사람의 시선을 끌곤 한다. 기사 내용이 사실인지 아닌지는 상관없다. 이렇게 올린 기사는 수많은 사이트에서 동시다발적으로 퍼져간다. 실로 심각한 일이다.

無可無不可.
무 가 무 불 가

가능한 것도 없고 가능하지 않은 것도 없다.

—《논어》,〈미자〉

공무원, 군인, 기업인은 물론이고 화장실 청소나 경비 일도 우리는 다 할 수 있다. 문화혁명의 시련을 겪고 재기한 사람 치고 이런 정신을 갖고 있지 않은 사람이 있을까? 가능한 것도 없고 가능하지 않은 것도 없다는 것은 지극히 높은 경지다.

사상적인 면에서 유가는 늘 개방적인 자세로 임했으며 불교, 도가, 법가 및 외래문화까지 수용하여 그 사상을 흡수하고 병존했다. 처세의 측면에서 볼 때 이 세상에 절대적인 옳고 그름, 좋고 나쁨은 없다는 태도로 둥글둥글 유연한 자세를 취한다. 마치 담는 그릇의 형태에 따라 물의 형태가 변하듯이 모든 것을 자연스럽게 하나로 융합한다.

雖小道, 必有可觀者焉.
수 소 도   필 유 가 관 자 언

비록 작은 길이라도 반드시 볼 만한 것이 있다.

—《논어》,〈자장〉

공자의 제자 자하가 한 말이다.《논어》에는 공자 제자들의
격언들이 수록되어 있다. 그중 자하의 격언이 가장 많다. '작은
길小道'은 '큰길大道'에 상대적인 개념이다. 큰길은 '수신제가
치국평천하'를 가리키며, 그 외 각종 전문적인 직업이나 사업
은 '작은 길'에 해당된다. 어떤 직종이나 분야에도 뛰어난 인물
은 있다는 뜻이다. 길거리에서 솜사탕이나 팝콘 장사를 해도
제대로 하여 성공하면 사람들로부터 존중을 받는다. 중국번도
기술이 있으면 무시당하지 않는다고 했다. 다양한 분야에서 다
양한 인재를 원하고 있기 때문이다.

계급관념이 강한 시대에 유가는 '작은 길'과 '큰길'에 대한
시각, 즉 직업에 귀천이 존재한다는 한계를 보여주었다. 그러
나 각자의 분야에서 저마다의 가치와 존재를 빛낼 수 있다는
점을 인식한 것은 소중한 깨달음이다. 그런데 현대인들은 금전
과 권위로 사람의 가치를 평가한다. 이런 태도는 많은 문제를
일으킨다.

공자가 내게 인생을 물었다

《맹자》 ─────────────────────

五十步笑百步.
오 십 보 소 백 보

오십 보 달아난 사람이 백 보 달아난 자를 비웃는다.

─《맹자》, 〈양혜왕 상〉

두 병사가 전쟁터에서 갑옷을 벗어 던지고 달아나기 시작
했다. 한 병사는 50걸음을 가다 달아나는 것을 멈췄고, 다른
한 명은 100걸음을 달아나다 멈췄다. 50걸음을 달아난 병사가
100걸음 달아난 병사를 비웃었다. 맹자는 이 이야기를 양혜왕
에게 들려줌으로써, 이웃 나라의 정치가 암담함을 비웃을 일이
아니며, 그 자신의 나라도 다를 바가 없다는 점을 일깨워주었
다. 이 말은 인성의 보편적인 약점을 반영하고 있다. 다른 사람
을 비웃기에 앞서 자기 자신을 돌아보면, 자신도 별로 나은 것
이 없다는 사실을 발견할 것이다. 제 똥 구린 줄은 모르고 남의
똥 구린 줄만 아는 격이다.

君子遠庖廚.
군 자 원 포 주

군자는 주방을 멀리한다.

—《맹자》,〈양혜왕 상〉

군자는 소나 닭의 살생을 삼가여 어진 마음을 지켜야 한다
는 의미다. 이 말은 위선적으로 들린다. 소나 닭의 살생을 금하
면서 그 고기는 어떻게 먹을 수 있을까?

이 말은 눈으로 안 보면 편하는 뜻으로도 해석할 수 있다.
학교 다닐 때 나는 학생식당을 자주 이용했다. 주방 아저씨가
밀가루 반죽을 큰 통에 넣고 맨발로 밟아 반죽한다는 말을 들
었던 터라 그 장면이 자꾸만 상상이 되었다. 그렇다고 맛있는
국수와 만두를 포기할 수는 없었다. 허름한 식당의 주방이나
식품가공업체의 위생 상태가 엉망이라는 말은 자주 듣지만, 눈
으로 보지 않은 이상 군침 도는 음식을 보고 외면하지 못한다.

혹시 이 말을 주방에 들어가기 싫은 남자들이 핑계로 사용
하진 않을까? 물론 요즘 세상에 그렇게 간 큰 남자는 없겠지만
말이다.

明察秋毫, 不見輿薪.
명 찰 추 호   불 견 여 신

가을 터럭은 살피면서도 수레에 실린 큰 덩치의 땔감은 정작 눈

공자가 내게 인생을 물었다

으로 보지 못한다.

—《맹자》, 〈양혜왕 상〉

'추호秋毫'는 가을에 동물이 털갈이를 하여 새로 난 가는 털을 가리킨다. 맹자는 이 말로 양혜왕을 풍자했다. "가을 터럭은 살피면서도 수레에 실린 큰 덩치의 땔감은 정작 눈으로 보지 못합니까? 못 본 척하는 것이겠지요."

수레에 실린 큰 땔감은 백성들의 목소리와 그들의 요구다. 역사적으로 필화 사건을 당한 문인들이 많았다. 무심결에 쓴 시문 한 구절, 작은 실수도 집권자의 눈에 낱낱이 띄었다. 반면 백성들의 목소리는 늘 무시되었다. 따라서 이 말은 사람이 큰 계획이나 목표를 세우지 않고 작은 것에만 정성을 기울이면, 문제가 생겼을 때 큰 낭패를 본다는 의미로도 해석할 수 있다.

緣木求魚.
연 목 구 어

나무에 올라 물고기를 구한다.

—《맹자》, 〈양혜왕 상〉

맹자가 제선왕齊宣王을 설득하기 위해 비유한 말이다. 그는 제선왕의 진정한 욕망이 국가와 민족의 부강으로 대국의 꿈을 실현하는 것임을 지적했다. 동서고금의 역사를 볼 때 이런 꿈을 실현하기 위해 가장 먼저 생각하는 건 전쟁이다. 인류 역사상 모든 비극은 이런 인식에서 비롯되었다. 맹자는 2천여 년 전에 이를 간파하고 이런 말을 한다. "그런 욕심으로 큰 뜻을 이루려는 행동은 나무에 올라 물고기를 구하는 것입니다." 전쟁으로 강국의 꿈을 실현하는 것은 물고기를 잡겠다고 나무에 오르는 것처럼 어리석은 행동임을 지적한 것이다. 맹자는 다른 방법을 제시했다. 강국의 근본은 국내 경제의 개혁과 개선에 있으므로 어진 정치를 시행하여 '내성외왕'을 실천해야 한다.

우리는 어떤 문제를 처리할 때 '연목구어'의 잘못을 자주 저지른다. 문제의 본질을 발견하여 근본적이고 효과적인 해결 방법을 찾아내는 자세가 필요하다.

匹夫之勇.
필 부 지 용

보잘것없는 사람의 용기.

─《맹자》, 〈양혜왕 하〉

제선왕이 자기의 결점을 이야기했다. "과인에게는 문제가 있으니, 용기 부리기를 좋아합니다." 이에 맹자가 대답했다. "용기에도 크고 작은 것이 있습니다. 칼자루를 어루만지고 노려보면서 '저 사람이 어찌 감히 나를 당해낼 것이냐?' 하신다면, 이는 필부의 용기로서 한 사람만을 대적하는 것입니다. 큰

공자가 내게 인생을 물었다

용기는 주무왕周武王처럼 평생 은상을 멸하고 천하를 평정했습니다. 그 밖에도 한신韓信, 장량張良 등 영웅들은 모두 큰 용기를 부린 사람들입니다. 왕께서는 용기를 크게 부리십시오."

出爾反爾.
출 이 반 이

너에게서 나간 것이 너에게 돌아온다.

— 《맹자》, 〈양혜왕 하〉

현대에 와서 이 말은 원래의 의미와는 많이 달라져서, 사람이 신용을 지키지 않고 이랬다저랬다 변덕스럽게 구는 태도를 가리킬 때 쓰인다. 추목공鄒穆公이 맹자에게 한탄했다. "전쟁터에서 우리 병사 수십 명이 죽었는데 백성들은 수수방관하면서 죽어가는 사람들을 구해주지 않으니 어쩌면 좋겠소?"

맹자가 말했다. "흉년과 기근이 들면 관리들이 이런 사정을 사실대로 보고하고 양곡을 풀어 백성을 구제해야 마땅합니다. 그런데 그들은 사실을 감춰서 수많은 백성이 굶어 죽었습니다. 증자는 '너에게서 나간 것은 너에게 돌아온다'고 했습니다. 이번 일은 관리들이 저지른 일에 대한 인과응보입니다."

인과응보는 보통 불교의 관념이라고 여긴다. 그러나《공자가어》에도 "행복과 불행이 모두 내 행동과 말로 인한 것", "선한 사람은 하늘이 그 복으로 돌려주고, 악한 자는 하늘이 불행으로 돌려준다"는 말이 실려 있다. 유가에서도 인과응보를 주장했음을 알 수 있다.

"청군입옹請君入甕"이라는 고사도 이와 유사한 이치를 다루고 있다. 측천무후則天武后가 내준신來俊臣에게 같은 조정 대신 주흥周興에 대한 조사를 명했다. 내준신은 주흥이 만만치 않은 상대임을 알고 궁리 끝에 주흥을 초대하여 함께 식사를 하며 물었다. "어떤 죄인이 매우 완강하여 모반한 사실을 인정하지 않는데, 자백을 받을 방법이 없겠소?" 주흥이 대답했다. "그거야 간단하네. 그자를 큰 항아리 안에 집어넣고 사방에서 불을 때면 인정하지 않고는 못 배길 걸세."

내준신은 주흥이 일러준 대로 항아리를 가져다놓고 말했다. "이 항아리 안으로 들어가셔야겠네."

주흥은 두려움에 떨며 죄를 자백했다.

猶解倒懸.
유 해 도 현

거꾸로 매달린 사람을 풀어주다.
─《맹자》, 〈공손추 상〉

맹자는 국가가 어진 정치를 시행하면 그 백성이 마치 나무에 거꾸로 매달려 있다가 풀려난 것처럼 곤궁에서 해방될 수 있다고 했다. 예로부터 곤궁에 처하고도 도움을 받지 못한 백성들이 많았다. 오늘날 태평성대를 맞았다고는 하나 여전히 빈곤한 사람들이 많다. 그들은 우리의 도움을 기대하고 있다.

맹자는 어진 정치를 시행하여 백성의 아픔을 함께 느끼고, 그들을 사랑으로 품어야 한다고 주장했다. "천하의 흥망은 모든 사람에게 책임이 있다"는 인문정신은 후세 지식인의 정신적 DNA로 자리 잡았다. 이러한 맹자의 사상은 더욱 정교한 현대성을 갖추었으며, 이는 공자와 비교되는 특징이기도 하다.

揠苗助長.
알 묘 조 장

싹을 뽑아 올려 자라는 것을 돕다.
—《맹자》, 〈공손추 상〉

어떤 농부가 벼를 빨리 자라게 한다고 싹을 잡아당겼더니 키가 큰 것처럼 보였다. 그러나 이튿날 그의 아들이 가서 보니 싹이 다 말라 있었다. 중국의 초등학교 교과서에도 등장하는 유명한 이야기다. 자녀를 키우는 어른들에게는 조급한 마음에 서두르지 말라는 가르침을 준다. 그러나 이 말에 아랑곳하지 않는 부모들이 점점 많아지는 것 같다.

세계적인 피아니스트 랑랑朗朗은 세 살부터 아버지 손에 이끌려 네 곳에서 레슨을 받으며 혹독하게 훈련한 끝에 마침내 세계적으로 유명한 피아니스트가 되었다. 이런 성공 사례에 자극을 받아 중국 부모들은 오늘도 자식들에게 여러 가지를 가르치느라 여념이 없다.

맹자의 이 말은 자신이 어떻게 호연지기를 길렀는지 설명하기 위해 사용했던 말이다. 호연지기는 일종의 정신적 기질, 의지력, 생명력으로 이해할 수 있다. 호연지기를 기르려면 "마음은 잊지 않지만 억지로 무리하지 않는 心勿忘, 勿助長" 자세가 필요하다. 긍정적인 자기 암시와 끊임없는 격려는 필요하지만, 일을 무리하게 진행하는 건 좋지 않다.

以德服人.
이 덕 복 인

덕으로써 사람을 복종하게 한다.
―《맹자》, 〈공손추 상〉

맹자는 왕도를 내세우며 덕으로써 사람을 복종시켜야 한다고 주장했다. 이와 상대적인 패도霸道는 힘으로 사람을 복종시킨다. 맹자는 무력으로 복종시키면 상대가 진심으로 복종하지 않는다고 했다. 실력이 미치지 못하여 임시방편으로 선택했기에 쌍방의 실력에 변화가 발생하면 언제라도 반격해온다는 것이다. 덕으로 복종시켜야만 상대는 기꺼이 복종하며, 이렇게 해서 형성된 종속관계만이 안정적으로 지속될 수 있다.

그러나 더 실질적인 방식은 왕도와 패도를 결합하는 것이

공자가 내게 인생을 물었다

다. 제갈량이 맹획孟獲을 일곱 번이나 놓아주고 다시 사로잡은 고사는 실력과 도의 모두에서 압도적인 우위가 있어야만 상대를 진심으로 복종시킨다는 사실을 보여준다.

此一時, 彼一時.
차 일 시　 피 일 시

그때는 그때이고 지금은 지금이다.
—《맹자》, 〈공손추 하〉

맹자는 제선왕으로부터 냉대를 받아 어쩔 수 없이 제 나라를 떠나야 했다. 도중에 그의 제자가 걱정스럽게 말했다. "선생님, 몹시 언짢으신 기색이십니다. 전에 선생님께서는 '군자는 하늘도 원망하지 않고 상대의 허물도 나무라지 않는다'고 하셨습니다. 모든 일에 원망이 없는데 무슨 일로 그러십니까?"

맹자가 쓴웃음을 지었다. "그때는 그때이고 지금은 지금이다." 하더니 속내를 터놓았다. "천하를 바로잡아 다스릴 때가 바로 지금인데 나를 버리면 또 누가 있느냐? 이제 제나라에서 기회를 잃었으니 다른 나라에서도 기회는 없을 것이다. 그러니 내가 기분이 좋을 리 있느냐?"

세월이 가면 상황이 변하며, 자연스럽게 사람도 변한다. 주원장이 구걸하던 시절에 함께 다니던 걸인들이 있었다. 그들은 친형제처럼 생사를 함께하기로 약속했다. 하지만 그런 약속을 했다고 황제가 된 후에도 그들을 불러 옛날처럼 지낼 수는 없는 일 아닌가.

爲富不仁.
위 부 불 인

부자가 되면 어진 일을 못한다.
— 《맹자》, 〈등문공 상〉

맹자는 양호의 말 "부자가 되려면 어진 일을 못할 것이요, 어진 일을 하려면 부자가 못된다"를 인용했다.

《논어》에는 양호라는 인물이 여러 차례 언급된다. 당시 그는 노나라의 권신으로, 공자는 그에 대한 편견이 깊었다. 그러나 맹자가 그의 말을 인용하는 것으로 보아 양호는 사상적인 면에서 영향력 있는 인물이었던 것 같다. 한평생 사는 사람의 한마디가 후세에 전해져 사람들의 마음에 새겨질 정도면 대단한 것이다. 특히 '위부불인'은 지금까지도 사람들의 공감을 얻고 있다.

재물을 좇는 경쟁은 본질적으로 약육강식, 적자생존의 원시림 속 경쟁의 연속이다. 이런 생존 경쟁 속에서는 서로를 뜯어먹고 악한 짓도 서슴없이 저지른다. 이는 어떤 면에서는 체제가 건강하지 못하여 일어나는 일이므로 사람 탓만 할 수는 없다. 그러나 우리는 체제를 원망하지 않고 사람만 원망한다. 이

공자가 내게 인생을 물었다

렇게 부자를 혐오하는 심리는 화산 아래에서 끓고 있는 용암
처럼 두려운 존재다.

自暴自棄.
자 포 자 기

절망 상태에 빠져 스스로 해치며 돌보지 않다.
—《맹자》, 〈이루 상〉

맹자가 말했다. "스스로 해치는 자와는 말할 수 없고, 스스
로 포기하는 사람과는 함께할 수 없다. 입 밖으로 꺼내는 말마
다 예의를 비방하는 것을 스스로 해친다고 하고, 인의에 머물
수 없다고 말하는 것을 포기라 한다. '인'이란 사람들이 편안히
쉴 수 있는 집이고, '의'는 사람들이 바르게 걸을 수 있는 길이
다. 편안한 집을 텅 비워놓고 살지 않으며, 바른 길을 버리고
다른 길로 가니 슬픈 일이로다."
  인성에 관한 심오한 말이다. 스스로 해치는 것은 철저한 반
항이며, 법률과 도덕을 깡그리 무시하고 멋대로 행동하는 거리
낌 없는 행동이다. 스스로 포기하면 자신감을 상실하고 이상을
포기하며, 의기소침하여 타락한다. 좋은 사람이 되고 이상을 추
구하는 삶이 얼마나 행복한가! 그러나 많은 사람들이 이런 삶을
포기한다. 자포자기에 빠진 일부 젊은이들이 퇴폐적인 행위로
삶을 낭비하고, 이에 도취되어 부끄러움을 모르니 슬픈 일이다.

有所爲, 有所不爲.
유 소 위　　유 소 불 위

해야 할 일이 있고, 하지 말아야 할 일이 있다.

—《맹자》, 〈이루 하〉

맹자는 "사람은 하지 않은 바가 있은 뒤에야 큰일을 할 수
있다"고 했다. 사람의 에너지는 제한되어 있기 때문에 하나에
에너지를 쏟으면 다른 하나에 쓸 여력이 남아 있지 않다. 경제
학에서는 모든 일에 기회비용이 있다고 한다. 가장 의미가 깊
고 중요한 일에 제한된 에너지를 써야 최대의 수익을 창출할 수
있다. 기업은 투입할 수 있는 자원에 한계가 있으므로 제한된
자원을 수익률이 가장 높은 사업에 사용해야 성공할 수 있다.
　버릴 것은 버려야 얻을 수 있다. 버릴 줄 알아야 한다. 사실
이런 이치는 누구나 안다. 문제는 어떤 것을 버려야 마땅한지,
우리가 가는 방향이 어디이며, 어디로 가야 하는지 모른다는
점이다. 아무도 우리에게 그것을 가르쳐주지 않는다. 스스로
깨닫는 수밖에 없다.

一曝十寒.
일 폭 십 한

하루만 볕을 쬐고 열흘을 춥게 한다.

—《맹자》, 〈고자 상〉

맹자는 "아무리 쉽게 자랄 수 있는 것도 하루 동안만 햇볕을 쬐고 열흘 동안 춥게 한다면 자랄 수 없다"라고 했다. 학습과 일도 마찬가지다. 어느 날 갑자기 열정이 넘쳐서 열심히 하겠다고 맹세하지만 사흘이 못 가 마치 바람 빠진 풍선처럼 시들해진다. 이것이 바로 '일폭십한'이다. 젊은이들이 가장 쉽게 범하는 실수이기도 하다. 마오쩌둥은 "꾸준히 견지하는 것이 중요하다. 삼경에 자고 오경에 일어나는 것은 가장 무익하여 일폭십한과 다를 바 없다"라고 했다.

그러나 맹자의 말은 임금과 소통하는 효과가 만족스럽지 못함을 개탄한 것이다. 그는 임금을 매일 만날 수 없었다. 겨우 만나 설득하여 임금의 마음을 움직여놓으면 며칠이 지나 임금의 마음은 원래대로 돌아가버렸다. 이런 원래의 뜻에 비춰볼 때, 일폭십한의 반대말은 "쇠뿔도 단김에 뽑는다"이다.

舍生取義.
사 생 취 의

목숨을 버리고 의를 취하다.
—《맹자》,〈고자 상〉

맹자가 말했다. "물고기는 내가 원하는 것이고 곰 발바닥도 내가 원하지만, 둘을 동시에 얻을 수 없다면 물고기를 포기하고 곰 발바닥을 택할 것이다. 삶도 내가 원하는 바이고 의리도 내가 원하는 바이지만, 두 가지를 모두 얻을 수 없다면 삶을 버리고 의리를 취하리라."

이 글귀를 보면 유명한 시가 연상된다. "생명은 고귀하나 사랑의 가치는 더욱 높기에 자유를 위해서라면 둘 다 희생하리!"(헝가리 시인 산도르 페퇴피Sándor Petöfi의 〈사랑과 애정〉) 또한 공자의 "아침에 도를 들으면 저녁에 죽어도 좋다"는 말도 떠오른다. 이들은 정의, 자유, 도가 목숨보다 소중하다고 생각했다.

우리는 살아가면서 배타적이고 유일한 선택을 할 때가 많다. 작가 장아이링張愛玲의 "당신이 흰 장미와 결혼했으면 붉은 장미와 결혼해서는 안 된다"는 말처럼, 이런 선택은 삶에 결정적 영향을 미친다.

安身立命.
안 신 입 명

발붙이고 살 곳과 의지할 곳이 있다.
—《맹자》, 〈진심 상〉

맹자가 말했다. "그 마음을 다하는 자는 그 성性을 알 수 있다. 그 성을 알면 하늘을 알 수 있다. 그 마음을 잘 보존하고 그 성을 기르는 것이 하늘을 섬기는 길이다. 사람이 태어나서 일찍 죽을 수도 있고 오래 살 수도 있으니, 이런 문제로 마음을 흩뜨리지 말고 스스로 수양하며 천명을 기다리는 것이 천명을

공자가 내게 인생을 물었다

내 삶에서 확립하는 방법이다."

욕망과 능력을 비롯하여 자기 내면을 충분히 이해하면 자아의 천성을 확실히 알 수 있다. 자아를 진정으로 이해하면 천지자연의 도리를 알게 된다. 자신의 마음을 편하게 하고 적극적인 천성을 배양하고 발휘하는 것이 자연에 순응하며 천명을 확립하는 길이다. 인생의 길고 짧은 것에 구애받지 말고 열심히 몸과 마음을 수양하며 살다가, 부딪치는 각종 문제를 잘 처리하면 삶의 가치를 실현하게 된다. 이 말은 송 명리학과 심학의 발단이 되었다. 오늘날의 모든 수신양성修身養性과 안신입명의 주장은 모두 여기서 비롯되었다. 여기서 자기를 이해하는 것이 핵심이다.

登泰山而小天下.
등 태 산 이 소 천 하

태산에 올라 천하가 작은 것을 안다.
—《맹자》, 〈진심 상〉

맹자는 중국인의 언어생활을 풍부하게 하는 데 일조했다. 이 점에서는 공자보다 더 재치 있고 활기가 넘친다. 맹자가 말했다. "공자는 동산에 올라 노나라가 작다는 것을 알았으며, 태산에 올라 천하가 작다는 것을 알았다. 그러므로 바다를 본 사람은 물을 다스리는 것을 어려워하고, 성인의 문하에서 배운 사람은 말하는 것을 어렵게 여긴다."

그의 말은 후세의 많은 사람에게 영감을 주었다. 두보는 "산
에 높이 올라 산들의 작아진 모습을 품으리라會當淩絶頂, 一覽衆
山小"라고 노래했으며, 원진元稹은 "일찍이 망망대해를 건너 본
사람은 다른 물에 끌리기 어렵고, 무산의 운무를 제외하고는
다른 곳의 운무는 운무가 아니네曾經滄海難爲水, 除却巫山不是雲"
라고 노래했다. "

言近指遠.
언 근 지 원

말은 알아듣기 쉬우나 그 속뜻은 깊고 오묘함.
—《맹자》, 〈진심 하〉

맹자가 말했다. "가까운 것을 말하지만 오묘한 뜻을 담고 있
는 것이 좋은 말이며, 검약함을 지키면서 널리 베푸는 것은 좋
은 도리다."

쉽고 간단하게 말하면서 심오한 도리를 품고 있는 것이 높
은 경지의 화법이다. 많은 관리들이 관료적이고 거창한 말만
하면서 민중과 동떨어져 있으며, 많은 학자들이 어려운 말과
형이상학을 논하면서 대중과 동떨어져 있다. 처세는 어떨까?

각양각색의 사람들은 복잡하게 얽힌 일에 직면했을 때 어
떻게 해야 할까? 산발적인 방법으로 그때그때 대응하는 것보

다 처세의 일정한 규칙을 마련해야 한다. 천 개의 기묘한 아이디어보다 한 가지 원칙으로 대응하는 것이 낫다. 마케팅의 고수가 한결같은 대화법으로 어떤 고객에게나 한결같이 대하면서 점점 숙달되는 것과 같다. 강의의 대가는 완벽한 원고 하나로 다양한 수강생을 만나며, 성공한 기업은 하나의 비즈니스 모델로 끊임없이 프랜차이즈를 늘려가기도 한다. 요컨대 쉽고 단순한 화법과 처세에 오묘함이 담겨 있다.

《대학》 ────────────────────────

人莫知其子之惡, 莫知其苗之碩.
인 막 지 기 자 지 악　　막 지 기 묘 지 석

사람은 그 자식의 잘못을 알지 못하며, 그 싹의 자람을 알지 못
한다.

—《대학》

사람들은 자기 자식의 잘못을 모르고, 자기 밭의 농사가 얼
마나 잘되었는지 보지 못한다. 이렇게 오래된 속담을 통해 가족
에 대한 사랑은 이성적 판단을 가로막는다는 것을 알 수 있다.

心廣體胖.
심 광 체 반

마음이 너그럽고 몸도 편하다.

—《대학》

도덕적 수양이 잘된 사람은 마음이 넓다. 그들은 마음에 응
어리가 없고, 계산적이지도 않으며, 스트레스가 없어서 몸과

　　　　　　　　공자가 내게 인생을 물었다

마음이 건강하다.

오랜 세월 동안 사람들은 살 찐 몸을 건강하다고 여겨왔다. 오랜만에 집에 온 아이가 살이 빠져서 오면 부모는 크게 걱정하고, 살이 붙었으면 안심한다. 살이 찐 사람들은 대부분 낙관적이고 사소한 일에 구애받지 않는다. 미륵불은 배가 많이 나왔고, 〈강남 스타일〉을 부른 싸이도 몸이 통통하다.

擇善固執.
택 선 고 집

선을 택하여 굳게 지킨다.

−《중용》

《중용》에서는 "정성되게 하는 것은 선을 택하여 굳게 지키는 것이다"라고 했다. 정성誠은 유가의 큰 관념으로, 여기서는 좋은 것을 찾아 그것을 굳게 지키는 것이라고 했다.

좋은 것이란 인생관이나 사상일 수도 있고, 하나의 기회나 사업일 수도 있다. 좋은 것을 찾기는 쉽지 않다. "군중 속에서 그를 계속 찾다가 문득 고개를 돌리니 불빛이 환한 곳에 서 있더라." 이렇게 어렵게 찾은 것을 잘 지키는 것은 더 어렵다. "허리띠 점점 느슨해져도 끝내 후회하지 않으리니. 그대 위해서라면 초췌해질 만하다네."

2012년 CCTV 방송국의 올해의 경제인물 평생성취상을 수상한 말레이시아 화교 출신의 거부 궈허녠郭鶴年은 젊은 창업자들에게 두 마디를 남겼다. 첫째, 집중해라. 좋은 사업 아이템을 찾아 그것을 붙잡고 성공할 때까지 고수해라. 둘째, 인내심을 가져라. 덩샤오핑의 오뚝이 정신을 본받아라. '택선고집'을 그대로 설명한 말이다. 마윈의 명언도 이와 비슷하다. "오늘은 무척 잔혹하고 내일은 더 잔혹하며 모레는 좋은 날이 될 것이다. 그러나 많은 사람들이 내일 저녁에 포기해버린다. 끝까지 버틴 소수의 사람만이 모레의 태양을 볼 수 있다."

行遠必自邇, 登高必自卑.
행 원 필 자 이　등 고 필 자 비

멀리 가려면 가까운 곳에서부터 시작하고, 높이 올라가려면 낮은 곳에서 시작한다.
—《중용》

인생이나 사업은 여행과 같아서 아무리 멀리 가도 첫걸음부터 시작해야 한다. 등산을 할 때는 아무리 높이 올라가도 역시 발아래에서부터 시작해야 한다. 무슨 말을 해도 소용없고, 무슨 생각을 해도 소용없다. 이 책을 다 보고 다른 책을 쌓아놓고 봐도 소용없다. 유일하게 유용한 것은 당장 눈앞의 일부터 시작하는 것이다. 지금 이 순간을 잘 붙잡아야 미래를 붙잡을 수 있다!

공자가 내게 인생을 물었다

1판 1쇄 인쇄 2018년 2월 7일
1판 1쇄 발행 2018년 2월 12일

지은이 구위안
옮긴이 차혜정

발행인 양원석
펴낸 곳 ㈜알에이치코리아
주소 서울시 금천구 가산디지털2로 53, 20층 (가산동, 한라시그마밸리)
편집문의 02-6443-8842　　**도서문의** 02-6443-8800
홈페이지 http://rhk.co.kr
등록 2004년 1월 15일 제2-3726호

ISBN 978-89-255-6319-0 (03150)